杨立新　郭明瑞　◎主编

《中华人民共和国
民法典·侵权责任编》
释 义

满洪杰　陶 盈　熊静文◎编著

人民出版社

总　序

杨立新　郭明瑞

2020 年 5 月 28 日,第十三届全国人民代表大会第三次会议通过了《中华人民共和国民法典》(以下简称《民法典》)。这标志着启动 5 次、耗时 66 年、凝聚数代民法人心血与智慧的民法典编纂任务顺利完成。我国由此开启了全新的民法典时代。

这是一个具有重大历史意义的时刻。民法典作为社会生活的"百科全书",规范和调整着社会经济生活与家庭生活的方方面面,并在此基础上深入而持久地型构、塑造着一个国家、民族、社会和人民鲜明的整体气质。作为新中国第一部以"法典"命名的法律,民法典是市民社会全体成员的"民事权利宣言书和保障书",其始终以人为焦点,并以人的权利和自由为终极关怀。按照民法典生活,尊严就能够得到尊重,权利就能够得到实现,不仅在一生中生活得更加幸福,而且在其生前和死后都能够得到法律的保护。民法典是我国社会主义法治建设的重大成果,其奠定了民法作为市民生活基本法的地位,有利于从私权角度抵御公权力对公民生活的不当干预。民法典通过将社会主义核心价值观融入法律条文,彰显了鲜明的中国文化特色。作为新时代的法典,民法典紧扣时代脉搏,回应时代需求,体现时代特征。

民法典用法典化方式巩固、确认和发展了民事法治建设成果,健全和完善了中国特色社会主义法律体系。民法典的制定充分体现了中国共产党全心全意为人民服务的宗旨,体现了人民至上的理念。民法典的实施将助推国家治理体系和治理能力现代化迈上新的台阶,助推人民生活走上诚信、有爱、团结、奋进的正轨。民法典颁布后的次日,中共中央政治局就"切实实施民法典"举行第二十次集体学习,要求全党切实推动民法典实施:要加强民法典重大意义的宣传教育,讲清楚实施好民法典;要广泛开展民法典普法工作,将其作为"十四五"时期普法工作的重点来抓;要把民法典纳入国民教育体系,加强对青少年民法典教育;要聚焦民法典总则编和各分编需要把握好的核心要义和重点问题,阐释好民法典一系列新规定、新概念和新精神。

为此,人民出版社组织编写了《中华人民共和国民法典》释义系列丛书。丛书由全程参与民法典编纂的著名法学家担纲主编,汇集了国内相关领域的中青年学术骨干,本着积极勤勉的态度、求真务实的精神,按照民法典体例设立总则编(含附则)、物权编、合同编、人格权编、婚姻家庭编、继承编、侵权责任编七册。每册书按照法典章节顺序展开,各章先设导言以提纲挈领,然后逐条阐释条文主旨、立法背景、含义;力图做到紧扣立法原义,通俗易懂、深入浅出,既有利于广大读者掌握法律原义,指导日常生活的方方面面,形成和谐幸福的社会秩序;又可成为私权保障和社会责任实现的重要参考。

目　录

前　言

　　侵权责任制度在保障民事主体合法权益、预防和制裁侵权行为等方面发挥着重要作用。《中华人民共和国民法典·侵权责任编》在总结《中华人民共和国侵权责任法》实践经验的基础上，针对民事侵权领域出现的新情况、新问题，吸收借鉴其他法律法规、相关司法解释以及国外立法中的有益经验，对侵权责任制度作了必要的补充与完善。

　　本书对《民法典·侵权责任编》逐条进行梳理分析，并在解释条文含义的同时对相关立法背景、讨论意见进行介绍。在本书写作过程中，我们力求观点符合立法原意，不仅注重对条文背后理论观点的深入探究，还尤为关注司法实践中应当注意的重点与难点。通过对相关法学理念和司法适用的科学结合，以期对《民法典·侵权责任编》的学习理解以及司法实践有所裨益。

　　本书写作分工如下：满洪杰，第一章、第二章（部分）、第六章；陶盈，第三章、第七章、第八章；熊静文，第二章（部分）、第四章、第五章、第九章、第十章。本书先由三位作者相互审校，后由满洪杰统稿。在此，谨向各位作者及人民出版社法律与国际编辑部洪琼主任表示衷心的感谢。

满　洪　杰

2020 年 6 月 4 日

第一章　一般规定

本章导言 ▶

　　本章是侵权责任一般规定的内容,承继自《侵权责任法》第一章、第二章和第三章的相关内容。本章为侵权责任的基础与核心,共有 15 个条文,包括侵权责任保护的范围、侵权责任归责原则和一般条款、多数人侵权责任,以及不承担或者减轻责任的事由的规定。

　　本章作为侵权责任编的核心和基础性部分,规范着一般侵权责任的构成,同时规范着各类型侵权责任都可能涉及的多数人侵权,以及不承担或者减轻责任的事由问题。其中第 1165 条第 1 款作为过错责任的一般条款,是侵权责任编的基础,具有广泛的适用性。

　　本章在内容上承继《侵权责任法》并有所发展,其创新之处包括:第一,将第 1167 条的停止侵害、排除妨碍、消除危险的责任从《侵权责任法》的责任承担部分移至本章,作为责任构成的规定,理顺了逻辑关系。第二,第 1176 条规定了参加文体活动的自甘风险问题,并作为一种新的免责事由。第三,第1177 条规范了自助行为,以及自助行为不当的侵权责任。

　　第一千一百六十四条　本编调整因侵害民事权益产生的民事关系。

释　义

本条是关于侵权责任编适用范围的规定。

一、侵权责任法在民法中的定位与作用

本条首先明确了《民法典·侵权责任编》的定位,即对民事权益的救济

法。近代以来的民法采权利本位,私法的规范内容以权利为出发点。从我国《民法典》看,总则编规定了权利主体、权利行使和引起民事权利变动的法律事实,特别是民事法律行为;物权编规定了以所有权、他物权和占有为内容的物权制度;合同编规定了合同和准合同的债权制度;人格权编规定了自然人和法人的人格权制度;婚姻家庭编规定了基于婚姻和亲属关系的权利体系;继承编规定了继承权制度。除此之外,《著作权法》《专利法》《商标法》等规定了知识产权制度,《保险法》《公司法》《票据法》等商法也规定了相应的权利制度。

上述私法权利,根据其效力所及的范围,可以分为绝对权和相对权。绝对权,是指得对一切人主张的权利,而相对权指的是仅得对特定人主张的权利。债权是典型的相对权,其他权利类型则主要为绝对权。由于债权本身即为请求权,对于债权的侵害,一般可以通过行使债权请求权而实现。如在无因管理中,本人不履行对管理人的债务时,管理人自得请求本人履行;在合同之债中,当合同当事人不履行或者不适当履行,另一方自可以依据合同行使强制履行请求权、违约金请求权、加减请求权、补救(修理、重做、更换)请求权,无须借助其他法律规范。但对于绝对权而言,虽然某些绝对权中也包含请求权,如作为物权权能的物上请求权,但是此种请求权的功能和行使范围是有限的,如物之返还请求权仅以物脱离占有且有返还之可能为限,一旦原物毁损,即无法行使。此时,对于绝对权而言,必须依赖侵权法规范以产生请求权基础,使得绝对权受到侵害的权利人得以行使请求权而获得救济。

由于侵权行为法律规范的调整结果是产生请求权,就其结果来看是在被侵权人和侵权人之间产生得为请求的关系,符合债权的特征,因此在传统的大陆法系民法中,侵权行为规范被规定在债法之中,如《法国民法典》将侵权行为作为"非因合意发生的债"规定在第3编"取得财产的各种方法"中,《德国民法典》则将侵权行为规范作为债的发生原因之一规定在第2编"债法"。

在我国民法立法的进程中,1986年颁布的《民法通则》将违反合同约定的违约责任与侵害绝对权的侵权责任抽象出来,规定了第六章"民事责任",包括了"一般规定""违反合同的民事责任""侵权的民事责任"和"承担民事责任的方式"4节,从而开创了我国独立于债法的侵权责任立法的先河。受其影响,我国于2009年制定了《侵权责任法》,在《民法典》的制定中立法机关也没有采纳制定债法编或者债法总则的建议,从立法体例上形成了与合同编并列的侵权责任编,作为调整绝对权受到侵害的法律关系的规范总和。

二、侵权责任编所保护民事权益的绝对权属性

如上所述,由于债权等相对权本身即包含请求权权能,对其救济无须借助侵权责任规范,因此侵权责任法的适用范围应不包括债权等相对权,此为法理上应然之义,立法往往并不言明。如《德国民法典》第 823 条第 1 款规定:"故意或过失不法侵害他人生命、身体、健康、自由、所有权或者其他权利者,对他人因此所生的损害负赔偿义务。"其中所列举的 5 项权利或者"法益"具有绝对属性,所谓的"其他权利",虽未明确排除相对权,但学说、判例均认为此处是指不包括债权在内的绝对权。《侵权责任法》第 2 条第 1 款规定:"侵害民事权益,应当依照本法承担侵权责任。"其中也未言明侵权责任法不适用于相对权,但从其第 2 款所列举的民事权益的范围看,"生命权、健康权、姓名权、名誉权、荣誉权、肖像权、隐私权、婚姻自主权、监护权、所有权、用益物权、担保物权、著作权、专利权、商标专用权、发现权、股权、继承权等人身、财产权益",显然均为绝对权而非相对权。对于本条中所规定的"民事权益"自应作同样理解。当然,现在也有观点主张当第三人侵害债权时,债权人也可以依据侵权责任规范主张损害赔偿责任,似将侵权责任规范的适用范围扩张至债权。但是,此种情况下,债权对于第三人的可保护性,并非基于债权人与债务人之间具有请求权关系,而是基于债权对于债权人、债务人之外的第三人的不可侵犯性,从其性质和功能上看恰是其绝对性的体现,更可以印证侵权责任规范的调整范围仅限于绝对性权益。

三、侵权责任法律规范对权利和利益的保护

本条规定,侵权责任法律规范适用于对民事权益的保护。权益,是权利与利益的总称。民事权利就其性质而言,无论是采"法律所保护利益"的利益说,还是采"保护利益的法律之力"的法力说,均离不开法律与利益两个要素。一种利益经实定法作出规定,即上升为权利。

本条规定的重要意义在于,权利之外的其他民事利益可否受到侵权法的保护。对此有两种不同的立法例。《法国民法典》对于各种利益的保护采取了一种开放的态度和体系,其第 1382 条规定:"任何行为致他人受到损害时,因其过错致行为发生之人,应对该他人负赔偿之责。"第 1383 条则规定:"任

何人不仅对因其行为造成的损害负赔偿责任,而且还对因懈怠或疏忽大意造成的损害负赔偿责任。"此两条作为法国法上的侵权行为一般条款,对"损害"的范围,并未作出任何的限制,并未规定只有侵害民事权利所造成的损害才能获得法律保护,从而使民事利益受到侵害时的损害赔偿成为可能。

与此相反,《德国民法典》对于侵权责任法律规范的适用范围则采用了封闭性的三元递进结构。该法第 823 条第 1 款规定,故意或过失不法侵害他人生命、身体、健康、自由、所有权或者其他权利者,对他人因此所产生的损害负赔偿义务。此处的"其他权利",通说认为是指法律所规定的绝对权。在此基础上,第 823 条第 2 款规定:"违反以保护他人为目的的法律者,负同样的义务。如果根据法律的内容本无过错也可能违反此种法律的,仅在有过错的情况下,始负赔偿义务。"此即为违反保护他人的法律的责任,即如法律对于民事主体有保护性规定,即使其保护范围尚未被规定为权利,仍得构成侵权责任。最后是第 826 条规定的故意违背善良风俗加害他人的侵权责任,即"以违反善良风俗的方式违法故意加害于他人,对他人负有损害赔偿义务",是指前两个侵权类型之外的侵权,仅在主观上具有故意且方法上违背善良风俗的情况下才得成立侵权责任。

《法国民法典》和《德国民法典》的规范模式,反映出两者在应当由谁决定民法所保护范围的问题上的不同态度。法国模式对于民法所保护的权益的范围未加限定,而将其决定权交由法官来行使。德国模式则强烈质疑法官享有此种权力的正当性,希望通过明定民法所保护的范围限定法官权力。但是,历史表明,两种模式在司法实践中的结果是殊途同归的。法国模式下法院通过判例,对可以受到保护的利益范围进行限定,避免法官在此问题上过于随意和武断。德国模式则一直因灵活性不足,无法满足社会对于不同利益保护的需要而受到质疑。《德国民法典》实施前的俾斯麦案,即暴露了德国民法未对肖像权予以保护的漏洞。《德国民法典》实施后,法院为了保护企业财产权益和自然人人格权益,先后创造出"营业权"和"一般人格权"的概念,并将其解释为《德国民法典》第 823 条第 1 款所规定的"其他权利"。由于上述营业权和一般人格权均为内容不确定的框架性和工具性权利,其出现从实质上突破了民法典的三元递进结构,从而使民事权利之外的权益得到保护成为可能。

我国民事立法对民事权益的保护一直持开放态度。《民法通则》第 106 条第 2 款规定:"公民、法人由于过错侵害国家的、集体的财产,侵害他人财产、人身的,应当承担民事责任。"该条规定并未将保护对象限定为财产权利、人身权利,实际是允许对民事利益进行保护的。《侵权责任法》第2条规定:"侵害民事权益,应当依照本法承担侵权责任。"其第2款虽然列举了一系列权利,但从其句末"等人身、财产权益"的表达可以看出,该款为非限定性列举,并未限制对权利之外的其他民事权益的保护。本条承继了《侵权责任法》第2条的意旨,将侵权责任法律规范调整的范围界定为民事权益,从而使侵权法不仅可以保护民事权利,而且可以保护民事权利之外的其他民事利益,如纯粹经济利益损失,或者《民法典·人格权编》所明确规定的人格权之外的其他人格利益等。当然,对于这些权利之外的利益的保护,法院负有更重的论证义务,应当注意平衡各种利益之间的冲突,将利益的保护范围限定在必要的范围之内。

第一千一百六十五条 行为人因过错侵害他人民事权益造成损害的,应当承担侵权责任。

依照法律规定推定行为人有过错,其不能证明自己没有过错的,应当承担侵权责任。

释 义

本条是关于过错责任原则、过错责任构成要件以及过错推定的规定。本文承继自《侵权责任法》第6条,在条文内容上,将第2款中"行为人不能证明自己没有过错的"修改为"其不能证明自己没有过错的"。

一、归责原则及其意义

所谓"归责",是指将权利主体所遭受的损害由他人承担;归责事由,则是此种归责的基础和依据。对于侵权法上归责的理解,其出发点是"权益人自担损害"的原则,即对于社会生活中每一个权利主体所遭受的损害,应当被理解为其自身命运的不幸,原则上应当由其自己承担,法律不应加以干预。因为一方面,社会生活是充满各种风险的,每一个人不得不面对这些由于自然和社会原因造成的风险及其损害。另一方面,在社会生活中,人与人之间难以避免地会产生竞争关系和冲突。一个经营者会因为同行的竞争而减少利润,一个公众人物可能因为新闻报道的批评而信誉扫地。这些"损害"的存在,不仅是无法避免的,甚至是社会发展的必然要求。如果违背"权益人自担损害"原则,允许权利主体将自己受到的各种损害转嫁给他人,将会造成一个没有竞争也没有行为自由的社会,社会正常生活秩序将不复存在。因此,民法对于侵权责任的归责基础,必须要考虑各种社会需求,特别是要在保护合法权益和维护人们合理的行为自由之间寻求平衡。

二、过错责任原则在民法中的地位和含义

过错责任原则,也称为"过失责任原则",来源于罗马法以来对于各种侵权责任基本要素的总结和提取,是近代侵权法的基本归责原则。过错责任原则认为,人之所以应当对他人的损害承担责任,根本原因是其过错行为造成了他人的损害,如德国法学家耶林所言,使人负损害赔偿的,不是因为有损害,而是因为有过失,其道理就如同化学上的原则——使蜡烛燃烧的不是光而是氧气——一般的浅显明白。一个人只应当对其过失行为给他人造成的损害承担责任,如果他已经尽到了社会主体一般具有的注意义务,损害仍然不能避免,则认为其没有过错,不应当承担责任。近代民法典的制定者认为,通过以过失确定是否承担责任,可以在权利救济和行为自由保护之间寻求到最佳的平衡。同时,由于过错行为在主观上具有可受非难性,以过错作为归责的基础,也符合矫正正义的原则。因此,近代民法,无论是《法国民法典》《德国民法典》《日本民法典》还是《瑞士民法典》,均以过错责任原则作为侵权责任的基本归责原则。在我国民事立法上,《民法通则》第 106 条第 2 款规定:"公民、法人由于过错侵害国家的、集体的财产,侵害他人财产、人身的,应当承担民事责任",从而明确了我国民法的过错责任原则。《侵权责任法》第 6 条和本条均遵循了这一原则。

过错责任原则的含义包括:

第一,有过错才有责任。根据过错责任原则,加害人的过错是承担侵权责任的基本前提。任何基于侵权责任的损害分配和救济,必须以加害人的主观过错为前提。如果加害人已经善尽其注意义务,即使其行为实际造成了受害人的损害,其也不应当承担侵权责任,即"无过错无责任"。正是基于此项原则,除了基于法律明确规定的无过错责任情形外,其他情形下如加害人无过错,则不能要求加害人承担责任。《民法典·侵权责任编》的相关条文也贯彻

了此项原则。例如,本编第1190条规定:"完全民事行为能力人对自己的行为暂时没有意识或者失去控制造成他人损害有过错的,应当承担侵权责任;没有过错的,根据行为人的经济状况对受害人适当补偿。"根据本条规定,加害人丧失意识或者失去控制时的行为造成他人损害的,如加害人对此并无过错,则不应承担侵权责任。该条后半句"根据行为人的经济状况对受害人适当补偿",其实质正是否定了侵权责任的构成。

第二,共同过错导致共同责任。如果多个人对于损害的发生具有共同故意,基于其主观上共同的过错,应当由其对受害人的损害共同承担责任。本编第1168条规定:"二人以上共同实施侵权行为,造成他人损害的,应当承担连带责任。"该连带责任的基础,即主观过错的共同性。

第三,加害人的过错程度可能影响其承担责任的范围。加害人承担责任的范围,主要是由损害范围的因果关系问题所决定。但是在部分情形下,加害人的过错程度对其承担责任的范围也会造成影响。例如,本编第1189条规定:"无民事行为能力人、限制民事行为能力人造成他人损害,监护人将监护职责委托给他人的,监护人应当承担侵权责任;受托人有过错的,承担相应的责任。"此处受托人"相应的责任",主要是由其过错程度决定。第1198条第2款规定:"因第三人的行为造成他人损害的,由第三人承担侵权责任;经营者、管理者或者组织者未尽到安全保障义务的,承担相应的补充责任。"此处经营者、管理者或者组织者的补充责任范围也主要是根据其过错程度决定。在精神损害赔偿领域,《最高人民法院关于确定民事侵权精神损害赔偿责任若干问题的解释》(法释〔2001〕7号)第10条也规定:"精神损害的赔偿数额根据以下因素确定:(一)侵权人的过错程度,法律另有规定的除外;……"这些规定均是过错责任原则的体现。

三、过错责任的构成要件

构成要件是指一定法律效果成立的条件。关于过错责任的构成要件,有"三要件说""四要件说"等不同观点,我国通说持"四要件说"。本条对于侵权责任的构成要件,规定为"行为人因过错侵害他人民事权益造成损害的",应包含以下要件:

第一,侵权行为。本条中所言"行为人",除了指称侵权责任承担者外,还包含了侵权责任的构成要件应当有客观上的侵权行为的意涵。侵权行为是侵权人所实施的侵害他人民事权益的行为。此种行为,可以是身体的动作,如殴打他人的行为,也可以是言语或者意思表达,如对他人名誉的侵害行为等。需要注意的是,民法上所称的行为,除了积极的行为即"作为"外,还包括消极的"不作为"。由于侵权责任所保护的是物权、人格权等绝对权,对绝对权的权利人之外的其他人而言,其所负有的义务是不得侵害他人绝对权的消极义务,违背此种消极义务的行为模式即为"作为"。因此,侵权行为主要表现为积极的作为。由于权利人之外的其他人一般不负有主动保护他人绝对权的积极义务,故当权利人的权利因自然或者他人侵权等原因遭受损害时,其他人也不负有积极保护其权利免受侵害的积极义务,其消极不作为并不会构成对权利人绝对权的侵害。因此,一般情况下消极的不作为不会构成侵权行为。但是,当特定的民事主体基于特定原因负有对他人权利的积极保护义务时,不履行积极义务的不作为即可能构成侵权行为。而此种积极的作为义务,主要来源包括:第一,法定义务。如医疗机构负有对急危患者的积极救助义务,此种义务虽然直接来源于《执业医师法》和《医疗机构管理条例》等公法规范,但因拒绝治疗等行为违背此种义务造成患者损害,除应承担公法责任外还可能构成侵权责任。第二,约定义务。当事人之间通过约定可以确定积极的保护义务,违反此种义务当然可以通过违约责任加以调整。但是,自德国法上通过交往安全义务使有特定关系的主体对他人的损害承担不作为的责任以来,此种义务往往表现为侵权法上的义务。本编第 1198 条规定的经营者、管理者、组织者的安全保障义务即为其例证。第三,基于在先行为的责任。如果由于行为人的在先行为,显著地增加了他人遭受权利损害的风险,则行为人负有消除此种风险的义务,否则即可构成不作为的侵权。如将摘取的马蜂巢未加妥善处理地弃置于公共道路旁,造成路过的行人被归巢的马蜂蜇伤的,行为人应对受害人的损害承担责任。第四,关于是否有救助他人的义务。社会公众是否具有主动救助遭受侵害或者受有风险的他人的义务,在理论和实践中均有很大争议。基于保障行为自由的考虑,一般认为人不负有主动救助他人的义务,但是如果他人生命、健康等最重要的权利受到侵害或者遭受重大风险,采取一定的措施即可避免他人重大损害,而同时并不过分加重行为人负担的,有观点认为,行为人舍此而不为、见死不救的不作为可以构成侵权责任。例如受害人跌入路边窨井中,路过者听到呼救本可加以救助或者通过报警等方式施以援手却置若罔闻的,应对受害人生命身体的严重损害承担责任。对此德国等欧洲大陆法系国家已通过判例形成制度。对此我国民法理论上尚未形成共识，但从弘扬社会公德、尊重和保障人权等角度，值得推崇。

第二，过错。过错是侵权责任的主观构成要件，是指加害人对于侵权行为的发生具有主观上的过错，包括故意和过失。民法上的过错论借鉴刑法学的过错论，将故意又区分为直接故意和间接故意，将过失区分为过于自信的过失和疏忽大意的过失。但是，不同于刑法学的过失论，侵权责任中的过失在判断上往往采取客观标准，即以人的注意义务标准为标准进行客观判断。在罗马法上，即以"善良家父的注意义务"标准对过失进行一般判断；在近代大陆法系和英美法系中，则使用"善良管理人"或者"合理之人"（a reasonable man）标准，即假定存在一个普通的"善良管理人"或者"合理之人"，以其在遇到相同情况下所应采取的注意义务，判断损害在已经尽到注意义务的情况下是否可以避免。如果此时损害仍不可避免，则认为行为人对损害的发生没有过失；反之，如善尽注意义务损害可以避免，则为有过失。同时，根据客观标准，还可以判断过失的程度。欠缺善良管理人的注意义务的为一般过失，欠缺作为一个民事主体应当具备的最起码的注意义务的为重大过失，欠缺较高的注意义务标准的为轻过失。在专家责任、医疗损害责任等专业领域，则根据该专业内部一般专业人员的注意水平确定专业过失。根据这一标准，在一般过错责任中，区分故意和过失在责任构成上并无实益。当然，在某些特殊的侵权责任中，法律对于责任的构成要件有特殊要求的，应当符合其规定。如《消费者权益保护法》第55条规定："经营者明知商品或者服务存在缺陷，仍然向消费者提供，造成消费者或者其他受害人死亡或者健康严重损害的，受害人有权要求经营者依照本法第四十九条、第五十一条等法律规定赔偿损失，并有权要求所受损失二倍以下的惩罚性赔偿。"据此，经营者惩罚性赔偿责任的构成，以"明知"商品或者服务存在缺陷为前提，显然其主观要件应当以故意为限。

第三，损害。损害也称为"损害后果"，是权利人因民事权益受到侵害所遭受的不利益。在损害赔偿的构成中，损害具有中心意义，"无损害即无赔偿"。损害的存在，是加害人承担侵权责任特别是损害赔偿的基础。损害具有多样性，各国民法一般不对损害进行定义，而是在个案中加以确定。根据本编第二章的规定，我国侵权责任法律规范所认可的损害包括人身损害、财产损害和精神损害。需要特别注意的是，传统的以损害赔偿为中心的侵权责任固然以损害的存在为前提，但为预防和制止即将发生或者正在发生的侵权行为，

《民法典》引入了禁令性的侵权责任。本法第 1167 条规定："侵权行为危及他人人身、财产安全的,被侵权人有权请求侵权人承担停止侵害、排除妨碍、消除危险等侵权责任。"在此种侵权责任中,只要存在可能损害他人权益的危险性,即可能构成侵权责任,而无需有实际的损害。

第四,因果关系。因果关系要件要求在加害人的过失行为与受害人的损害后果之间,必须存在事实和法律上的因果关系。因果关系是近代以来各国侵权法普遍采用的损害过滤工具。基于自由主义基本立场,"行为人所可能承担的侵权责任是由其过错导致的、直接受害人的、与其加害行为具有因果关系的、绝对权受侵害的有形财产损失。这种责任范围可由理性予以预见,行为人的风险被最小化,从而为行为自由提供了最大的空间"。① 因果关系是侵权法中矫正正义的重要体现,是实现法的安定性价值及其补偿和遏制功能的基本保证。在大陆法系的传统上,因果关系被区分为责任确立的因果关系和损害范围的因果关系。责任确立的因果关系用于决定加害人是否应对受害人的损害承担责任;责任范围的因果关系则用于确认加害人应当在多大程度上对于受害人的损害承担责任。在责任确立的因果关系的判断上,大陆法系采用条件结果(condicio sine qua non)的事实因果关系判断,即加害行为是损害后果的必要条件,在加害行为 A 与损害后果 B 之间存在"无 A 则无 B"的关系;英美法系则适用性质相同的"若无/则不(but for)法则"加以判断。郭明瑞教授指出,"判断因果关系的存在仅以事实因果关系的存在为已足,无必要确定法律上因果关系的存在"。"相当因果关系说将过错性、违法性等因素纳入'相当性'的判断中,实将侵权责任的各构成要件一同考察,将法律上因果关系作为侵权责任构成的必要的充分条件"。② 由于确定因果关系的目的仅是确定行为人可否对损害承担侵权责任,而非应否承担责任,事实因果关系足当此任。在此基础上,进一步通过责任范围的因果关系判断加害人应当承担责任的范围和程度。

四、关于过错推定

本条第 2 款是关于过错推定的规定。过错推定是由法律预先推定行为人

① 姜战军:《损害赔偿范围确定中的法律政策》,《法学研究》2009 年第 6 期。
② 郭明瑞:《侵权责任构成中因果关系理论的反思》,《甘肃政法学院学报》2013 年第 4 期。

具有过错,并由行为人承担证明其没有过错的举证责任的制度。过错作为过错责任的构成要件,一般而言应由主张该要件事实存在的一方当事人负举证责任,即应由被侵权人负举证责任。如其不能证明行为人有过错,则因缺乏过错要件而不成立侵权责任。但是在某些特殊情形下,行为人与被侵权人相比较,对于有关过错的证明具有更强的能力,而被侵权人受客观条件限制,难以进行举证。这使得对于过错的证明,成为一种不公平的竞争,不利于保护被侵权人的合法权益,也不利于查明案件事实,实现侵权法的功能。为此,法律在某些具体的侵权责任类型中,明确规定对于过错的证明责任进行特殊分配,以平衡当事人之间在证明能力上的差别。例如,本编第1199条规定:"无民事行为能力人在幼儿园、学校或者其他教育机构学习、生活期间受到人身损害的,幼儿园、学校或者其他教育机构应当承担侵权责任;但是,能够证明尽到教育、管理职责的,不承担侵权责任。"由于无行为能力人在认知上的不足,当其在教育管理机构受到损害后,往往难以提供证据证明教育机构存在未尽到教育管理职责的过错。而与此相反,教育机构对于教育活动具有较强的控制,更有能力控制相关证据。为了平衡双方的证明能力,法律明确推定了教育机构在无行为能力人受到侵害时具有过错,而需由教育机构承担过错不存在的证明责任。基于同样原因,本编在建筑物、构筑物、搁置物责任及堆放物责任、树木管理责任、地面上下工作责任等侵权行为形态中均规定了过错推定。

需要明确的是,过错推定是对于过错要件举证的特殊配置,必须以法律的明确规定为前提,不能由法官在个别案件中任意决定。例如,修订前的《最高人民法院关于民事诉讼证据的若干规定》(法释〔2001〕33号)第4条第2款第8项曾规定:"因医疗行为引起的侵权诉讼,由医疗机构就医疗行为与损害结果之间不存在因果关系及不存在医疗过错承担举证责任。"此种在医疗损害责任中适用过错推定的规则即缺乏实定法的依据。2019年最高人民法院在修改该司法解释过程中删除了此项规定是正确的。当然,法官在具体案件中,对于当事人之间举证能力的差异,可以在法官职权范围内,通过举证责任的适时转换和证明责任的缓和合理分配举证责任。

过错推定在侵权责任法理论上曾被称为"过错推定原则",认为是和过错责任原则、无过错责任原则相并列的归责原则。但是,我们认为,过错推定只是过错责任的一种特殊表现形式,并不足以构成一种独立的归责原则,因其对损害的分配,仍然是基于行为人的过错,除此之外,未能提供一种独立的归责原因。本条将过错推定作为过错责任原则条文的第 2 款,明确体现了立法者将过错推定定位为过错责任的一种情形。需要特别注意的是,与作为过错责任一般条款的本条第 1 款不同,本条第 2 款并不能提供独立的请求权基础。主张过错推定责任,除援引本条外,仍需援引本编或者其他民事法律规范中有关过错推定的明确规定,方可产生完整的请求权基础。

第一千一百六十六条　行为人造成他人民事权益损害,不论行为人有无过错,法律规定应当承担侵权责任的,依照其规定。

释　义

本条是对无过错责任原则的规定。本条承继自《侵权责任法》第 7 条。

一、无过错责任的起源与作用

近代民法确立了过错责任并以之作为侵权责任归责的基本原则。但是,随着工业革命以来社会的发展,工业生产、运输工具使用、产品流通等活动在给社会带来巨大变化和收益的同时,也带来前所未有的社会危险,如环境污染的危险、产品致人损害的危险、高速运输以及其他高度危险作业的危险等。这些危险活动,一方面对于社会生活和发展而言不可或缺,另一方面对于这些活动所造成的危险和损害,必须通过适当的机制予以分配。在此种情况下,各国民法对于过错责任原则进行了反思和调整,在一般性的过错责任原则之外,通过立法和判例的形式,建立了以危险为归责基础的新的归责体系。由于此种归责不以行为人的过错为要件,因此被称为无过错责任原则,也可以称为严格责任或者危险责任。

无过错责任的正当性基础在于:第一,行为人是危险的制造者并从中获得利益,应当承担更重的责任。生产者、作业者、运输者等为其经营性目的实施了风险活动,对于其所造成的损害应承担加重责任。第二,行为人对于危险性具有更高的控制能力,由其承担责任可以更好地激励其强化风险控制,避免损害的发生。第三,现代化风险活动的复杂性使受害人对于行为人过错的举证成为不可能,囿于过错责任的证明责任分配实质上剥夺了其获得侵权责任救济的权利。第四,风险活动的行为人与受害人相较在经济、社会地位上具有明显优势,且可以通过成本分散机制化解损失,此即所谓"深口袋理论"。

无过错责任作为过错责任原则的补充和修正,是近代民法向现代民法转换的重要标准之一。在我国,《民法通则》第 106 条规定:"公民、法人违反合同或者不履行其他义务的,应当承担民事责任。公民、法人由于过错侵害国家的、集体的财产,侵害他人财产、人身的,应当承担民事责任。没有过错,但法律规定应当承担民事责任的,应当承担民事责任。"其第 2 款和第 3 款,分别规定了过错责任和无过错责任原则。在《侵权责任法》制定过程中,学者提出承担无过错责任并不以确定侵权人无过错为前提,其实质应该是在有法律的特别规定时不考虑侵权人有无过错。此观点为立法者所吸纳,以此确定了《侵权责任法》第 7 条的条文,并为本条所沿用。

二、本条的法律适用

本条与本编第 1165 条所规定的过错责任,在法律适用上是特别法与一般法的关系,这是由无过错责任是过错责任的补充和例外所决定的。需要注意的是,本条自身并非完全规范法条,不能独立地产生请求权基础,只能通过适用法律关于具体无过错责任的法条才能产生无过错责任请求权。当侵权行为不符合任何法律所规定的无过错责任规范时,应当适用第 1165 条的过错责任。

无过错责任的构成无须考虑过错要件,但侵权行为、损害以及因果关系的要件仍应具备,且应当由被害人负举证责任,除非法律有特别规定,如本编第 1230 条规定因污染环境、破坏生态发生纠纷,行为人应当就其行为与损害之间不存在因果关系承担举证责任。

三、无过错责任中对责任免除和减轻的特别限制

本编第 1173 条至第 1176 条对于责任的免除和减轻的事由作出了规定,主要是基于受害人的原因所造成的损害应当免除或减轻加害人的责任。但是,由于无过错责任的基础在于危险活动的风险性,在对加害人责任的免除和减轻时,应当考虑到不同活动的危险程度和侵权人对危险的控制能力,具体决定在何种情况下可以免除或减轻其责任。例如本编第 1237 条规定:"民用核设施或者运入运出核设施的核材料发生核事故造成他人损害的,民用核设施的营运单位应当承担侵权责任;但是,能够证明损害是因战争、武装冲突、暴乱

等情形或者受害人故意造成的,不承担责任。"从该条规定看,对于民用核设施运用这种危险性极高的作业,运营人承担较重的责任,即使是一般的自然力的不可抗力,或者受害人的过失,均不得免除或者减轻其责任。第 1238 条规定民用航空器造成他人损害的,民用航空器的经营者只有在受害人故意造成的损害的情况下才不承担责任,受害人的过失并不能免除或者减轻其责任。类似的规定还出现在第 1239 条、第 1240 条等法条中。

四、无过错责任中的责任限额

由于无过错责任是基于作业行为的高度危险性归责的责任,体现了对受害人的保护。但是由于这些危险性作业对于社会来说也是有益甚至是不可或缺的,过分加重行为人的侵权责任,可能抑制必需的作业活动,有损社会整体利益。为在两者之间寻求平衡,法律上对于有的无过错责任规定有最高责任限额,行为人仅在限额内对受害人的损害承担责任。例如,本编第 1244 条规定:"承担高度危险责任,法律规定赔偿限额的,依照其规定,但是行为人有故意或者重大过失的除外。"我国《民用航空法》第 129 条规定的民用航空器运营者无过错责任的限额,与《统一国际航空运输某些规则的公约》(即《蒙特利尔公约》)第 17 条和第 21 条规定航空旅客运输承运人的责任限额精神一致。但是《蒙特利尔公约》也明确规定对于承运人过错造成的损害,不受责任限额的规定,因为此时的责任就其性质而言已经是过错责任而非无过错责任。

第一千一百六十七条 侵权行为危及他人人身、财产安全的,被侵权人有权请求侵权人承担停止侵害、排除妨碍、消除危险等侵权责任。

释 义

本条是关于侵害停止和危险消除责任的规定。本条承继自《侵权责任法》第 21 条。

一、侵害停止和危险消除责任的特点和法律规范

大陆法系传统的侵权责任体系,以损害赔偿作为主要的责任承担方式,因

此无损害即无赔偿,当侵权行为未造成损害后果时,不构成侵权责任。但是,对于正在实施的侵权行为,或者可能危及他人合法权益的危险行为,权利人能否寻求侵权法的救济? 对此,《民法通则》第 134 条规定的民事责任承担方式中,就包含了停止侵害、排除妨碍和消除危险,使不以损害为前提的侵权责任成为可能,并在侵害知识产权的责任(第 118 条)、侵害人格权的责任(第 120 条)中规定了被侵权人可以要求停止侵害。此后,在民事单行法中,也规定了侵害停止和危险消除的责任。如《物权法》第 35 条规定了物权人对于权利妨害可以请求排除妨害或者消除危险,《商标法》第 57 条、《著作权法》第 49 条以及《专利法》第 66 条中也规定了停止侵害的请求权。《侵权责任法》第 21 条在此基础上规定了侵害停止和危险消除责任,并在第 15 条将停止侵害、排除妨碍和消除危险规定为承担民事责任的方式。在《民法典》中,包括上述三种方式的民事责任承担方式条款被规定在《民法典·总则编》第 179 条中,与本条形成呼应。

二、侵害停止和危险消除责任

侵害停止责任包括停止侵害和排除妨碍两种责任。该两种责任均源自绝对权的排他性特征。当他人的行为对绝对权造成侵害时,基于绝对权的排他性,权利人自可以要求侵权人停止其侵害行为,以满足其权利保护的需要。当他人的行为使权利人绝对权的正常行使受到妨碍时,权利人也可以根据权利的排他性要求侵权人消除其对权利正当行使的妨碍。此本为绝对权应有之义。但我国侵权法上将其作为一种侵权责任,使权利人可以基于侵权责任提出请求,有利于保护权利人请求权的行使。

危险消除请求则更近一步,在他人行为有妨碍权利人权利之虞时,权利人即可提出危险消除请求,以防范可能发生的侵害。当然,权利人应当证明他人行为造成权利损害的相当可能性,而不能仅凭本人想象或者臆测即认为存在危险。

第一千一百六十八条 二人以上共同实施侵权行为,造成他人损害的,应当承担连带责任。

释　义

本条是对共同加害行为的规定。本条承继自《侵权责任法》第 8 条,条文未做改动。

一、多数人侵权责任、共同侵权责任和共同加害责任

在侵权责任的构成上,除了由单个侵权人实施侵权行为的情形外,由多个侵权人的行为造成受害人损害的情形并不鲜见。此种情况在侵权法上被称为多数人侵权。相较于单一侵权,多数人侵权中不仅需要解决被侵权人与侵权人在整体上的责任构成,还需要解决被侵权人与每一个个别的侵权人之间的关系,以及各侵权人之间的关系,其侵权形态、责任构成更为复杂。多数人侵权中,基于全部侵权人应当对被侵权人共同承担责任,还是分别承担责任,还可以区分为共同侵权和分别侵权。基于过错责任原则,人只对其过错行为造成他人的损害承担责任,其中自然包含着只对自己过错行为所造成的范围内的损害承担责任。因此,各侵权人分别承担责任是一般原则和常态。但是,法律可以基于某种特殊原因,特别要求所有侵权人对于损害共同承担责任,此种责任形态被称为共同侵权责任。《民法通则》第130条规定:"二人以上共同侵权造成他人损害的,应当承担连带责任。"此为我国民法上共同侵权责任规定之滥觞。但是该条规定并没有明确共同侵权责任的基础何在,以至于在理论和实践中均产生了诸多争议。《侵权责任法》第8条在条文规定上与《民法通则》第130条相近,但通过体系解释等方法,学界通说认为其本质上是基于各侵权人在主观上的共同性而产生的共同侵权。为区别于其他共同侵权形态,一般称其为"共同加害责任"。

二、对"共同性"的争议

《民法通则》规定了共同侵权责任后,对于其中"共同性"的界定,产生了多种不同的见解,并均有比较法或者司法实践的支持。

第一,意思联络说。意思联络说是指共同侵权应当以各侵权责任在主观上共同形成了侵害他人的意思作为构成共同侵权的基础。对于共同侵权意思的形成,各侵权人之间具有意思上的联络或通谋。此为最为狭义的共同性学说,也是德国法上的主导学说。

第二,共同过错说。本说认为,构成共同侵权的共同性不必要求各侵权责任之间就形成主观过错具有意思联络,只需要其具有共同故意或者共同过失即可。此说的范围较意思联络说宽泛。

第三,客观关联说。本说认为,构成共同侵权不以主观上的共同性作为前提,只要各侵权行为在客观上具有关联性,即可构成共同侵权。日本司法实务中多持此观点。

第四,折中说。折中说希望在主观关联观点和客观关联观点中找到一个结合点,以兼采两说之长。其代表是 2003 年颁布的《最高人民法院关于审理人身损害赔偿案件适用法律若干问题的解释》第 3 条规定:"二人以上共同故意或者共同过失致人损害,或者虽无共同故意、共同过失,但其侵害行为直接结合发生同一损害后果的,构成共同侵权,应当依照民法通则第一百三十条规定承担连带责任。二人以上没有共同故意或者共同过失,但其分别实施的数个行为间接结合发生同一损害后果的,应当根据过失大小或者原因力比例各自承担相应的赔偿责任。"其中,既以共同过错作为构成共同侵权的基础,也限定性地允许以客观上的关联性作为共同侵权的基础,并为此创造了"直接结合"和"间接结合"的区分标准。但是该解释并未对直接结合和间接结合作出准确可行的界定,实践中对两者的区分缺乏统一标准。

以上各种共同性标准的区分,其实质是如何看待主观过错在构成共同侵权中的作用。主观共同说强调主观上的共同过错是产生共同责任的基础,其基本出发点仍是过错责任原则。根据过错责任原则,行为人只对自己过错行为造成他人损害承担责任,对于其他损害不承担责任。客观关联共同说的目的则是通过扩大承担共同责任的侵权人范围以更好地保护被侵权人的权益。

我们赞成主观共同的观点,其原因有:

第一,主观共同说更符合过错责任原则。如上所述,主观关联说更符合过错责任原则。客观关联说虽然有利于保护被侵权人权益,但可能使侵权人超出其过错范围承担对他人的责任,显然不符合过错责任的要求。

第二,从法律解释上应采主观共同说。《侵权责任法》第 8 条和本条虽然未言明采主观关联性观点,但从体系解释的角度可以分析,《侵权责任法》第 8 条至第 11 条和本法第 1168 条至第 1171 条均是共同责任的规定,包括共同加害行为、教唆帮助责任、共同危险行为责任、聚合因果关系的责任。通过对这 4 种共同责任的分析可以看出,共同责任的基础包含了基于主观过错的共同和基于因果关系的共同两种类型。其中教唆帮助显然是基于主观过错的共同,后面两种情形是基于因果关系的共同。本条规定于教唆帮助之前,从体系解释的角度,应当属于基于主观过错的共同。

第三,本条应采共同过错说。在主观共同说中,意思联络当然属于主观共同,构成共同责任应无争议。但是其问题在于意思联络说的范围过于狭窄,将虽然没有意思联络但各侵权人之间有共同故意或者共同过失的情形排除在外。当各侵权人之间有共同故意或者共同过失时,其过错是一体的,具有主观上的关联性。另外,根据意思联络说,被侵权人需要证明各侵权人之间对共同过错的形成具有事先的意思联络。此种主观上心理活动和联络行为的证明,对于被侵权人而言未免过于困难,不利于发挥共同侵权的作用。而采共同过错说,被侵权人只需证明各侵权人的故意或过失是共同的即可,并可采用客观标准证明其过错,更有利于平衡双方的证明能力。

三、共同加害行为的构成要件

共同加害行为的构成要件包括:

第一,须有数个侵权人和侵权行为。

第二,各侵权人需要共同故意或者共同过失。共同故意,要求各侵权人对于侵害他人的行为具有主观上共同追求加害结果的意思。此种共同故意,包括了有意思联络的共同故意,如甲乙二人为烧毁丙所有之粮仓,实现协商和筹划如何实施放火行为,并根据该共同故意实施了加害行为。同时此种共同过错还应当包含虽未有事先的通谋或者意思联络,但对于损害后果均具有相同的追求意思的情形。如甲正在对丙之粮仓实施放火行为,乙路过此处,虽未与甲提前通谋,但明知甲的侵害对象和侵害目的,即加入并共同实施了放火行为。共同过失,是指各侵权人对于如不加适当注意即可能损害他人具有同样的认识,但均未采取应有之适当注意造成他人损害。如二人共同抬物上山,均发现捆绑之处有所松动,如不及时采取措施可能导致物品滑落砸伤他人,但二人均怠于采取应有措施,造成物品果然滑落致人损害的。对此,二人应有共同过失。

第三,共同故意或者共同过失行为与被侵权人损害之间具有一体化的因果关系。在共同加害行为中,各侵权人的单个侵权行为因主观上的共同性结合在一起,在责任构成上,应当作为一个原因,与被侵权人之间进行因果关系的判断,而无须再单独对每一个行为进行因果关系判断。因此,只要各侵权行为在整体上与损害后果具有条件结果关系即可,而不需要确定具体哪一个行为是造成被侵权人损害的原因。例如,甲乙二人通谋围殴丙,一人持棍棒,另一人持砖头。经检验,被侵权人的伤害是因棍棒击打所致,砖头未能击中被侵权人。此时,无须考察具体是哪一个侵权人持棍棒进行了殴打行为,只需要证明甲乙二人的群殴行为与丙之损害在整体上有因果关系即可。

四、共同加害行为的法律效果

本条规定,共同加害的各侵权人应对被侵权人的损害承担连带责任。这是共同加害行为被视为一体与损害进行因果关系判断的必然结果。对于连带责任的承担,《侵权责任法》第 13 条和第 14 条对于侵权人的责任承担(外部责任)和各侵权人之间的责任分配(内部责任)作出了规定,即"法律规定承担连带责任的,被侵权人有权请求部分或者全部连带责任人承担责任"(第 13条)和"连带责任人根据各自责任大小确定相应的赔偿数额;难以确定责任大小的,平均承担赔偿责任。支付超出自己赔偿数额的连带责任人,有权向其他连带责任人追偿"(第 14 条)。在《民法典》中,将上述内容作为民事责任的承担方式,规定在总则编第 178 条中。受篇幅所限,本文不做赘述。

第一千一百六十九条　教唆、帮助他人实施侵权行为的,应当与行为人承担连带责任。

教唆、帮助无民事行为能力人、限制民事行为能力人实施侵权行为的,应当承担侵权责任;该无民事行为能力人、限制民事行为能力人的监护人未尽到监护职责的,应当承担相应的责任。

释　义

本条是关于教唆、帮助责任的规定。本条承继自《侵权责任法》第 9 条。

一、关于教唆、帮助责任的性质

我国的教唆、帮助责任规则最早来自《最高人民法院关于贯彻执行〈中华人民共和国民法通则〉若干问题的意见》第 148 条对《民法通则》第 130 条的解释。该条指出,教唆、帮助他人实施侵权行为的人,为共同侵权人,应当承担连带民事责任。教唆、帮助无民事行为能力人实施侵权行为的人,为侵权人,应当承担民事责任。教唆、帮助限制民事行为能力人实施侵权行为的人,为共同侵权人,应当承担主要民事责任。该条解释根据被教唆、被帮助对象的不同,分别规定了连带责任、单独责任和按份责任3种责任形态。《侵权责任法》第9条对此有所调整,将教唆、帮助无民事行为能力人和限制民事行为能力人的责任统一起来,并增加了有关被教唆、帮助人监护人责任的规定。

教唆、帮助人与被教唆、帮助的完全民事行为能力人承担连带责任的基础,在于教唆人、帮助人与实际侵权人之间在主观意思上的共同性。虽然教唆、帮助行为与共同加害的造意行为不同,因为后者是形成了侵害他人的主观意思,而教唆、帮助本身并不独立形成侵害意思,只是为产生侵害意思提供了外在的主观(教唆)或客观(帮助)的促进因素,真正的侵害意思是侵权人独立形成的。但是基于教唆、帮助行为在形成侵害意思时的作用,为遏制教唆、帮助行为,法律将教唆、帮助视为与侵权人有主观共同性,并基于此要求教唆、帮助人与实际侵权人承担共同责任。此时,教唆、帮助行为与侵权行为被作为一个行为与损害后果进行因果关系判断。需要注意的是,正是由于主观上共同性的要求,教唆、帮助人只应当对自己教唆、帮助行为形成的侵害意思承担责任,实际侵权人超出教唆、帮助范围之外的行为,教唆、帮助人不承担责任。例如,某甲教唆某乙潜入某丙住宅盗窃财物,某乙盗窃得手后又纵火焚烧某丙住宅,对于某乙纵火所造成的损害,某甲不应当承担连带责任。

二、教唆、帮助无民事行为能力人、限制民事行为能力人的责任

本条第2款规定了教唆、帮助无民事行为能力人和限制民事行为能力人的责任。此处使用的行为能力的概念,其实质是意思能力,即行为人是否对于侵权行为的后果具有认识和判断能力。由于我国民法上未规定意思能力或者责任能力,本条借用了行为能力的概念。当行为人缺乏对侵权行为的认识能力时,其实质上并没有独立地产生侵害意思的能力,教唆人、帮助人的意思实际就是侵权行为所依赖的侵害意思,而行为人只不过是教唆人、帮助人实现其侵害意思的工具而已。此时根据过错责任原则,应当由教唆人、帮助人本人承担责任。

三、教唆、帮助责任与侵权人监护人责任的关系

本条第2款后半句规定了教唆、帮助无民事行为能力人、限制民事行为能力人时无民事行为能力人、限制民事行为能力人的监护人所可能承担的责任。

本编第 1188 条规定：“无民事行为能力人、限制民事行为能力人造成他人损害的，由监护人承担侵权责任。监护人尽到监护职责的，可以减轻其侵权责任。”两条之间的适用关系如何，值得探讨。需要注意的是，第 1188 条规定的是无民事行为能力人、限制民事行为能力人根据归责原则应当承担民事责任时监护人的替代责任。本条第 2 款情况下，教唆、帮助人才是责任主体，无民事行为能力人、限制民事行为能力人不应承担责任，其监护人也无承担替代责任的可能。

第一千一百七十条 二人以上实施危及他人人身、财产安全的行为，其中一人或者数人的行为造成他人损害，能够确定具体侵权人的，由侵权人承担责任；不能确定具体侵权人的，行为人承担连带责任。

释 义

本条是关于共同危险行为责任的规定，承继自《侵权责任法》第 10 条，内容未作改动。

一、共同危险行为责任的正当性基础

共同危险行为责任，是指数人共同实施了可能造成受害人损害的危险行为造成他人损害，但无法查明其中实际侵权人的，此数人对受害人的损害承担连带责任。共同危险行为理论来源于德国法，《民法通则》中并未作出规定，2003 年《最高人民法院关于审理人身损害赔偿案件适用法律若干问题的解释》第 4 条规定：“二人以上共同实施危及他人人身安全的行为并造成损害后果，不能确定实际侵害行为人的，应当依照民法通则第一百三十条规定承担连带责任。共同危险行为人能够证明损害后果不是由其行为造成的，不承担赔偿责任。”此为我国法律规范第一次规定共同危险行为。《侵权责任法》第 10 条进一步规范了共同危险行为责任，但对法条表达做了修改。

共同危险行为责任的归责基础是对于各危险行为与损害后果之间的因果关系推定。侵权责任构成以因果关系的存在为必备要件。但是，在某些情况下，多个行为人均实施了可能造成他人损害的危险行为，这些行为中的一个或

者多个(但非全部)行为是造成损害的客观原因,但是由于认识能力的不足,无法判断出具体哪一个或者几个行为是致害原因,即既不能确认每一个行为与损害之间的因果关系,也不能排除所有行为与损害之间的因果关系。此时,如果按照事实因果关系的"如无/则不"标准,所有的行为人都将不承担责任,这将造成被侵权人受损的权利无从救济,而实施危险行为的人逃脱制裁。为避免此种结果,法律将各个危险行为结合为一个整体,与损害后果之间建立因果关系,从而推定所有的危险行为与损害后果之间都有因果关系,并因此由所有行为人承担连带责任。

二、共同危险行为责任的构成要件

共同危险行为的构成要件包括:

第一,二人以上实施危险行为。行为主体应当为二人以上,且各行为人均实施了危险行为。在引起"高空抛物"法律争议的"重庆烟灰缸案"中,实际只有一个从高空建筑中抛掷物品的行为,其他被告均无任何行为,法院认定其构成共同危险行为显属不当。

第二,各行为均具有危险性。即各行为人所实施的行为,均不能排除也不能确认是损害的原因。如果某一个或几个侵权行为能够确认与损害后果无关,则应排除在责任承担主体之外;如果某一个或者几个侵权行为能够确认就是损害的原因,则应由其行为人承担责任,也不构成共同危险行为。质言之,此时各个危险行为与损害之间的因果关系限于人类认识能力的不足,既不能确认,也无法排除。

第三,各行为之间不具有共同故意或者共同过失。如果各行为对于损害的发生具有共同故意或者共同过失,则各行为应当构成共同加害行为而非共同危险行为。

三、共同危险行为责任的免责

根据2003年《最高人民法院关于审理人身损害赔偿案件适用法律若干问题的解释》第4条规定,行为人只要能够证明损害结果不是由其行为造成的,即可免责。但本条和《侵权责任法》第10条均规定:"能够确定具体侵权人的,由侵权人承担责任;不能确定具体侵权人的,行为人承担连带责任。"有观点据此认为,行为人如欲摆脱共同危险责任,不仅需要证明自己的行为与损害之间无因果关系,还需要明确指出谁是实际的加害人。此种观点与共同危险行为责任的本质并不相符。如前所述,共同危险行为责任的基础在于危险行为与损害后果之间的因果关系推定。既然是一种推定,就应当允许通过证明因果关系的不存在予以推翻。因此,行为人只要证明自己的行为与损害后果之间无因果关系即可不承担连带责任,而无需证明谁为实际侵权人。其他行为人,仍应承担连带责任。

第一千一百七十一条 二人以上分别实施侵权行为造成同一损害,每个人的侵权行为都足以造成全部损害的,行为人承担连带责任。

释 义

本条是关于聚合因果关系的连带责任的规定,承继自《侵权责任法》第11条,条文内容未作删改。

一、聚合因果关系中行为人承担连带责任的正当性

聚合因果关系又称为累积因果关系,是指两个以上的行为都是损害发生的原因,且每一个行为均足以造成全部损害的情形。聚合因果关系的特殊性在于,每一个侵权行为与全部损害之间均有因果关系,每一个行为均是损害的充分条件。同时,由于即使缺少任何一个侵权行为,损害后果仍然会因为其他行为的存在而发生,所以每个行为均为损害的非必要条件。因此在责任确立的因果关系上,如果根据"如无/则不"的事实因果关系要求,任何一个行为与损害后果之间均不具有因果关系,任何一个行为人都无须承担责任。这显然与行为人实施了侵权行为的事实和公众的基本道德认知不相符。因此,本条规定的目的在于两个方面:第一,确认此种情形下每一个行为均构成侵权责任。此时,每一个行为已满足充分非必要条件的基本要素,即使不符合"如无/则不"标准,法律仍应确认所有行为在整体上与损害有因果关系,因此应当作为一个整体对损害承担责任。第二,确认了各行为人的责任形态。各行为人之间承担连带责任,由于即使承担全部责任也不超出其行为与损害后果之间因果关系的范围,行为人应当对损害承担连带责任。第三,限定了责任的

范围。虽然有多个足以构成全部损害的行为,但基于"无损害无救济"的原则,所有行为人整体上承担的责任不能超出被侵权人损害的范围,即被侵权人不能获得超出其损害的赔偿。

二、聚合因果关系连带责任的构成要件

聚合因果关系连带责任的构成要件包括:

第一,存在多个侵权行为人的多个侵权行为。

第二,每一个个别的侵权行为均是损害后果的充分条件。本条要求每一个侵权行为都"足以"造成全部损害,其中"足以"的表述要求每一个侵权行为,在客观事实上都已经加诸被侵权人的权益之上,且即使无其他任何因素影响,也能够造成全部损害。此种因果关系的判断与第1170条所规定的"危险行为"不同。第1170条所规定的危险行为,是每一个行为都可能造成损害,单个行为是损害的非充分非必要条件,其个别的因果关系既不能确认,也不能排除,是基于我们认识能力的不足而进行的法律推定。而在累积的因果关系中,每一单个侵权行为与损害后果的因果关系都必须能够确认,单个行为是损害的充分非必要条件。

第三,各行为人之间没有共同故意或者共同过失。如果行为人之间存在共同故意或者共同过失,即可构成共同加害责任,不应适用本条。除此之外,各行为人的主观心理状态在所不闻,不管是均有过失、均有故意,或者是有的故意、有的过失,均不影响本条的适用。

三、适用范围和法律效果

由于本条是基于因果关系的共同性而承担的连带责任,不考虑行为人的主观心理活动,因此对过错责任、无过错责任均有适用的余地。如在环境污染案件中,多人均实施排污行为,每个行为均足以造成被侵权人全部损害的,各污染人应承担连带责任。

在法律效果上,各行为人应对被侵权人承担连带责任。其内部关系,由于每一个行为与损害之间都具有全部的因果关系,无法确定其内部份额,根据《民法典·总则编》第178条的规定,应当承担平均责任。

第一千一百七十二条 二人以上分别实施侵权行为造成同

一损害,能够确定责任大小的,各自承担相应的责任;难以确定责任大小的,平均承担责任。

释 义

本条是关于分别侵权责任的规定,条文承继自《侵权责任法》第 12 条。

一、分别侵权的责任性质

分别侵权,是指两人以上的侵权人均实施侵权行为,但各侵权行为之间不具有本编第 1168 条至第 1171 条所规定的主观共同性或者客观共同性时,所应当承担的按份责任。在分别侵权的情形中,多个行为人均实施了侵权行为,每一个侵权行为均是损害的原因,这些侵权行为的后果累加、结合或者加强造成了被侵权人的全部损害。每一个侵权行为是单独与损害后果进行因果关系判断,每一个行为均与损害后果具有"如无/则不"的事实因果关系,但均不足以造成全部损害,即只与损害的一部具有损害范围的因果关系,每一个行为均是损害后果的必要非充分条件。正是基于此种因果关系,所以每一个行为需要对损害承担责任,但不需要对损害承担全部责任,而只需要对自己行为所造成的损害部分承担责任,因此其责任是按份责任。

由于本条的责任就其实质而言是多个侵权行为的结合,因此可以适用于过错责任、无过错责任或者两者的混合。

二、分别侵权按份责任的构成

分别侵权的按份责任应具备以下构成要件:

第一,有多个侵权人的多个侵权行为。多个作为、多个不作为,或者作为和不作为的结合,均可以构成按份责任。

第二,每一个侵权行为与损害后果都具有事实因果关系,但不足以造成全部损害。

第三,各侵权行为累加、结合或者加强造成了全部损害。侵权行为的累加是指单个侵权行为足以造成损害之一部,不同的损害部分累加而成全部损害。如甲之过失造成乙足部受伤,丙之过失造成乙上肢受伤;或者甲之过失造成乙足部受伤,丙之过失加重了乙足部的伤情。其本质上是多个侵权行为后果的叠加。侵权行为的结合是指单个行为根本不会造成被侵权人的损害,只有多个侵权行为结合在一起,才能造成被侵权人的损害。例如,甲、乙两工厂同时向丙的农田排放污水,甲或者乙一方排放的物质本身均无害,但两者发生化学反应即可造成丙的损害。所谓加强,是指单个侵权行为只会造成一种程度较低的损害,但各侵权行为结合造成了更加严重的损害。例如,甲、乙均向丙之食物投毒,甲、乙每人所投放之毒量,均足以造成丙之脏器受损,但不足以致命,但两者投放毒量相加,造成了丙的死亡。

第四,不具有主观共同性。具有主观共同性的多个侵权行为构成侵权责任,应当承担连带责任。

三、分别侵权的责任承担

根据本条的规定,分别侵权应当承担按份责任。根据分别侵权的性质,实际存在"事实因果关系明确、责任范围因果关系明确"和"事实因果关系明确、责任范围因果关系不明确"两种情形。前者是指各侵权行为累加造成最终损害,且每一个侵权行为造成的损害范围能够查明的情形。此种情形下,每一个侵权行为人应当根据其行为与损害后果之间的因果关系承担相应的责任,即"能够确定责任大小的,各自承担相应的责任"。后者是指累加关系中每一个侵权行为造成的损害范围不能查明,或者各侵权行为结合或者加强造成损害的情形。此时由于无法确认每一个侵权行为的责任范围,应当适用本条后半句,即"难以确定责任大小的,平均承担责任"。

第一千一百七十三条　被侵权人对同一损害的发生或者扩大有过错的,可以减轻侵权人的责任。

释　义

本条对于过失相抵的规定,源自《侵权责任法》第26条。与原条文相较,本条强调被侵权人对"同一"损害的发生或者扩大有过错,明确了被侵权人过错的指向。

一、关于《民法典》对"免责事由"的规范模式

本条与其他相关条款原规定于《侵权责任法》第三章"不承担责任和减轻

责任的情形"中。通过分析可以发现,《侵权责任法》第三章所规定不承担责任和减轻责任的情形,实际包括了责任构成后基于法律的特别规定而免于或者减轻责任的情形,即免责事由,如第29条所规定的不可抗力;也包括由法律排除其违法性从而不构成责任的违法阻却事由,如第30条所规定的正当防卫和第31条所规定的紧急避险;还包括了过失相抵、受害人故意、第三人原因等责任构成问题。三种不同性质的问题规定在同一章节中,在逻辑上并不统一。在《民法典》制定过程中,不可抗力、正当防卫和紧急避险作为对各种民事责任均有适用可能的原因规定在《民法典·总则编》中,将包括过失相抵在内的责任构成问题规定在本编第一章一般规定中,并在条文顺序上紧随侵权责任的一般构成和多数人责任的构成,更具逻辑性。

二、过失相抵的概念与性质

过失相抵,又称为"与有过失""过失相杀",是指当被侵权人的过失也是造成损害的原因时,应当根据被侵权人过失的情况,减轻侵权人的责任。《民法通则》第131条规定:"受害人对于损害的发生也有过错的,可以减轻侵害人的民事责任。"此规定为后来的《侵权责任法》和《民法典》所沿袭。

对于过失相抵的性质学术上有不同观点,有观点认为其属于损害赔偿的抵偿规则,有观点认为其属于免责事由的问题。我们认为,过失相抵的实质还是因果关系问题。在过失相抵的情况下,被侵权人的损害是由侵权人的行为和被侵权人的行为等多个原因共同造成的,呈现出"多因一果"的关系。从本编第1172条的规定的多数人侵权的分别责任看,多因一果的情况下,每个侵权人应当只对自己的行为造成的损害承担责任。同样原理应当适用于侵权人和被侵权人的行为是损害发生的原因的情形中。此时,侵权人的行为和被侵权人的过失与损害之间均具有事实因果关系,侵权人只应对与其行为有责任范围的因果关系的损害承担责任。此种多因一果的责任范围判断,不仅存在于过失相抵中,也存在于被侵权人一方存在其他造成或扩大损害的情形下,在我国侵权责任理论中被称为"原因力"理论。所以过失相抵就其本质是责任构成和责任范围的限定问题,而不是在已经确定责任的基础上免责的问题。

三、过失相抵的构成要件

过失相抵的构成要件包括:

第一，侵权人的行为和被侵权人的行为均是损害发生的原因。适用过失相抵的前提是侵权人与被侵权人的行为均是损害发生的原因，两者与损害之间均符合"如无/则不"的事实因果关系判断。本条增加了"同一损害"的表述，就是强调这种因果关系均应该是与被侵权人的损害建立的，以避免在"互殴"一类的双方各有损害的情形中误用过失相抵。

第二，被侵权人的行为造成了损失。本条规定，被侵权人对于损害的"发生和扩大"也有过错，其中对于"发生"和"扩大"的区分并无实益。因为因果关系判断都是就所有原因与最终的损害进行判断。如某甲放火焚烧某乙之粮仓，至某乙发现时如能及时抢救，可能造成 10 万元损失。某乙发现后疏于采取适当措施，致损失扩大至 15 万元。从表面上看，扩大出的 5 万元损失才是与某乙的过失有因果关系。但从因果关系的角度来看，15 万元的整体损失是甲、乙行为多因一果的结果，甲、乙的行为都与 15 万元的损害有事实因果关系。

第三，被侵权人对损害的发生有过失。本条规定被侵权人对于损害的发生也有"过错"的，此处的过错，应当理解为过失，不应当包括故意在内。如果被侵权人具有追求损害结果的故意，则应归入本编第 1174 条的规范范围，其效果是行为人不承担责任而不是减轻责任。同时，需要明确的是，被侵权人此处所谓"过失"，并不是侵权法上真正的过失。因为侵权法上的过失的对象一定是其本人之外的其他人。基于绝对权的对世性，只有权利人之外的人才负有不侵害绝对权的义务，也才能因为违反此种义务而有过失，权利人对自己无义务，也不会有过失。此处的过失，是为进行对侵权人责任的限定而由法律拟制出来的"不真正过失"。

四、过失相抵的适用范围

过失相抵当然可以适用于过错责任中。对于无过错责任而言，能否适用过失相抵，应受无过错责任条款的具体规范，不可一概而论。对此已在前文对本编第 1166 条的释义加以论述，在此不赘述。

五、过失相抵的效果

过失相抵的效果是减轻侵权人的责任。在很多判决中，将过失相抵表述为"原告对损害的发生也有过错，应当承担某某比例的责任"。必须明确的是,此种表述与过失相抵的概念不符。由于权利人不对自己负有义务,也不会对自己的损害承担责任。正确的表达应该是"原告对损害的发生也有过错,应当减轻被告的责任"。

第一千一百七十四条　损害是因受害人故意造成的,行为人不承担责任。

释　义

本条是对受害人故意的规定。本条承继自《侵权责任法》第 27 条,内容未作改动。

一、受害人故意的性质

受害人故意,是指损害是受害人在明知的情况下追求或者放任的结果,如受害人以自杀为目的冲向行驶中的车辆造成交通事故等。受害人故意造成损害行为人不承担责任的原理在于,基于受害人的主观故意,其故意与其损害之间具有直接的、完全的因果关系。虽然此时从表象上看行为人的行为造成了受害人的损害,但行为人的行为只是受害人故意造成损害后果的手段和工具,与受害人的损害之间不存在实质的因果关系,因此也就不构成侵权责任。由于行为人的行为不构成侵权责任,根据损害自担的一般规则,受害人的损害只能由其自行承担。

二、受害人故意的构成要件

受害人故意应当符合以下构成要件:

第一,受害人存在对自身损害的追求或者放任的故意。此处的故意,是指受害人在明知可能造成自身损害的情形下对自身损害予以追求或者放任的心理状态。在故意的判断上,应根据外在的行为特征对动机进行主观判断,而不是以"理性的人的标准"进行一般客观判断。虽然在侵权法上有"重大过失等同于故意"的规则,但是此规则的适用对象是侵权行为人,且其目的是对于欠缺最起码注意义务的过失行为得课以加重责任,并不能推导出受害人主观上具有追求损害的动机,因此在本条中并无适用余地。

第二，受害人的故意应当是损害的全部原因。受害人故意导致行为人不承担责任的原因在于受害人的故意是损害的全部原因，行为人的行为与损害无实质上的因果关系。如在某些特殊情形下，法律对于行为人课以特殊义务，违反此种义务时，即使受害人追求损害效果，行为人的行为与损害后果之间仍有因果关系，此时构成多因一果，行为人仍应承担责任。例如，本编第1246条规定："违反管理规定，未对动物采取安全措施造成他人损害的，动物饲养人或者管理人应当承担侵权责任；但是，能够证明损害是因被侵权人故意造成的，可以减轻责任。"此时，即使受害人有故意，仍然只是减轻饲养人或者管理人责任而不是免责。

三、受害人故意的适用范围

本条和第1173条所规定的过失相抵都是基于因果关系的原因而影响责任构成，均可以适用于过错责任。但是，由于无过错责任的规则基础是风险分担，是否允许因为受害人过失而在无过错责任中适用过失相抵需要根据具体无过错责任规范对于风险的具体分配规则来决定。但是，对于受害人故意来说，其引发损害的原因已经超出了社会正常风险的范围，无过错责任规则中一般也不会加以限定。因此，受害人故意不承担责任的规则在无过错责任中应当是一般适用的，包括本编相关无过错责任构成条文中有明确规定和无明确规定的责任类型。但是，具体规范明确排除了受害人故意免责规范适用的情形除外，如上文所述第1246条的规定。

第一千一百七十五条 损害是因第三人造成的，第三人应当承担侵权责任。

释 义

本条是关于第三人原因责任归属的规定。条文承继自《侵权责任法》第28条，内容未作改动。

一、第三人原因责任归属的内容和基础

本条内容是因第三人原因造成损害的，第三人应当承担责任，其实际的文

义是行为人不承担责任。例如,甲驾驶车辆停在停止线前等红灯,乙的车辆从后方疾驰而来追尾甲车,将甲车撞出,使甲车撞伤在人行横道上正常通过的丙。从表现上看,丙之损害因甲之行为而造成,但实际上乙的行为才是造成丙之损害的真正原因。此时,应由乙这个第三人而不是甲这个行为人承担责任。

在本条情况下,由第三人而不是行为人承担责任,其理论依据是因果关系的判断。在责任成立的因果关系上,在进行事实因果关系判断的基础之上,还需要进行法律上因果关系的判断,以排除那些不符合社会常理判断的因果关系。在上述案件中,甲和乙的行为与丙的损害之间,均存在"如无/则不"的事实因果关系。但是由于甲的停车行为具有正当性,其也不可能预见到乙车的追尾行为,从法律上应当排除甲的行为与丙的损害之间的因果关系。当甲的行为被从因果关系中排除,只有乙的行为与丙的损害后果之间有因果关系,责任应当由乙而不是甲承担。

二、本条的适用范围

本条的规范目的,在于行为人的行为与损害之间责任成立的因果关系被排除时,行为人不承担责任,故其适用范围不包括行为人和第三人的行为与损害均具有事实和法律上因果关系的情形。在此种情形下,行为人的行为和第三人的行为均构成损害发生的原因。此时应当根据多数人侵权的规则,判断行为人与第三人对于被侵权人的责任承担,并不在本条的意旨范围之内。

同时,本条同样不适用于安全保障义务人的补充责任。本编第1198条、第1201条以及第1254条均规定了违反安全保障义务的责任。在违反安全保障义务的责任的情形下,实际与损害存在全部因果关系的是第三人的行为,这一点从上述三个条文中均规定首先应由加害的第三人承担责任且第三人承担最终形态的责任,即可说明。但是,在第三人无法承担全部责任的情形下,安全保障义务应承担相应的补充责任。

此外,如法律对于第三人原因造成他人损害的责任承担有特殊规定,应当适用其特殊规定,而不是适用本条规定。如本编第1250条规定:"因第三人的过错致使动物造成他人损害的,被侵权人可以向动物饲养人或者管理人请求赔偿,也可以向第三人请求赔偿。动物饲养人或者管理人赔偿后,有权向第三人追偿。"在该条规定的情形下,即使第三人的行为是引起损害的唯一原因,动物饲养人、管理人仍可能基于被侵权人的请求而承担责任。只不过此时动物饲养人、管理人的责任是一种中间责任,可以向造成损害的第三人进行追偿。

第一千一百七十六条　自愿参加具有一定风险的文体活动,因其他参加者的行为受到损害的,受害人不得请求其他参加者承担侵权责任;但是,其他参加者对损害的发生有故意或者重大过失的除外。

活动组织者的责任适用本法第一千一百九十八条至第一千二百零一条的规定。

释　义

本条是关于参加文体活动自甘风险的规定。本条为新增加条文,为《侵权责任法》所无。

一、自甘风险的概念及性质

自甘风险,是指被侵权人可以预见某种损害发生之可能性仍自愿承担该风险时,如该风险实际发生并造成其损害,免除造成损害的行为人的责任的制度。自甘风险所调整的,是社会生活中所包含的无法完全避免的风险问题。在某些社会活动中,可能造成参加者损害的风险是现实存在且无法避免的,甚至说风险本身就是此种活动的组成部分。例如在体育运动中,存在参与者遭受运动风险的可能。这些风险,可能来源于参与者自身,如在长跑中参与者可能跌倒或者引发疾病;可能来源于其他参与者,如在对抗性运动中的运动伤害风险;也可能来自活动的组织风险。此类风险是活动所无法避免的,甚至是只有通过风险的考验才能实现活动目的。

本条第1款所指风险,主要是指第二种风险,即其他参与者造成侵权的风险。对于此种活动风险,被侵权人在参与前是明知的,而为参与活动仍自愿承担此种风险。由于被侵权人承担风险的自愿性,活动中符合被侵权人预期的风险即使发生,也基于被侵权人的自愿得以阻却违法。因此,就性质而言,自甘风险属于阻却违法事由,其效果是造成被侵权人损害的其他参与者不承担责任。

二、自甘风险的构成要件

自甘风险的构成要件为：

第一，参与具有一定风险的文体活动。根据自甘风险的理论，被侵权人与行为人之间应当具有一定的特殊关系，并基于此种特殊关系产生和确定某一种风险。例如，被侵权人与行为人因共同参与足球赛，产生了足球运动的对抗性风险。此种风险是基于双方之间的特殊关系而产生的，而不是社会生活中存在的一般性风险。需要注意的是，自甘风险理论对于当事人之间的关系类型并未作限制，但本条则对此作出一个范围非常具体的规定，即将此种关系限定在文体活动的范围之内，如体育比赛、旅行等。但是，应当明确，职业体育活动由于其法律上的特殊性，不受本条规范的调整。在职业比赛中遭受损害的，不能主张侵权责任。

第二，活动风险未超出被侵权人所能预见的范围。自甘风险的基础在于活动风险能够为参加者所预见并接受，其风险承担应当受参加者可预见性的限制。如中学生相约课外活动期间在学校操场踢足球，参与者所能预见的风险是在此种场合、此种参与者水平以及此种物质条件下正常所有的风险水平。在这种足球"比赛"中，一般的冲撞、拉扯等均可认为属于正常风险，但在缺乏护具时以"飞铲"的方式造成他人腿部骨折，即可能超出了参与者可预期的风险程度。

第三，行为人实施了造成被侵权人损害的行为。此种行为，应当是与文体活动相关的行为，与文体活动无关的行为，如在体育比赛中对他人进行侮辱和谩骂，不属于自甘风险的范围。

第四，行为人无故意或者重大过失。行为人在主观上可以有过失，因为参加人的过失本身属于可以预见的风险的范围。但是，本条明确规定，行为人的故意侵权不属于自甘风险的范围，因为活动参加者所能够预见的行为，显然不包括其他人故意侵权的行为。基于重大过失等同于故意的原则，行为人有重大过失的，也视为有故意而不能免责。

三、自甘风险与过失相抵及受害人故意的区别

自甘风险被经常与过失相抵和受害人故意相提并论，特别是由于《侵权责任法》未规定自甘风险制度，法院在遇到此类案件时，有的适用《侵权责任

法》第 26 条的过失相抵减轻加害人的责任。但是自甘风险与过失相抵和受害人故意都是不同的。首先,自甘风险的基础是违法阻却,而过失相抵和受害人故意的基础是因果关系。自甘风险并不会否定或者限定侵权行为与损害的因果关系,而是否定侵权行为的不法性。其次,自甘风险所涉及的是参加特殊关系可预见的特定风险,而过失相抵和受害人过失针对的是一般社会风险。最后,自甘风险中被侵权人对于损害的发生没有主观上的过错,与欠缺注意义务的过失相抵和追求损害后果的故意是完全不同的。

四、文体活动组织者的责任

文体活动中的组织风险也是客观存在的风险。不同于其他参与者侵权的风险,本条第 2 款将组织风险作为组织者安全保障义务的范围,组织者是否对组织活动所造成的损害承担责任,应当根据本编第 1198 条至 1201 条规定确定责任,即根据经营场所、公共场所的经营者、管理者或者群众性活动的组织者以及幼儿园、学校或者其他教育机构的安全保障义务,确定其所应当承担的责任,而不是适用自甘风险的规定。

第一千一百七十七条　合法权益受到侵害,情况紧迫且不能及时获得国家机关保护,不立即采取措施将使其合法权益受到难以弥补的损害的,受害人可以在保护自己合法权益的必要范围内采取扣留侵权人的财物等合理措施;但是,应当立即请求有关国家机关处理。

受害人采取的措施不当造成他人损害的,应当承担侵权责任。

释　义

本条是关于自助行为免责的规定。本条是《民法典》新增条文。

一、自助行为的概念和意义

自助行为是指为保护权利人的私法权利,在情况急迫无法寻求公力救助时,权利人采取必要保全措施以待公力救济的情形。自助行为属于自力救济或曰私力救济的一种。民法上的自力救济与公力救济相对应,是权利人以自身行为而非请求公权力对受损权利施以救济的情形。在人类文明发展早期,自力救济是一种常态。但是,随着以国家为中心的社会结构的形成,为避免自力救济行为损害社会秩序,公力救济逐渐取代了私力救济成为权利保护的主要方式。但是,由于权利保护的需要和公力救济的程序性与滞后性,一定范围内的自力救济仍然被保留。在现代民法体系中的自力救济主要包括正当防卫、紧急避险和自助行为。自《民法通则》以来,我国民法中对正当防卫和紧急避险均作了规定,《民法典》也将两者规定在总则编中。但是对于自助行为,一直缺乏规定。本条对于自助行为的规定,弥补了我国民事立法中的空白。

各国民法中对于自助行为的规范模式有两种。一种将其规定在总则中作为权利行使规则,另一种则是规定在侵权责任的部分作为免除自助行为人侵权责任的规定。本条即采用了第二种立法例。

二、自助行为的构成要件

自助行为的构成要件包括:

第一,权利人的合法权益受到侵害。自助行为的前提是需要获得自力救济的权益。此处的权利,包括绝对权,如人身权利、物权、知识产权,也包括相对权。当然在相对权受到侵害时,权利人往往可以根据相对权或者其从权利的相关权能获得救济,例如,合同债权人可以行使履行抗辩权、留置权等以救济自身债权。但是这并不排除债权人在无其他救济方法时通过自助行为保护自身权益。

第二,实施自助行为具有紧迫性和必要性。根据本条规定,实施自助行为必须"情况紧迫且不能及时获得国家机关保护,不立即采取措施将使其合法权益受到难以弥补的损害"。权利人的民事权益受到侵害必须处于紧迫且无法获得公力救济的状态,否则权利人应寻求公力救济而非开展自助行为。同时,此种紧迫性应造成自助行为的必要性,即如不采取措施,权益人的权益将无法获得保护,或者极大增加权益保护的困难和成本。如即使不开展自助行为合法权益实现并非不可能,也无显著不便的,不得实施自助行为。

第三,权利受侵害者实施自助行为。首先需明确的是,自助行为不是实现权利的行为,而只能是保全行为,即对侵权方采取保全措施,以待将来通过公力救济实现权利。对于保全的对象,一般认为包括侵权人的自由或者其财产。故其保全对象为他人之自由或财产,保全方法为对债务人的自由或财产为拘束、押收或毁损。本条对于自助行为对象和方式的规定则相对保守,规定"受害人可以在保护自己合法权益的必要范围内采取扣留侵权人的财物等合理措施"。从对象上看,似乎只包括财物;从方式上看,也只限于扣留财物。但是在实践中,对于侵权人自由的适当限制往往不可避免,如侵权人毁损他人财物后意欲逃脱,且无可供保全的财产,被侵权人暂时限制其人身自由等待公力救济难谓不当。因此,应对"等合理措施"作宽松解释,允许对侵权人自由和财物采取其他措施。

第四,自助行为的适当性。自助行为并不是赋予权益人任意侵害他人权益的特权,其在对象、方法、范围上应具有适当性。此种适当性,一方面是与受到侵害的权益范围相比较,另一方面应当与侵权人被保全的权益相比较。为了较小的权益损害而过重损害他人权益,或者能选择对侵权人影响较低的措施而不采取的,都是不适当的自助行为。

三、自助行为的法律效果

自助行为的法律效果首先是阻却违法。由于自助行为属于法律允许的自力救济,不具有不法性,在合理的范围内即使造成侵权人的损害,也应予以免责,其法律效果与正当防卫和紧急避险相当。

需要注意的是,自助行为的阻却违法并非永久性的,而只是具有临时性。在采取自助行为的措施后,受害人有义务尽快请求公力救济,包括向法院提起诉讼、向公安机关报案或者以其他方式寻求救济(如根据《人民调解法》的规定请求调解等)。在合理的时间内不请求公力救济的,自助行为的违法阻却性即可消失,对于其后给侵权人造成的损害,受害人应承担责任。在请求公力救济后,受害人应将保全对象交由公力救济机关处理,不得继续予以保全。

四、不当自助行为的侵权责任

本条第2款的规定,受害人采取措施不当造成他人损害的,应当承担侵权责任。措施不当,包括对象不当、方式不当,以及不及时请求公力救济或者不及时移交保全对象等。对于在适当自助行为范围内的部分,受害人可以享有违法阻却而免责。对于超过适当自助行为范围的行为造成他人损害,受害人应当承担责任。此种责任范围的确定,也可以参照防卫过当和避险过当的规定。

第一千一百七十八条　本法和其他法律对不承担责任或者减轻责任的情形另有规定的,依照其规定。

释　义

本条是关于不承担责任和减轻责任的特别规则的优先适用效果的规定。本条为《民法典》新增条文。本章相关条文构建了不承担责任(包括不构成责任)和减轻责任的一般性法律规定,对各种侵权责任形态具有一般适用性。但《民法典》和其他法律的具体规范对此有特殊规定的,基于特别法优于普通法的原则,应优先适用特别法。其相关例证已在上述各条文释义中作出说明,于此不再重复。

第二章 损害赔偿

本章导言 ▶

本章是关于损害赔偿的规定,承继自《侵权责任法》第二章有关"责任方式"的相关条文。原条文中的部分内容,如承担责任的方式等,已经规定在总则编"民事责任"章,本章不再作出规定。

本章规范内容,主要包括人身损害赔偿的范围和计算、侵害人身权益造成财产损失的计算、精神损害赔偿的构成与确定,也包括了不构成侵权责任时损失的分担,以及损害赔偿费用的支付方式的规定。本章在侵权责任法上具有广泛的适用性,不仅适用于根据第一章构成的过错责任,也可以适用于根据本编其他各章的特殊侵权规则构成的侵权责任。

本章在条文内容上的主要创新包括:第一,在侵害人身权益造成的财产损害赔偿的计算中将"按所受损失赔偿"与"按所获利益赔偿"按先后顺序适用的关系修改为并列关系,从而避免侵权人因侵权行为获利的情况发生。第二,规定了故意侵害知识产权情节严重的,被侵权人有权主张惩罚性赔偿,体现了《民法典》对于知识产品的保护力度,也扩展了我国损害赔偿制度中惩罚性赔偿的适用范围。第三,规定了侵害具有人身意义的特定物造成严重精神损失的精神损害赔偿。

第一千一百七十九条 侵害他人造成人身损害的,应当赔偿医疗费、护理费、交通费、营养费、住院伙食补助费等为治疗和康复支出的合理费用,以及因误工减少的收入。造成残疾的,还应当赔偿辅助器具费和残疾赔偿金;造成死亡的,还应当赔偿丧葬费和死亡赔偿金。

释　义

本条是关于人身损害赔偿范围的规定。本条承继自《侵权责任法》第16条,与原条文相较,增加了"营养费"和"住院伙食补助费"的赔偿内容。

一、人身损害赔偿的性质与范围

损害赔偿是侵权责任的主要承担方式,是以金钱赔偿的方式弥补受害人的损失。大陆法系一般将可获赔偿的损害分为物质性损害(财产损害)和非物质性损害(精神损害)。我国侵权法在此区分之外,传统上将侵害生命权、健康权造成的财产损害称为人身损害,其实质是受害人因生命权、健康权损害所遭受的经济上的不利益,包括费用的支出和可得利益的丧失。本条所规定的人身损害赔偿范围,即为此两种情形。费用的支出,主要包括为挽救生命、恢复健康和克服受害人残疾所支出的费用,以及丧葬费用的支出;可得利益的丧失,包括受害人在治疗、康复期间所减少的收入,以及因侵权行为所造成的劳动能力丧失和近亲属继承所得的丧失。

我国法律规范对于人身损害赔偿范围的规定,起源于《最高人民法院关于贯彻执行〈中华人民共和国民法通则〉若干问题的意见》中关于医药治疗费用、受害人及护理人员误工补助费、受害人丧失劳动能力的生活补助费、受害人死亡或者丧失劳动能力时其被抚养人必要的生活费等(第144条至第147条),但是在司法实践中长期存在赔偿范围不明确、赔偿标准不一致的问题。为此,2003年发布的《最高人民法院关于审理人身损害赔偿案件适用法律若干问题的解释》中对于人身损害赔偿的范围和具体计算标准作出了详细的规定。其第17条规定:"受害人遭受人身损害,因就医治疗支出的各项费用以及因误工减少的收入,包括医疗费、误工费、护理费、交通费、住宿费、住院伙食补助费、必要的营养费,赔偿义务人应当予以赔偿。受害人因伤致残的,其因增加生活上需要所支出的必要费用以及因丧失劳动能力导致的收入损失,包括残疾赔偿金、残疾辅助器具费、被扶养人生活费,以及因康复护理、继续治疗实际发生的必要的康复费、护理费、后续治疗费,赔偿义务人也应当予以赔偿。受害人死亡的,赔偿义务人除应当根据抢救治疗情况赔偿本条第一款规定的相关费用外,还应当赔偿丧葬费、被扶养人生活费、死亡补偿费以及受害人亲属办理丧葬事宜支出的交通费、住宿费和误工损失等其他合理费用。"分别根据受害人医疗费用支出、残疾和死亡时受害人及其近亲属可得利益的丧失的可获赔偿性作出了规定，并在第 19 条至第 30 条对于各项赔偿的确定和计算进行了详细规定。《侵权责任法》在赔偿范围上基本延续了该司法解释但有所调整，未规定"住宿费、住院伙食补助费、必要的营养费"，也未规定受害人的被扶养人生活费。本条则在"为治疗和康复支出的合理费用"的列举中增加了营养费的项目。

二、为治疗和康复支出的合理费用的内容和计算

本条规定了"为治疗和康复支出的合理费用"包括医疗费、护理费、交通费、营养费、住院伙食补助费等。需要注意的是，此处规定的项目为非限定性列举，不排除其他为受害人治疗和康复支出的合理费用，如必要时的整容费用等。医疗费用一般包括诊断、检查、治疗、药物等费用，实践中一般计算到受害人康复、死亡或者治疗终结，治疗终结后确需进行后续治疗的，应包括后续治疗费用。护理费是指受害人因伤病需要护理时所支付的护理人员费用，或者护理的亲属因护理减少的收入。交通费是指受害人为接受诊疗、康复等所产生的交通费。营养费是为治疗和康复的目的需要额外增加营养的支出。住院伙食补助费是住院期间增加支出的饮食支出。此类费用应当受到正当性和必要性审查，以确定其与侵权行为之间具有损害范围的因果关系。为此，《最高人民法院关于审理人身损害赔偿案件适用法律若干问题的解释》第 19 条第 1 款规定："医疗费根据医疗机构出具的医药费、住院费等收款凭证，结合病历和诊断证明等相关证据确定。赔偿义务人对治疗的必要性和合理性有异议的，应当承担相应的举证责任。"

一般而言，损害赔偿应当以损害已经发生为前提。但《最高人民法院关于审理人身损害赔偿案件适用法律若干问题的解释》第 19 条第 2 款中规定："器官功能恢复训练所必要的康复费、适当的整容费以及其他后续治疗费，赔偿权利人可以待实际发生后另行起诉。但根据医疗证明或者鉴定结论确定必然发生的费用，可以与已经发生的医疗费一并予以赔偿。"此规定使赔偿范围不仅包括了已经发生的费用支出，还包括经证明或者鉴定必然发生的费用。

三、受害人的误工损失

受害人的误工损失,是受害人因人身损害无法获得正常收入的可得利益丧失。由于受害人的收入状况因人而异,应当根据受害人的收入状况具体确定。《最高人民法院关于审理人身损害赔偿案件适用法律若干问题的解释》第 20 条规定:"误工费根据受害人的误工时间和收入状况确定。误工时间根据受害人接受治疗的医疗机构出具的证明确定。受害人因伤致残持续误工的,误工时间可以计算至定残日前一天。受害人有固定收入的,误工费按照实际减少的收入计算。受害人无固定收入的,按照其最近三年的平均收入计算;受害人不能举证证明其最近三年的平均收入状况的,可以参照受诉法院所在地相同或者相近行业上一年度职工的平均工资计算。"受害人收入丧失的判断,即采用了以受害人得以证明的水平为原则,以地域或者行业收入标准为例外的判断标准。

四、残疾生活辅助器具费和残疾赔偿金

残疾是指丧失全部或者部分劳动能力。因侵权行为造成残疾的,对于受害人而言会产生两方面的损失。一方面,为克服残疾带来的生活和劳动的不便,受害人需要适用残疾辅助器具,如轮椅、义肢、假牙等。另一方面,受害人残疾会造成劳动能力的丧失或降低,导致经济上的不利益。因此在侵权行为造成受害人残疾的情况下,除了前述赔偿范围外,还应当赔偿残疾辅助器具费和残疾赔偿金。残疾辅助器具的使用应当以必要性、合理性为原则。《最高人民法院关于审理人身损害赔偿案件适用法律若干问题的解释》第 26 条要求残疾辅助器具费按照普通适用器具的合理费用标准计算。伤情有特殊需要的,可以参照辅助器具配制机构的意见确定相应的合理费用标准。对于辅助器具的更换周期和赔偿期限则参照配制机构的意见确定。

残疾赔偿金是对于受害人残疾所造成经济上不利益的赔偿。对于残疾赔偿金的性质,有所得丧失说、劳动能力丧失说和生活来源丧失说三种观点。所得丧失说认为残疾赔偿金是对受害人因残疾丧失的收入的赔偿,以受害人在侵权行为前后收入之差额作为赔偿范围,其优点在于符合全部赔偿原则,其缺点在于对尚无收入者而言,难以直接认定其收入差额,仍需估算其所丧失的可能取得的收入。劳动能力丧失说认为受害人遭受的损失为其他通过劳动获得

收入的能力或者可能性,不以有实际收入的差额为条件。生活来源丧失说认为可获赔偿的是受害人因侵权行为所丧失的必要生活来源,《最高人民法院关于贯彻执行〈中华人民共和国民法通则〉若干问题的意见》中规定的受害人生活补助费即采此说,但此说的缺点在于将赔偿范围仅限于满足受害人维持基本生活的必需费用,显然不符合全部赔偿原则,也不能充分保护受害人的合法权益。因此,三说中应以劳动能力丧失说为优。基于此说,《最高人民法院关于审理人身损害赔偿案件适用法律若干问题的解释》第 25 条第 1 款规定:"残疾赔偿金根据受害人丧失劳动能力程度或者伤残等级,按照受诉法院所在地上一年度城镇居民人均可支配收入或者农村居民人均纯收入标准,自定残之日起按二十年计算。但六十周岁以上的,年龄每增加一岁减少一年;七十五周岁以上的,按五年计算。"根据该条规定,残疾赔偿金的计算原则上根据受害人劳动能力丧失的情况采用定额化标准进行赔偿,但同时该条第 2 款规定:"受害人因伤致残但实际收入没有减少,或者伤残等级较轻但造成职业妨害严重影响其劳动就业的,可以对残疾赔偿金作相应调整。"即应兼顾受害人收入情况。

五、丧葬费和死亡赔偿金

本条规定,造成受害人死亡的,还应当向其近亲属赔偿丧葬费和死亡赔偿金。丧葬费是死者亲属为丧葬事务所支出的费用。《最高人民法院关于审理人身损害赔偿案件适用法律若干问题的解释》第 27 条对此也采用了定额化的计算方式,即按照受诉法院所在地上一年度职工月平均工资标准,以六个月总额计算。理论上,由于人固有一死,丧葬费应当不属于差额说的范围。但从社会传统和《民法通则》以来的司法实践来看,赔偿丧葬费已经为社会所广泛接受,应有保持的必要。

受害人死亡的,侵权人还应当向其近亲属赔偿死亡赔偿金。死亡赔偿金的对象是近亲属因受害人死亡所遭受的经济上的不利益。对其性质一般有抚养丧失说和继承丧失说两种观点。抚养丧失说认为,可获赔偿的是受害人生前抚养的近亲属或者其他被抚养人所丧失的抚养利益。继承丧失说则以如无侵权行为受害人所能生存年限中其收入减去支出的余额为近亲属的可预期的继承利益,因侵权行为致受害人提前死亡而使其近亲属减少的继承利益为死亡赔偿金。两种相比较,继承丧失说对于受害人的权益保护更加全面,为理论通说。同时,两说中的死亡赔偿金均是建立在受害人生前收入的基础之上的,收入不同,赔偿数额也不同。德、日等大陆法系国家均采个别计算法,即在确定受害人收入和可预期的收入变化情况,根据余命年岁计算其可得收入后,减除预期支出并扣除期限利息得出死亡赔偿金。我国自《民法通则》以来,形成了定额化计算死亡赔偿金的方法。《最高人民法院关于审理人身损害赔偿案件适用法律若干问题的解释》第 29 条规定:"死亡赔偿金按照受诉法院所在地上一年度城镇居民人均可支配收入或者农村居民人均纯收入标准,按二十年计算。但六十周岁以上的,年龄每增加一岁减少一年;七十五周岁以上的,按五年计算。"该规定的特点在于,不按照个别受害人的收入状况进行计算,而仅依据城乡居民的差别分别计算。同时,对于余命年算也采用了以二十年的规定年数为原则,高龄者减少年数的方法。

六、关于残疾赔偿金和死亡赔偿金是否属于精神损害赔偿

《最高人民法院关于确定民事侵权精神损害赔偿责任若干问题的解释》第 9 条规定:"精神损害抚慰金包括以下方式:(一)致人残疾的,为残疾赔偿金;(二)致人死亡的,为死亡赔偿金;(三)其他损害情形的精神抚慰金。"即将残疾赔偿金和死亡赔偿金作为精神损害抚慰金。从上文分析可知,残疾赔偿金和死亡赔偿金的性质均为受害人或者其近亲属的财产损失,并非精神损害赔偿。本条继承《侵权责任法》第 16 条,明确了残疾赔偿金和死亡赔偿金的人身损害赔偿属性。

七、关于受害人被扶养人生活费的问题

《最高人民法院关于贯彻执行〈中华人民共和国民法通则〉若干问题的意见》以来,司法实践中对受害人残疾或者死亡时其被扶养人生活费均予以赔偿,《最高人民法院关于审理人身损害赔偿案件适用法律若干问题的解释》第 28 条也规定了被扶养人生活费的计算方法。但是《侵权责任法》第 16 条并未将受害人被扶养人生活费规定在人身损害赔偿范围内。2010 年 6 月,最高人民法院下发了《关于适用〈中华人民共和国侵权责任法〉若干问题的通知》,其中规定:"四、人民法院适用侵权责任法审理民事纠纷案件,如受害人有被抚养人的,应当依据《最高人民法院关于审理人身损害赔偿案件适用法律若干问题的解释》第二十八条的规定,将被抚养人生活费计入残疾赔偿金或死亡

赔偿金。"最高人民法院机关刊物《人民司法》在2011年第5期第110页司法信箱栏目中认为:"根据侵权责任法第十六条的规定,在赔偿了残疾赔偿金的情况下,不再赔偿被扶养人生活费,因为被扶养人生活费已经包含在残疾赔偿金之中。但是由于目前没有新的残疾赔偿金的计算标准,2010年6月30日最高人民法院《关于适用侵权责任法若干问题的通知》第4条规定:人民法院适用侵权责任法审理民事纠纷案件,如受害人有被扶养人的,应当依据最高人民法院《关于审理人身损害赔偿案件适用法律若干问题的解释》第28条的规定,将被扶养人生活费计入残疾赔偿金或死亡赔偿金。也就是说,在致人伤害的人身损害赔偿案件中,仍根据《关于审理人身损害赔偿案件适用法律若干问题的解释》计算残疾赔偿金和被扶养人生活费,两者相加就是侵权责任法第16条所指的残疾赔偿金。"从最高人民法院的意见看,根据本条计算残疾赔偿金和死亡赔偿金时,仍需计入被扶养人生活费。

八、关于"同命不同价"问题

《侵权责任法》第16条与本条均未规定残疾赔偿金和死亡赔偿金的计算方法。司法实践中,一般根据《最高人民法院关于审理人身损害赔偿案件适用法律若干问题的解释》第25条和第29条的规定采用定额化赔偿的方式。由于认识到残疾赔偿金与死亡赔偿金的财产损害性质以及与受害人收入之间的关系,司法解释制定者在确定计算标准时考虑到了受害人生活的地域因素,并考虑到我国城乡收入差别较大的现实,采用了城乡二元化标准,即根据受害人的城乡户籍,以城镇居民人均可支配收入或者农村居民人均纯收入计算残疾赔偿金和死亡赔偿金,造成城乡居民残疾赔偿金和死亡赔偿金计算的金额有显著差别,从而被社会解读为"同命不同价",社会反响强烈。为回应社会关注,促进社会公平,2019年9月最高人民法院印发了《关于授权开展人身损害赔偿标准城乡统一试点的通知》(法明传〔2019〕513号),提出"当前,我国户籍制度改革的政策框架基本构建完成,城乡统一的户口登记制度全面建立,各地取消了农业户口与非农业户口性质区分",故此"授权各省、自治区、直辖市高级人民法院及新疆维吾尔自治区生产建设兵团分院根据各省具体情况在辖区内开展人身损害赔偿纠纷案件统一城乡居民赔偿标准试点工作。试点工作应于今年内启动"。根据该通知要求,全国已经有诸多高级法院制定规范文件。如2020年3月山东省高级人民法院出台的《关于开展人身损害赔偿标准城乡统一试点工作的意见》提出,在民事诉讼中,对各类人身损害赔偿纠纷案件(含海事案件),不再区分城镇居民和农村居民,统一按照城镇居民赔偿标准计算相关项目赔偿数额。对于死亡赔偿金、残疾赔偿金,按照山东省上一年度"城镇居民人均可支配收入"计算;对于被扶养人生活费,按照山东省上一年度"城镇居民人均消费性支出"计算。

需要指出的是,根据上文分析,残疾赔偿金和死亡赔偿金的性质均是人身损害造成的经济上的不利益,并不是什么"命价"。生命无价,生命权、健康权、身体权等人身权利不能用金钱进行衡量。残疾赔偿金、死亡赔偿金的计算与受害人的收入状况密切相关,其金额应当是因人而异。"同命同价"或者"同命不同价"从来都是伪命题。《最高人民法院关于审理人身损害赔偿案件适用法律若干问题的解释》考虑到残疾赔偿金、死亡赔偿金与收入的关联性和在计算上的差异性,以城乡收入差别为标准的确定因素在理论上并非毫无道理。但是,其错误在于将城乡差别作为唯一的标准,而不考虑受害人实际的财产状况,不仅违反全部赔偿原则,更造成了以户籍制度决定赔偿标准的武断,给社会公众造成了"同命不同价"的认识,也有悖于社会公平。最高人民法院通过《关于授权开展人身损害赔偿标准城乡统一试点的通知》在全国法院试点人身损害赔偿标准城乡统一,实际是废除了以城乡户籍作为确定受害人收入的唯一标准的不当规定,虽然未能准确反映残疾赔偿金和死亡赔偿金的性质,真正实现符合全部赔偿原则的个别化计算,但从维护社会公平、打破城乡藩篱的角度,仍值得赞许。

第一千一百八十条 因同一侵权行为造成多人死亡的,可以以相同数额确定死亡赔偿金。

释 义

本条是关于死亡赔偿金的同等赔偿问题。本条承继自《侵权责任法》第17条,内容未作改动。

一、立法意旨

由于我国在《民法通则》颁行以来,特别是在《最高人民法院关于审理人身损害赔偿案件适用法律若干问题的解释》之后,实践中一向对死亡赔偿金采用定额化计算方式,并根据受害人的城乡户籍差别执行二元化标准,其结果的公平性受到社会关注和质疑。特别是在重大交通事故、矿难等同时造成多人死亡的侵权行为案件中,二元化的赔偿标准的正当性更是受到质疑。为此在《侵权责任法》制定过程中,有意见提出在同一侵权行为造成多人死亡的情况下,应本着生命平等的原则使受害人亲属获得同样的赔偿。此意见最终为立法者所接受并为《民法典》所沿袭。

二、适用范围

本条仅适用于同一侵权行为造成多人死亡的情形,且仅适用于死亡赔偿金的计算,对于医疗费等费用支出和残疾赔偿金并不适用。需要注意的是,本条所针对的问题,仅是因《最高人民法院关于审理人身损害赔偿案件适用法律若干问题的解释》等对死亡赔偿金的计算采用城乡二元化标准所造成的赔偿金额差异,与《民法典》和其他法律规定的限额赔偿并非同一制度。《民法典》本编第 1244 条规定:"承担高度危险责任,法律规定赔偿限额的,依照其规定,但是行为人有故意或者重大过失的除外。"《民用航空法》第 124 条规定:"因发生在民用航空器上或者在旅客上、下民用航空器过程中的事件,造成旅客人身伤亡的,承运人应当承担责任;但是,旅客的人身伤亡完全是由于旅客本人的健康状况造成的,承运人不承担责任。"第 132 条规定:"经证明,航空运输中的损失是由于承运人或者其受雇人、代理人的故意或者明知可能造成损失而轻率地作为或者不作为造成的,承运人无权援用本法第一百二十八条、第一百二十九条有关赔偿责任限制的规定;证明承运人的受雇人、代理人有此种作为或者不作为的,还应当证明该受雇人、代理人是在受雇、代理范围内行事。"这些关于责任限额的规定,其理论基础是在以社会风险分散为目的的无过错责任中,通过限定无过错责任的赔偿范围,避免使作业、营运人承担过重的责任,与本条意旨并不相同,不可混为一谈。

三、规范效果

本条在法律效果中的"可以"一词,即表明本条是任意性规范而非强制性规范。因此,当同一侵权行为中受害人的死亡赔偿金因计算标准的问题有不同金额时,不能依据本条强制降低较高的赔偿金额,而只能以此提高较低的赔偿金额。如对第 1179 条的释义所言,最高人民法院通过《关于授权开展人身损害赔偿标准城乡统一试点的通知》在全国法院试点人身损害赔偿标准城乡统一,因城乡二元化造成的死亡赔偿金计算标准的差异将逐渐消除,本条的规范意义也将随之降低。由于《民法典》本身并未规定死亡赔偿金的计算方法,而死亡赔偿金基于其继承丧失的本质,不同受害人的死亡赔偿金不同难谓不当。如将来我们在司法实践中对于死亡赔偿金改采个别计算法,本条对于调和社会关系仍有一定适用意义。

第一千一百八十一条 被侵权人死亡的,其近亲属有权请求侵权人承担侵权责任。被侵权人为组织,该组织分立、合并的,承继权利的组织有权请求侵权人承担侵权责任。

被侵权人死亡的,支付被侵权人医疗费、丧葬费等合理费用的人有权请求侵权人赔偿费用,但是侵权人已经支付该费用的除外。

释 义

本条是关于被侵权人之外的个人和组织的人身损害赔偿请求权的规定。本条承继自《侵权责任法》第 18 条,内容上将原条文中规定的"被侵权人为单位"修改为"被侵权人为组织"。

一、被侵权人近亲属的请求权

人身损害赔偿的请求权人首先是被侵权人。但是被侵权人因侵权行为死亡时,其近亲属享有损害赔偿请求权,其请求范围包括医疗费、护理费、交通费、营养费等为治疗和康复支出的合理费用,以及丧葬费和死亡赔偿金等。被侵权人遭受侵害和死亡之间有较长时间间隔而使受害人有收入降低的,还可以主张误工损失。需要注意的是,此种被侵权人近亲属的请求权不是基于被侵权人的请求权继承而来,而是因受害人的死亡而由近亲属直接获得的请求权。

二、被侵权组织分立、合并时的请求权

组织包括《民法典》所规定的法人和非法人组织。组织也可以享有一定

的人格权。如《民法典》第 1013 条规定的名称权、第 1024 条规定的名誉权、第 1029 条规定的信用权和第 1031 条规定的荣誉权等。当此种人格权利遭受侵害时,组织可以享有损害赔偿请求权。《民法典》第 67 条规定:"法人合并的,其权利和义务由合并后的法人享有和承担。法人分立的,其权利和义务由分立后的法人享有连带债权,承担连带债务,但是债权人和债务人另有约定的除外。"根据《民法典》第 108 条之规定,非法人组织分立、合并时的权利归属也适用于上述规定。组织的人身损害赔偿请求权作为一种债权,应当根据上述规定,由承继其权利义务的组织享有。

三、转移性损失的请求权

侵权行为发生后,侵权人、被侵权人及其近亲属之外的其他人可能为被侵权人支付医疗费、丧葬费等。如雇主在其雇员为他人伤害后根据劳动合同为其支付医药费;路人将受伤的被侵权人送至医院并垫付医疗费用;医疗机构为救助被侵权人垫付医疗费用等。此种医疗费用,应属于被侵权人支出的范围,被侵权人死亡后,支付费用方有权基于无因管理或者其他法律原因要求被侵权人的继承人在被侵权人遗产范围内偿还相关费用,被侵权人的近亲属再依据本条第 1 款的规定向侵权人主张损害赔偿。但是,为了保护费用支付人的利益,同时为了减少权利主张的环节和成本,本条第 2 款允许费用支付人直接向侵权人求偿。费用支付人的求偿权并非基于任何人身或者财产权利的损害,而是基于因被侵权人的权利侵害转移而来的经济上的不利益,属于转移性纯粹经济损失。本条在适用中还需要注意以下几点:

第一,费用支付人的请求权还应考虑特别法的规定。如根据《保险法》第 46 条规定,在人身保险中支付了保险金的保险人不享有向侵权人的求偿权。因此,保险人基于人身保险合同支付相关费用,不享有费用请求权。而《道路交通安全法》第 75 条规定:"抢救费用超过责任限额的,未参加机动车第三者责任强制保险或者肇事后逃逸的,由道路交通事故社会救助基金先行垫付部分或者全部抢救费用,道路交通事故社会救助基金管理机构有权向交通事故责任人追偿。"据此,道路交通事故社会救助基金管理机构对于所垫付的紧急救助费用,享有追偿权。

第二,本条并不否定费用支付人原有请求权。本条的规范意义在于赋予费用支付人可直接向侵权人行使的请求权,但并不意味着剥夺了费用支付人之于被侵权人继承人的求偿请求权。本条规定使费用支付人可以在两个请求权中选择行使,任何一个请求权满足时另一请求权消灭。

第三,本条规定的费用支付人的请求权以侵权人未履行其对被侵权人或者其近亲属的损害赔偿义务为前提。否则,费用支付人只能依据其支付行为的法律基础向被侵权人的继承人主张权利。

第一千一百八十二条 侵害他人人身权益造成财产损失的,按照被侵权人因此受到的损失或者侵权人因此获得的利益赔偿;被侵权人因此受到的损失以及侵权人因此获得的利益难以确定,被侵权人和侵权人就赔偿数额协商不一致,向人民法院提起诉讼的,由人民法院根据实际情况确定赔偿数额。

释 义

本条是关于侵害他人人身权益造成财产损失的赔偿规定。本条承继自《侵权责任法》第 20 条,内容上将"按所受损失赔偿"与"按所获利益赔偿"依照先后顺序适用的关系,修改为平行的选择适用关系。

一、侵害人身权益的财产损失

侵害人身权益的民事责任和侵害财产权益的民事责任是侵权责任的两种基本类型。侵害财产权益造成的损失一般都用金钱来计算衡量;侵害人身权益造成的损失既可以造成非财产损失,也可以发生财产的损失,特别是肖像权等人身权益,往往可以实现一定的财产内容。本条目的即在于确定人身权益受到侵害造成财产损失的具体赔偿数额。

二、计算赔偿数额的两种标准

本条对于侵害人身权益造成财产损失赔偿数额的确定提供了两种标准:一是计算被侵权人因此受到的损失数额;二是计算侵权人因此获得利益的数额。根据人身权益受到侵害造成财产损失的不同情况,选择适用不同的标准。

(一)按被侵权人所受损失计算

以被侵权人因此受到的损失来计算赔偿数额,体现的是损失多少、赔偿多少的理念。根据侵权行为的不同，人身权益受到侵害造成的财产损失的数额构成也就不同。例如对于侵害他人姓名权、肖像权等造成的财产损失，《最高人民法院关于确定民事侵权精神损害赔偿责任若干问题的解释》和《最高人民法院关于审理人身损害赔偿案件适用法律若干问题的解释》将精神损害赔偿作为这一类人身权益受到侵害的主要救济方式。但是，这一类人格权也越来越多地有了更直接的经济利益，出现在商业利用中，也就是出现人格权商品化的现象。尤其是公众人物的姓名权和肖像权，往往直接关联着巨额的财产利益。对于这一类人身权益受到侵害而造成的财产损失，一般也是可以计算的，例如，因某公众人物的肖像权被擅自使用，而造成该公众人物违约，合同违约的损失数额即为被侵权人因此受到损失的数额。

（二）按侵权人所获利益计算

以侵权人因此获得利益为赔偿数额的计算方式，常常用于被侵权人难以证明侵权人的行为给自己具体造成了什么财产损失的时候。例如，当被侵权人的肖像、姓名或者名誉被侵权人所利用来谋取商业利益时，有时让被侵权人证明自己所受到的损失存在难度，此时就可以通过证明侵权人因此而获取了什么利益，或者多少利益来间接证明自己所受到的损失。从本质上来看，侵权人因此所获得的利益实际上就是被侵权人所受到的损失，只不过计算的角度不同。

三、赔偿数额不同计算方法的适用关系

在适用上，本条改变了《侵权责任法》第 20 条先按照被侵权人所受损失赔偿，只有在难以确定被侵权人损失的时候，再考虑按照侵权人所获利益予以赔偿的做法。对这两种赔偿数额计算方法采用平行选择适用的关系，能够直接赋予被侵权人选择权，根据人身权益侵害造成财产损失的不同情形直接选择适用合适的赔偿计算方法。有助于被侵权人能够及时获得救济，而不必先证明"难以计算被侵权人损失"的事实。

前述两种标准，已基本可以涵盖实践中出现的情形。不过立法者也考虑到了被侵权人受到的损失以及侵权人获得的利益都无法确定的特殊情况。因此也作出了一项兜底规定。依据本条规定，如果被侵权人因此受到的损失以及侵权人因此获得的利益都难以确定时，被侵权人与侵权人首先可以就赔偿数额进行协商。假如被侵权人与侵权人就赔偿数额无法协商一致，则赋予了

法院自主裁量权,被侵权人可以就此向法院起诉,由法院根据实际情况确定赔偿数额。

第一千一百八十三条 侵害自然人人身权益造成严重精神损害的,被侵权人有权请求精神损害赔偿。

因故意或者重大过失侵害自然人具有人身意义的特定物造成严重精神损害的,被侵权人有权请求精神损害赔偿。

释 义

本条是关于侵害自然人人身权益,以及因故意或者重大过失侵害自然人具有人身意义的特定物,造成严重精神损害的赔偿责任规定。本条承继自《侵权责任法》第22条,内容上增加了"因故意或者重大过失侵害自然人具有人身意义的特定物造成严重精神损害"的赔偿规定。

精神损害赔偿,是随着现代社会对人格权的重视而发展出来的责任制度,保护的是自然人的人身权益。依据本条规定,可以请求精神损害赔偿的情形有两种,一是人身权益受到侵害,二是具有人身意义的特定物受到侵害。后者是结合《最高人民法院关于确定民事侵权精神损害赔偿责任若干问题的解释》第4条:"具有人格象征意义的特定纪念物品,因侵权行为而永久性灭失或者毁损,物品所有人以侵权为由,向人民法院起诉请求赔偿精神损害的,人民法院应当依法予以受理",而新增加的规定。

一、精神损害赔偿请求权主体

被侵权的精神损害赔偿请求权主体仅包括自然人,不包含法人和其他组织。因为,精神损害即精神痛苦,法人和其他组织的自身特性决定了其没有精神感受能力,没有心理痛苦或肉体痛苦存在,不会产生本条所指的精神损害。法人和其他组织在无形财产上受到的损害,体现为资信、商誉受到损失,赔礼道歉足以补偿。因此,法人和其他组织不属于精神损害赔偿请求权主体。从《最高人民法院关于确定民事侵权精神损害赔偿责任若干问题的解释》第5条"法人或者其他组织以人格权利遭受侵害为由,向人民法院起诉请求赔偿精神损害的,人民法院不予受理"来看,也能判断拥有精神损害赔偿请求权的主体仅限定为自然人,不包含法人和其他组织。

二、侵害自然人人身权益的情形

侵害自然人人身权益,是指侵害自然人不直接具有财产内容,与其人身不可分离的权利和利益。包括:(1)生命权、健康权、身体权、姓名权、肖像权、名誉权、荣誉权、隐私权等人格权益。例如,侵权人散播被侵权人裸照,造成被侵权人严重的精神痛苦;对被侵权人的身体、健康造成的侵害,造成被侵权人身体上的痛苦、精神上的痛苦等。(2)监护权、婚姻自主权等身份权益。例如,未成年子女受他人掳掠,致使父母子女之间的紧密关系、父母的监护权受到不法侵害带来的精神痛苦;妻子被他人强奸,丈夫所遭受的精神上的痛苦。

三、侵害自然人具有人身意义的特定物的情形

具有人身意义的特定物,即具有人格象征意义的物,比如倾注心血的手稿;有重要感情联系的财物,如感情深厚的宠物等。相比于普通物而言,有人身意义的特定物受到侵害给被侵权人带来的精神痛苦,一般远远大于普通财物受损带来的痛苦。因此,本条新增加了这一精神损害赔偿情形。但是为了避免对该类财物提起精神损害赔偿被滥用,对于这一类有人身意义的特定物受到的侵害,本条将侵权人的侵权行为限定为故意或者重大过失。只有当侵权人因故意或者重大过失,侵害自然人具有人身意义的特定物造成严重精神损害的,被侵权人才有权请求精神损害赔偿。

四、严重精神损害

关于自然人人身权益和自然人有人身意义的特定物受到的损害,需构成严重精神损害的程度。如何判断是否严重,应当结合精神损害自身特性来进行解释。如果仅仅因有轻微的不高兴、偶尔的痛苦,不构成严重精神损害。由于精神损害不同于财产损害,自然人本身的个人差异决定了精神损害的判断有着更多的主观性。如果是因生命权、身体权和健康权受到侵害而构成的精神损害,一般可以参考伤残标准来作为判断是否为严重精神损害的主要依据。如果是名誉权、隐私权这种精神性的人格利益受损,在确定是否达到严重程度时,应当综合考虑当事人的主观状态、侵害手段、侵害场合、侵害方式等,以及被侵权人的精神状态等具体因素进行判断。对于监护权等身份权益受到侵害

的程度,一般参考该项权利受到侵害后被侵权人的具体表现和情绪状态来判断。具有人身意义的特定物受到的侵害程度,则需要结合该物的目的、用途、来源、珍贵程度以及被侵权人的心理状态等因素来综合评价。

第一千一百八十四条　侵害他人财产的,财产损失按照损失发生时的市场价格或者其他合理方式计算。

释　义

本条是关于财产损失如何计算的规定,包含计算损失的时间点和计算损失的标准。本条承继自《侵权责任法》第19条,在内容基本没有变化,将"其他方式"补充为"其他合理方式"。

侵害他人财产的,以哪个时间点来计算损失,直接关系到被侵权人能够得到的损害赔偿数额。计算损失的时间点,可能有多种选择,如侵权行为发生的时间点、损失发生的时间点、诉讼开始的时间点、诉讼终结的时间点等。依照本条规定,以损失发生的时间点作为计算损失的时间点。以损失发生时为计算时点,计算起来较为容易,而且有较高的确定性,不会出现事后采用其他计算方法而可能人为导致赔偿数额的变化。而且侵权行为发生时,以损失发生时的价格为准,也能够更准确地体现损失多少赔偿多少的理念。这也就意味着,即使在判决时该物的市场价格上涨,被侵权人也不得以价格上涨后的损失要求赔偿;即使在判决时该物的市场价格下降,侵权人也不得以价格下跌要求减少赔偿。

关于具体的计算标准,本条规定以市场价格计算或者以其他合理方式计算。所谓市场价格,是指被侵权财产在市场一般交易中的客观价格。但是,不是所有的物品都适合于依据市场价格来计算。对于不适合以市场价格计算的物品,或者一些物品虽然有市场价格,但是如果依市场价格来计算明显不妥当,则采用其他合理方式计算。所谓其他合理方式,就是要综合考虑被侵害财产的种类,侵权行为的性质、持续时间、范围、后果,侵权人的主观状态等各种因素来确定合理的计算方式。例如,有一些物品不存在市场价格,比如古董、文物等,因此需要通过其他方式来确定被侵权人的损失。确定损失的方法有很多,如鉴定法、相似物品估算法等。如果遭到损害的有体物还有修复可能,这里的损失就体现为修复该物所需要的修理费用,此时就以市场上一般的修理费用作为赔偿数额。

对于知识产权受到侵害所产生的损失通常计算有难度,但可结合我国知识产权领域的特别规范来计算。根据我国《著作权法》《专利法》《商标法》的相关规定,知识产权侵权损害赔偿数额的计算方法一般有:根据权利人因被侵权所受到的损失计算;根据侵权人因侵权所获得的利益计算;参照可以同比计算的许可使用费的合理倍数计算;根据知识产权的类型、侵权行为的性质和情节等因素,由法院在法定数额内酌情确定赔偿数额。对于股权受到侵害所产生的损失,一般按照《公司法》等相关法律规定来承担民事赔偿责任。

第一千一百八十五条 故意侵害他人知识产权,情节严重的,被侵权人有权请求相应的惩罚性赔偿。

释 义

本条是关于故意侵害知识产权的惩罚性赔偿规定。本条是为切实加强对知识产权的保护,显著提高侵犯知识产权的违法成本,充分发挥法律的威慑作用,新增了故意侵害知识产权的惩罚性赔偿规定,这是立法的一大进步。《侵权责任法》中无此规定。

一、知识产权侵权惩罚性赔偿责任的意义

在侵权责任编中规定原则性的知识产权侵权惩罚性赔偿责任有利于《著作权法》《专利法》《商标法》三部知识产权单行法的协调,也有助于统一司法裁判标准。目前,我国《著作权法》《专利法》和《商标法》三部法律对是否适用知识产权惩罚性赔偿责任并不一致。2019 年修订的《商标法》率先规定惩罚性赔偿规则,第 63 条规定:"……对恶意侵犯商标专用权,情节严重的,可以在按照上述方法确定数额的一倍以上五倍以下确定赔偿数额。赔偿数额应当包括权利人为制止侵权行为所支付的合理开支。"《专利法》与《著作权法》目前尚在修订过程中,从草案情况来看,也将对惩罚性赔偿予以规定。不过从当前的草案规则来看,知识产权领域的这三部法律在惩罚性赔偿责任的适用范围、适用条件及赔偿数额等方面都不尽相同。因此,本条规定有利于建立统

一的知识产权惩罚性赔偿规则。

二、知识产权侵权惩罚性赔偿责任的构成要件

构成本条惩罚性赔偿责任,首先,需要是"故意"侵害他人知识产权。由于侵害知识产权的惩罚性赔偿是传统的补偿性赔偿之外的一种补充救济方式,针对的是相对严重的侵权行为,因而需要将侵权人的主观过错程度作为归责的基本要件。如美国《专利法》第284条虽然对惩罚性赔偿责任适用条件没有做出相应规定,但美国联邦巡回上诉法院,发展出了"恣意侵权"制度,即只有当侵权行为构成无视他人专利权存在的恣意行为时,才能适用惩罚性赔偿。因此,首先需要认定侵权人的主观状态为故意,即明知而且追求行为结果发生。

其次,需达到情节严重的程度,比如存在侵权职业化、侵权时间长、手段恶劣、后果严重等情形。如果侵权人明知其行为属于侵犯著作权、专利权或者商标权的行为而有意为之,并且达到情节严重的程度,被侵权人有权向侵权人提出相应的惩罚性赔偿。至于"相应的惩罚性赔偿"的计算方式和数额,仍然有待于将来在司法解释中予以明确。

第一千一百八十六条 受害人和行为人对损害的发生都没有过错的,依照法律的规定由双方分担损失。

释 义

本条是关于当事人对损害发生均无过错时,如何分担损失的规定。本条承继自《侵权责任法》第24条,在内容上由"可以根据实际情况,由双方分担损失"修改为"依照法律的规定由双方分担损失"。

一、本条与侵权责任归责原则的关系

按照传统侵权法理论,一般而言,承担损失以确定归责原则作为前提。本条规定了受害人和行为人都没有过错时的损害分担,那么其与侵权法上归责原则存在何种关系呢? 过错责任原则,以当事人存在主观上的过错或者按照法律规定推定当事人有过错为前提。而本条适用的前提为"受害人和行为人

对损害的发生都没有过错"，因此双方都不具有可归责性，这也就与过错责任原则存在明显区别。无过错责任原则，仅适用于侵权行为人一方，强调不论行为人有无过错，法律明确规定行为人应当承担责任的，侵权行为人就要对行为造成的损害承担责任。而本条适用于受害人和行为人两方，且结果是由"双方分担损失"，这与无过错责任原则也存在明显区别。既不是过错责任原则，也不是无过错责任原则，那么本条是不是属于所谓的公平责任原则呢？

本条也并非公平责任原则。首先，公平责任本身缺乏作为原则的法律依据，它只适用于极少数行为导致损害的情况，并不具有原则应当有的普遍性。各国立法例基本也没有将公平责任解释为归责原则。其次，本条实际上规定的不是民事责任的确定原则，而是损失分摊的规则，即不是"对责任的分担"，而是"对损失的分担"。因此，公平分担损失规则，既不是过错责任原则，也不是无过错责任原则，也不是所谓的公平责任原则。

二、受害人和行为人均无过错

依照法律的规定，公平分担损失仅适用于受害人和行为人对损害的发生均无过错的情形。假如受害人的损失是由受害人自己的过错造成的，应当由其本人负责；假如受害人的损失是行为人或者第三人的过错造成的，则应当由行为人或者第三人负责；假如对于损害的发生，受害人和行为人都存在过错，就应当根据他们的过错程度和原因力分配责任。

三、依照法律的规定分担损失

相比《侵权责任法》第 24 条的变化是，由"可以根据实际情况"改为"依照法律的规定"。在侵权案件中，法官应当首先考虑能否适用过错责任或者无过错责任，只有在都不能适用时才能够根据此条公平地分担损失。而过去采用的"可以根据实际情况"适用，实际上是一种抽象概括的模糊规定，有可能在实践中造成无限扩大公平分担损失规则的适用，阻碍对过错责任和无过错责任的准确适用。将其改为"依照法律的规定由双方分担损失"，有利于防止法官无限地扩大公平分担损失规则的适用范围。

依据《民法典》的相关规定，由受害人和行为人分担损失的情形主要有：（1）自然原因引起危险时，紧急避险人可以给予适当补偿的情况（《民法典》第182 条）；（2）因保护他人民事权益使自己受到损害，或者没有侵权人、侵权人逃逸或者无力承担民事责任时,受益人给予适当补偿的情况(《民法典》第183条);(3)完全民事行为能力人对自己的行为暂时没有意识或者失去控制造成他人损害,且没有过错时,对受害人适当补偿的情况(《民法典》第1190条);(4)从建筑物中抛掷物品或者从建筑物上坠落的物品造成他人损害,经调查难以确定具体侵权人时,由可能加害的建筑物使用人给予补偿的情况(《民法典》第1254条)。这些法律规定都暗含着在相关当事人均无过错的情形下,基于公平理念由双方分担损失的意旨。

第一千一百八十七条 损害发生后,当事人可以协商赔偿费用的支付方式。协商不一致的,赔偿费用应当一次性支付;一次性支付确有困难的,可以分期支付,但是被侵权人有权请求提供相应的担保。

释 义

本条是关于损害赔偿费用支付方式的规定。本条承继自《侵权责任法》第25条,内容上将"应当提供相应的担保"的强制性要求修改为"被侵权人有权请求提供相应的担保"。

一、当事人协商确定

损害赔偿费用的支付方式,首先应当尊重当事人双方协商一致的结果。因为发生损害后的赔偿费用,是当事人为了补偿对方损失而支付的费用,理应属于私法自治的范畴。如果当事人双方就损害赔偿的支付方式达成一致,就应按照当事人商定的方式支付该赔偿费用。关于损害赔偿费用支付方式的协商,可以包括:赔偿费用项目的组成,是一次性支付还是分期支付,如何计算利息,等等。一旦协商确定后,侵权人应当严格按照约定的方式向被侵权人给付损害赔偿费用。

二、一次性支付

如果双方当事人就赔偿费用的支付方式,无法协商一致,原则上侵权人应当一次性支付损害赔偿费用。所谓一次性支付,即在确定了损害赔偿费用的总额后,由侵权人将全部的赔偿费用一次性地给付被侵权人的支付方式。一次性支付的优势在于方便快捷地处理案件,迅速解决纠纷。

三、分期支付

如果侵权人一次性支付赔偿费用确实存在困难,可以分期支付。如何认定"一次性支付确有困难",属于法官自主裁量的范畴,需要考虑被侵权人与侵权人双方的因素。一般而言,可以考虑这些情形:(1)侵权人是否存在影响其清偿能力的经济困难,如侵权人自身经济条件不好,一次性支付可能导致其生活陷入窘迫。(2)损害赔偿费用是否可能在将来会有比较大的变动,例如有证据证明被侵权人因被侵权而将来的健康状况可能出现恶化。(3)被侵权人的监护人是否有挪用、挥霍或侵吞被侵权人的赔偿费用的可能。总而言之,可以从被侵权人和侵权人双方利益的平衡出发,决定是否允许分期支付。

由于分期支付赔偿费用履行期限长,在履行过程中有可能出现侵权人清偿能力下降,如经营状况不佳导致破产,或者发生恶意讨债的情况,此时被侵权人剩余的损害赔偿费用可能面临无法给付的风险。因此,本条还规定了被侵权人有权要求侵权人在采用分期付款时,对未来需支付的费用提供相应的担保,以降低无法获得赔偿的风险。侵权人是否提供担保,非法律强制性要求,而是由被侵权人根据实际情况主动提出请求,这是本条在《侵权责任法》第25条的基础上作出的调整,以反映意思自治的理念。

第三章　责任主体的特殊规定

关于责任主体的特殊规定主要解决的是侵权行为人之外的人替代侵权行为人承担责任的问题,即特殊的责任主体造成他人损害时应当适用何种归责原则,由谁承担侵权责任的问题。本章关于责任主体的特殊规定,承继自《侵权责任法》第四章"关于责任主体的特殊规定"的相关条文,并在此基础上进行了较大改动,完善了相关规则体系。

本章共 14 条,包含了监护人责任及委托监护中的受托人责任、暂时丧失心智造成他人损害的侵权责任、用人者责任及定作人责任、网络侵权责任、违反安全保障义务的侵权责任、学生伤害事故责任等特殊责任主体侵权责任的规定。

本章在内容上承继《侵权责任法》并有所发展,其主要创新之处包括:第一,明确了委托监护的侵权责任承担问题。第二,明确了用人者承担替代责任后的追偿规则。第三,增加了关于定作人指示过失责任的规定。第四,完善了网络侵权责任的避风港原则和红旗原则规则,增加了通知的具体内容和标准、反通知的规则以及错误通知的侵权责任。第五,增加了安全保障义务的责任主体,补充了安全保障义务人承担责任后可向第三人追偿的规则。

第一千一百八十八条　无民事行为能力人、限制民事行为能力人造成他人损害的,由监护人承担侵权责任。监护人尽到监护职责的,可以减轻其侵权责任。

有财产的无民事行为能力人、限制民事行为能力人造成他人损害的,从本人财产中支付赔偿费用;不足部分,由监护人赔偿。

释 义

本条是关于无民事行为能力人、限制民事行为能力人致人损害的监护人责任的规定。第一款规定了监护人责任的归责原则，其中第一句明确了监护人的替代责任，第二句指出了监护人责任的减责事由。第二款规定了支付损害赔偿费用的来源，前段规定了有财产的无民事行为能力人、限制民事行为能力人的自己责任，后段规定了监护人的补充责任。

一、《民法典》关于民事行为能力和监护制度的法律规定

民事行为能力是指民事主体以其行为参与民事法律关系，取得民事权利，承担民事义务和民事责任的资格，区分完全民事行为能力、限制民事行为能力和无民事行为能力三种类型。《民法典·总则编》规定了完全民事行为能力人、限制民事行为能力人和无民事行为能力人的主体范围，下调了限制民事行为能力人的年龄标准，使得已满八周岁且未满十周岁的未成年人从"无民事行为能力人"变为"限制民事行为能力人"。

监护制度作为民事主体制度的一部分，旨在保护被监护人的人身、财产及其他合法权益不受损害，并督促监护人履行教育和监督被监护人的职责，对于被监护人给他人造成损害的，由监护人承担责任。《民法典·总则编》规定了监护人的范围、监护人的指定程序、被监护人的范围、监护职责履行方式、意定监护、撤销监护等问题，在原来法定监护的基础上，强调对被监护人真实意愿的尊重，创设了意定监护制度。

二、监护人责任制度的概念特征和归责原则

监护人责任是指无民事行为能力人或限制民事行为能力人造成他人损害时，监护人应当承担的侵权责任。

监护人责任具有以下特征：第一，监护人责任是一种特殊侵权责任，其归责原则、构成要件、举证责任以及责任的承担都不同于一般侵权责任。第二，监护人责任是一种替代责任，在监护人责任中行为主体与责任主体相分离，由监护人替代实施了侵权行为的被监护人承担侵权责任。第三，监护人责任的承担受行为人财产状况的制约。监护人支付的损害赔偿金的来源区分以下情

况,即行为人自己有财产的,应当先从其自己的财产中支付赔偿金,赔偿不足部分由其监护人承担补充性责任。

从比较法角度来看,关于监护人责任的归责原则存在两种规范方法,即法国民法的无过错责任模式和德国民法的过错推定责任模式。《侵权责任法》出台后,学界围绕监护人责任是过错推定责任还是无过错责任存在不少争论。有的观点认为监护人责任是过错推定责任,并以公平分担责任为补充,有的观点认为监护人责任是一种有减责抗辩事由的无过错责任。事实上,监护人责任这种特殊的侵权责任不同于一般的过错推定责任和无过错责任。一方面,监护人如果能证明其尽到了监护责任,也只能减轻责任,不能免除责任,不同于一般的过错推定责任。另一方面,监护人承担责任的前提应当是监护人存在过错,即对行为人负有监督之责的监护人存在监护过失,不同于一般的无过错责任。

完全采用无过错责任会过度倾向于保护被侵权人,对被监护人不公,不利于未成年人保护。应当考量监护人是否存在监督过失,以过错推定责任为基础,公平分担损失责任为补充。在双方均无过错的情况下,如果被侵权人无法获得充分救济的,应当结合被侵权人一方和被监护人一方的经济状况等具体情况分担损失,并且可以责任能力制度、责任保险制度等作为保障。

三、监护人责任的构成要件及免责事由

监护人责任的构成须具备违法行为、过错、因果关系和损害事实要件。

(一) 违法行为

无民事行为能力人或者限制民事行为能力人自己实施了具有违法性的行为,而监护人未尽监护职责,构成不作为的违法行为。

(二) 过错

监护人责任构成中的过错是监护人存在监护过失,具体表现为疏于教养、疏于监护或者疏于管理。如果监护人认为自己无过错,则采取举证责任倒置,由监护人举证证明自己已尽到监督责任。对其监督是否疏懈的判断,应以加害人行为之时为准,看此时监护人履行监督责任是否尽到善良管理人之注意义务。

(三) 因果关系

监护人责任构成中的因果关系具有双重性。首先,加害行为人的行为与

损害后果之间须具有因果关系;其次,监护人的疏于监督责任与损害后果之间也应存在因果关系。

（四）损害后果

无民事行为能力人或者限制民事行为能力人造成了他人损害,也就是造成了监护人与被监护人之外的第三人之损害。

在监护人责任的请求权成立的基础之上,监护人责任的减轻主要有两种情形:一是监护人证明自己尽到了监护责任,此时可以减轻其责任;二是被侵权人具有过错,实践中也主要是在这种情形下减轻监护人一方的责任。

第一千一百八十九条 无民事行为能力人、限制民事行为能力人造成他人损害,监护人将监护职责委托给他人的,监护人应当承担侵权责任;受托人有过错的,承担相应的责任。

释 义

本条是关于委托监护的侵权责任的规定。虽然《民法典·总则编》中没有规定委托监护制度,但实践中监护人委托他人承担一定监护职责的情形非常常见,事实上受托人是基于委托合同帮助监护人履行监护职责的。此时,监护人的资格并没有转移,被监护人造成他人损害的,监护人仍然应当承担监护人责任,而受托人存在过错的,应当承担与其过错程度和原因力大小相应的比例责任。

一、委托监护的法律性质与适用范围

无民事行为能力人和限制民事行为能力人的监护人不能履行监护职责时,可以为被监护人设立委托监护,将监护职责部分或者全部委托给他人,受托人基于委托合同协助监护人履行一定的监护职责。由于监护人资格具有人身专属性,是不得随意转移的。如果允许监护人通过合同随意移转监护人资格,不但不利于保护被监护人的利益,监护制度的目的也将难以实现,因此,委托监护并不能移转监护人之资格。

《最高人民法院关于贯彻执行〈中华人民共和国民法通则〉若干问题的意见》第 22 条曾规定:"监护人可以将监护职责部分或者全部委托给他人。因

被监护人的侵权行为需要承担民事责任的,应当由监护人承担,但另有约定的除外;被委托人确有过错的,负连带责任。"虽然《民法典》在总则部分没有明确规定委托监护制度,但在侵权责任编中规定了委托监护情形下的侵权责任承担问题,主要也是考虑到现实中大量存在的委托监护情形,比如农村以及城市中的留守儿童现象,旨在明确委托监护情形下的各责任主体之间的责任分担规则。

委托监护的情形下,监护人与受托人之间的法律关系在性质上是委托合同关系。此时监护资格与监护职责发生了分离,监护资格不能随合同发生移转,但监护职责移转给了受托人。这种职责委托可以是全权委托,也可以是限权委托。委托监护并不能完全免除监护人的监护责任,但可基于合同为受托人设立权利和义务。由于委托监护合同关系第三人利益,是利他性合同,故委托监护合同的设立应该最大程度地尊重第三人(被监护人)的意愿,并保护其合法权益,因而不同于一般的财产性委托合同。

为防止未成年人父母怠于履行监护职责或互相推诿,法律对此种委托监护一直采取较为谨慎的态度。委托监护的适用范围仅限于监护人不能履行监护职责的情形。例如,由于目前我国的城乡二元经济社会结构和户籍制度的特点,大量农民工需要进城务工,监护人因要外出务工或者同类原因导致无法履行监护职责的可以设立委托监护。再如,由于疾病、事故等客观原因监护人不能履行职责的,也可以通过委托协议委托他人代为履行监护职责。

二、委托监护情形下的侵权责任分担规则

根据本条规定,在委托监护的情形下无民事行为能力人、限制民事行为能力人造成他人损害的,由监护人和有过错的受托人分担责任。

首先,监护人承担责任的原因是基于法定的监护职责,监护人通过委托协议移转部分或全部监督职责并不能导致监护资格发生移转,故委托监护期间产生的民事责任原则上仍由监护人即委托人承担。委托人与受托人可以约定委托监护期间产生的侵权责任由受托人承担,但委托人不能以已有约定来对抗第三人的请求,委托人仍应对第三人承担责任,其后可依约定向受托人追偿。

其次,受托人承担责任的原因是其对被监护人的监督管理行为未尽到善良管理人之注意义务。受托人对被监护人的行为存在监管过失,而不能是故

意,主要表现为疏于教养、疏于监护或者疏于管理的过失。此时,受托人承担与其过错程度和原因力大小"相应的责任",即有过错承担责任,没过错不承担责任,并且这种"相应的责任"不同于侵权责任法中的"相应的补充责任"。受托人的赔偿责任范围并不是监护人不能赔偿的部分,而是与其过错程度和原因力大小"相应"的责任,不承担超出相应部分之外的赔偿责任。

最后,监护人对损害后果承担全部责任,有过错的受托人承担与其过错程度和原因力大小相应的按份责任。《最高人民法院关于贯彻执行〈中华人民共和国民法通则〉若干问题的意见(试行)》第22条曾规定"被委托人确有过错的,负连带责任"。而本条则规定了"受托人有过错的,承担相应的责任"。从这一立法沿革来看,《民法典》适当减轻了受托人的责任,加重了委托人的责任,主要是考虑到监护人对受托人的选任、监督负有责任,旨在督促监护人妥善尽到监督职责。

第一千一百九十条　完全民事行为能力人对自己的行为暂时没有意识或者失去控制造成他人损害有过错的,应当承担侵权责任;没有过错的,根据行为人的经济状况对受害人适当补偿。

完全民事行为能力人因醉酒、滥用麻醉药品或者精神药品对自己的行为暂时没有意识或者失去控制造成他人损害的,应当承担侵权责任。

释　义

本条是关于完全民事行为能力人暂时丧失心智损害责任的规定。该规定基本沿用了《侵权责任法》第33条的内容,过错是行为人承担责任的前提,因自身过错导致暂时丧失心智造成他人损害的,侵权人应当承担赔偿责任。行为人无过错的,公平分担损失。

一、暂时丧失心智损害责任的归责原则与构成要件

暂时丧失心智损害责任,亦称暂时丧失意思能力的致害责任,是指完全民事行为能力人对于因过错引起暂时丧失心智,或者因醉酒或者滥用麻醉、精神药品暂时丧失心智,造成他人损害的特殊侵权责任。

　　暂时丧失心智导致他人损害的侵权责任适用过错推定原则,即被侵权人已经证明其他责任构成要件后进行举证责任倒置,法官可推定侵权行为人对其丧失心智有过错,侵权行为人如果主张自己没有过错的,应当举证证明。

　　因此,暂时丧失心智损害责任的构成要件包括:

　　第一,侵权行为人是完全民事行为能力人,而非限制民事行为能力人或者无民事行为能力人,否则适用监护人责任的规定。

　　第二,被侵权人受到了实际损害,主要包括人身损害和财产损害。构成精神损害的,如果不满足行为人恶意为之的条件,可以免除行为人的侵权责任。

　　第三,侵权人造成他人损害时暂时丧失心智,因而无法控制自己的行为,行为人暂时丧失心智与造成损害后果之间有因果关系。

　　第四,暂时丧失心智损害责任的前提是侵权行为人存在过错,应当为自己的过错所造成的损害对被侵权人承担赔偿责任。

二、暂时丧失心智损害责任中过错要件的认定

　　本条规定中侵权行为人暂时丧失心智是因自身过错导致的,这种过错包括本条第2款规定的醉酒、滥用麻醉药品或者精神药品及其他导致暂时丧失心智的故意或者过失行为。比如行为人突发疾病导致暂时丧失意识造成他人损害的,如果发病是不可预见的突发情况,行为人不存在过错,如果行为人本身知道自身疾病的存在,却未遵医嘱按时服用药物等,则属于存在过失,应当承担损害赔偿责任。

　　照第2款规定,行为人醉酒、滥用麻醉药品或者精神药品等属于存在过错的情形。但本条规定中的"醉酒"不包括病理性醉酒,当然,如果是行为人明明知道自己会发生病理性醉酒仍然饮酒导致损害发生的,应当认定为存在过错,依照本条规定承担侵权责任。

三、侵权人无过错情形下的损失分担规则

　　完全民事行为能力人对自己暂时心智丧失没有过错的,应当由双方当事人公平分担损失。暂时丧失心智损害责任适用过错推定原则,但如果行为人能够证明自己没有过错,并不能完全免除责任,而是按照本编第1186条规定的损失分担规则,根据行为人的经济状况对受害人进行适当补偿。

　　由于社会生活的复杂性,有些情况下双方均无过错,不构成过错责任,也

无法律依据适用无过错责任,为了救助不幸的被侵权人,衡平双方当事人的利益,本编第1186条规定:"受害人和行为人对损害的发生都没有过错的,依照法律的规定由双方分担损失。"本条中行为人对自己暂时丧失心智造成损害无过错的情形就是有法律规定的损害分担的特定情形。

第一千一百九十一条　用人单位的工作人员因执行工作任务造成他人损害的,由用人单位承担侵权责任。用人单位承担侵权责任后,可以向有故意或者重大过失的工作人员追偿。

劳务派遣期间,被派遣的工作人员因执行工作任务造成他人损害的,由接受劳务派遣的用工单位承担侵权责任;劳务派遣单位有过错的,承担相应的责任。

释　义

本条是关于用人者责任的规定。用人者责任都是以劳动合同关系为前提,侵权行为人与责任人之间存在劳动支配关系,包括用人单位责任、劳务派遣责任以及个人劳务责任,分别规定于本法第1191条、第1192条。用人者责任作为一种特殊侵权责任类型,责任人对行为人的侵权行为承担替代责任。

一、用人者责任的概念类型及法律特征

用人者责任亦称用工责任,是指用人单位的工作人员或者劳务派遣人员以及个人劳务关系中的提供劳务一方因执行工作任务或者因劳务造成他人损害,用人单位或者劳务派遣单位以及接受劳务一方应当承担赔偿责任的特殊侵权责任。

用人者责任包括用人单位责任、劳务派遣责任和个人劳务责任,其基础都是劳动合同关系,但性质不同。用人单位责任的劳务合同,是工作单位和工作人员形成的单一的劳务关系,工作人员因执行工作任务造成了他人损害,用人单位必须负责。而劳务派遣责任中实际上存在两种合同关系,既有劳务派遣单位和劳动者的合同关系,又有接受劳务派遣的用工单位与劳务派遣单位的合同关系,并且接受派遣单位实际上支配着工作人员的劳动。个人劳务尽管也是劳务关系,但内容较为简单,关系明确。

用人者责任具有如下法律特征：

第一，侵权行为的发生是因执行工作任务或提供劳务，一方的劳动受另一方支配。

第二，作为替代责任的一种，侵权行为人与责任人相脱离。直接行为人是工作人员或提供劳务的一方，而侵权责任由对他们具有支配关系的用人者承担。

第三，损害发生的直接原因是工作人员或提供劳务的一方实施了侵权行为，间接原因是用人单位、劳务派遣单位、接受劳务一方的监督不力、管理不当或指示错误。

第四，责任人过错与行为人过错的影响不同。用人者的过错是责任承担的构成要件，主要体现在选任、监督、管理、指示上存在过失，而工作人员、提供劳务一方的过错不影响用人者责任的侵权行为构成，只对追偿关系发生影响。

二、用人单位责任的归责原则及其追偿权

用人单位责任中的用人单位及其工作人员形成的劳务合同，是单一的劳务关系，工作人员因执行工作任务造成了他人损害的，用人单位必须负责。同时，该条又赋予用人单位追偿权，这是《侵权责任法》中未曾明确规定的。

关于用人者责任适用过错推定责任原则还是无过错责任原则，理论界存在一定争议。从比较法角度来看，适用过错推定责任是受德国、日本等大陆法系国家的影响，认为用人者存在选任、监督、管理、指示上的过失是其承担责任的前提。而从 20 世纪 90 年代中期至今，主流观点认为用人者承担严格责任有利于保护受害人，毕竟用人者基于劳动合同关系对行为人存在控制的可能性，其从行为人的行为中获得了利益，并且具有更深的"钱袋"，因此应当承担较重的责任。

用人单位责任的归责原则应当适用过错推定责任原则，不宜过分加重用人单位的责任，对其过错要件的认定采取推定方式，即工作人员执行职务行为造成他人损害，即可依此推定用人单位的过错。过错推定之后，实行举证责任倒置，如果用人单位认为自己无过错，应当依法举证证明自己不存在过错。证明成立的免除侵权责任；不能证明或证明不足的推定成立，认定其有过错。

规定用人单位享有追偿权是基于如果用人单位能够提供证据证明其工作人员在执行工作任务期间有故意或者重大过失，而不赋予用人单位追偿权，不

但有违公平原则,而且也不符合替代责任的性质。用人单位应当加强对工作人员的监督管理,但其承担责任的前提是存在监督、选任、指示、管理上的过失。工作人员对于自己的故意或者重大过失应当承担赔偿责任。

三、劳务派遣责任的概念特征及责任承担

劳务派遣是指劳务派遣单位与接受劳务派遣单位签订派遣协议,将工作人员派遣至接受劳务派遣单位,工作人员在接受劳务派遣单位的指示、监督、管理下提供劳动的劳务关系。劳务派遣中存在两个合同关系,一是劳务派遣单位与工作人员之间的劳动关系,二是劳务派遣单位与接受劳务派遣单位之间的劳动派遣合同关系。

劳务派遣责任是指在劳务派遣期间,被派遣的工作人员因执行工作任务造成他人损害的,由接受劳务派遣的单位承担责任,有过错的劳务派遣单位承担相应责任的特殊侵权责任。劳务派遣责任中包括接受劳务派遣单位的责任和劳务派遣单位的责任。

(一) 接受劳务派遣单位的责任

由于接受劳务派遣单位在实际支配工作人员的劳动,工作人员是在接受劳务派遣单位的指示、监督和管理下进行劳动的,因此,由接受劳务派遣单位承担责任。如果工作人员在执行劳务派遣工作过程中致人损害具有故意或者重大过失的,在接受劳务派遣单位承担了赔偿责任之后,有权向有过错的工作人员追偿。

(二) 劳务派遣单位的责任

派遣的工作人员因执行工作任务造成他人损害,派遣单位也有过错的,由于派遣单位与被派遣的工作人员之间有劳动关系,因此,劳务派遣单位应当承担与其过错程度和原因力大小相应的责任。

第一千一百九十二条　个人之间形成劳务关系,提供劳务一方因劳务造成他人损害的,由接受劳务一方承担侵权责任。接受劳务一方承担侵权责任后,可以向有故意或者重大过失的提供劳务一方追偿。提供劳务一方因劳务受到损害的,根据双方各自的过错承担相应的责任。

提供劳务期间,因第三人的行为造成提供劳务一方损害的,

提供劳务一方有权请求第三人承担侵权责任,也有权请求接受劳务一方给予补偿。接受劳务一方补偿后,可以向第三人追偿。

释　义

本条是关于个人劳务责任的规定。本条第 1 款规定了个人劳务关系中的替代责任、接受劳务一方的追偿权以及个人劳务关系中的工伤事故责任。第 2 款规定了个人劳务关系中的第三人侵权责任、接受劳务一方的补偿规则及对第三人的追偿权。

一、个人劳务责任的概念特征和处理规则

个人劳务责任是一种特殊的用人者责任,是指在个人之间形成的劳务关系中,提供劳务一方因劳务造成他人损害,接受劳务一方应当承担替代赔偿责任的特殊侵权责任。

在个人劳务责任中,接受劳务一方与提供劳务一方之间具有个人劳务关系,提供劳务一方因劳务所造成的损害由接受劳务一方承担替代责任。这种责任与其他用人者责任一样,适用过错推定原则,实行举证责任倒置,被侵权人只需证明损害事实,损害结果与行为人的行为之间有因果关系、行为人与接受劳务一方之间存在个人劳务关系即可,不必证明接受劳务一方是否对行为人实施的侵权行为具有过错。接受劳务一方则必须举证证明其对损害的发生没有过错。对于接受劳务一方过错的认定主要体现为其在选任、指示、监督、管理上存在疏于注意义务的心理状态。

对本条第 1 款前两句的理解可以参照用人单位责任,明确规定了提供劳务一方致人损害的,接受劳务一方承担替代责任后,可向有故意或者重大过失的提供劳务一方追偿。本条第 1 款最后一句规定的是提供劳务一方在劳动过程中自己受到伤害时的工伤事故责任分担问题。这种情况有可能是由于提供劳务一方自己疏忽大意、未按规定流程操作等原因引起的,也有可能是接受劳务一方指示错误、未提供必要的安全保护措施等原因引起的,故应先厘清各自过错,双方根据过错程度和原因力大小各自承担相应的责任。

二、个人劳务关系中的第三人侵权责任

本条明确了因第三人行为造成提供劳务一方损害的,提供劳务一方有权

请求第三人承担侵权责任,也有权请求接受劳务一方给予补偿。接受劳务一方在给予补偿后对第三人享有追偿权。

这一规定吸收了《最高人民法院关于审理人身损害赔偿案件适用法律若干问题的解释》第 11 条所确立的规则,第三人侵权行为造成的工伤,受害人可以同时请求第三人或接受劳务一方承担赔偿责任,第三人和接受劳务一方的责任为不真正连带的侵权赔偿责任。

法律作出这种规定的考虑在于接受劳务一方通常处于危险控制者的地位,具有较强的经济实力,提供劳务一方则处于易受危险侵害的弱势地位,对后者提供更多的保护可以实现二者利益的相对平衡。本条规定赋予提供劳务一方向第三人追偿或者向接受劳务一方请求补偿的选择权,一方面有利于扩大对受害人的救济途径,增加了受害人获得救济的机会;另一方面强化了接受劳务一方的注意义务,督促其增强安全保障责任意识,有利于减少工伤事故发生的概率。同时,对第三人承担的侵权责任和接受劳务一方承担的补偿责任加以区分,也符合自己责任原则和公平原则。

第一千一百九十三条 承揽人在完成工作过程中造成第三人损害或者自己损害的,定作人不承担侵权责任。但是,定作人对定作、指示或者选任有过错的,应当承担相应的责任。

释 义

本条是关于定作人指示过失责任的规定,明确了承揽人工作过程中造成第三人损害或者自己损害的,定作人承担过错责任。

一、定作人指示过失责任的概念特征和适用范围

定作人指示过失责任适用于承揽合同关系。承揽合同是承揽人按照定作人的要求完成工作,交付工作成果,定作人给付报酬的合同。在此类合同中的定作人指示过失,主要体现为存在定作过失、指示过失和选任过失。定作过失,是指定作加工的工作本身存在过失,例如承揽事项性质违法等。指示过失,是指定作人在对承揽人完成定作事项的工作进行方法的指示存在过失。选任过失,是指定作人在选任工作的作业人时未尽必要注意义务而存在过失。

这种过失可以由积极的行为构成,如指挥承揽人违章作业;也可以由消极的行为构成,如放任承揽人从事侵害他人权利的行为。

关于定作人的指示过失责任,最早规定于《最高人民法院关于审理人身损害赔偿案件适用法律若干问题的解释》第 10 条,该条文在司法实践中适用情况良好,值得借鉴和沿用。起草《侵权责任法》的过程中,曾有专家和法官建议对其予以规定却未获立法机关采纳,现在《民法典》中借鉴了这一司法解释的规定,写入了定作人的指示过失责任,即"定作人对定作、指示或者选任有过错的,应当承担相应的责任"。

二、定作人指示过失情形下定作人与承揽人的责任分担

定作人承担责任的前提是存在过失,且其承担替代责任为例外情形,原则上定作人是不对承揽人执行工作任务过程中的侵权行为承担责任的,应当由承揽人对此承担责任。对定作人应当承担责任的举证责任在第三人或者承揽人身上。也就是说,受损害的第三人可以举证证明定作人存在定作、指示或者选任的过失,否则只能要求承揽人承担责任。承揽人为免除自身责任,也可举证证明定作人存在指示过失。

定作人指示过失情形下,定作人与承揽人的责任分担问题,《最高人民法院关于审理人身损害赔偿案件适用法律若干问题的解释》出台后,该司法解释制定者曾作出如下解释:第一,定作人具有全部过错而承揽人没有过错的,定作人承担全部赔偿责任。第二,定作人与承揽人均有过错的,共同承担连带赔偿责任。双方承担责任的范围大小,可依据双方的过错程度和致害行为的原因力比例确定。第三,定作人没有过错的,承揽人单独承担赔偿责任。总的来看,定作人与承揽人的责任分担问题需要结合对双方当事人过错的比较和原因力的比较,确定各自应当承担的责任范围并分担责任。

第一千一百九十四条　网络用户、网络服务提供者利用网络侵害他人民事权益的,应当承担侵权责任。法律另有规定的,依照其规定。

释　义

本法第 1194 条到第 1197 条都是关于网络侵权责任的规定,对《侵权责任

法》第 36 条规定的网络侵权责任内容进行了大幅修改,调整了网络侵权责任的避风港原则和红旗原则规则,增加了通知的具体内容和标准、反通知的规则以及错误通知的侵权责任,完善了网络侵权责任的规则体系。而本条确认了网络侵权责任的一般规则,明确了侵权行为的主体范围、过错责任的归责原则、侵权行为人承担自己责任的基本规则以及法律适用中的除外情形。

一、网络侵权行为的概念特征及行为主体

网络侵权行为是指发生在互联网上的由网络用户、网络服务提供者故意或者过失侵害他人民事权益的特殊侵权行为。受本条规定保护的民事权益包括在网络上实施侵权行为所能够侵害的一切民事权益,较为常见的是人格权益以及知识产权尤其是著作权。

网络侵权行为的特殊性不在于构成要件上存在特殊性,而主要在于其发生在互联网上,行为主体具有多样化、隐蔽性等特点,行为客体与传统侵权行为相比增加了新型权利客体,损害后果上也往往具有传播速度快、受害范围广、结果无法恢复等新特点。

网络侵权行为的主体包括网络用户和网络服务提供者。网络服务提供者不但包括信息存储、搜索、链接服务等技术服务的提供者,也包括主动向网络用户提供内容服务的提供者。主要包括网络经营服务商(ISP)、网络内容服务商(ICP)、电子认证机构(CA)、网络电子市场营运商(其包括 EDI 网络连接中介商、网上电子商场营运商、网上大批发商、网上专卖专营店营运商、网上外包资源营运商、网上拍卖行等)以及其他参与网络活动的各种主体。

二、网络侵权责任的归责原则和构成要件

本条是对网络侵权责任的原则性规定,旨在规制网络用户和网络服务提供者自己实施的直接侵权行为。网络用户和网络服务提供者在网站上实施侵权行为,侵害他人民事权益的,是一般侵权行为,应当自己承担侵权责任,不适用替代责任,也不适用避风港原则和红旗原则的规制。

网络侵权责任一般规则确立了其归责原则适用过错责任原则,构成要件中要求行为人存在过错,尽管过失行为也有可能构成网络侵权行为,比如过失传播病毒等,但在网络侵权行为中,侵权行为人具有主观过错,故意运用网络侵害他人的人身财产权益的情形属于常态。

从损害后果要件来看,网络侵权行为的受害人受到的民事权益损害包括姓名权、肖像权、名誉权、隐私权、个人信息权等精神性人格权、知识产权以及包括虚拟财产的财产利益等。

第一千一百九十五条 网络用户利用网络服务实施侵权行为的,权利人有权通知网络服务提供者采取删除、屏蔽、断开链接等必要措施。通知应当包括构成侵权的初步证据及权利人的真实身份信息。

网络服务提供者接到通知后,应当及时将该通知转送相关网络用户,并根据构成侵权的初步证据和服务类型采取必要措施;未及时采取必要措施的,对损害的扩大部分与该网络用户承担连带责任。

权利人因错误通知造成网络用户或者网络服务提供者损害的,应当承担侵权责任。法律另有规定的,依照其规定。

释 义

本条是关于网络侵权中避风港原则的通知规则的规定,细化了通知的内容和标准,明确了网络服务提供者的通知转送义务和承担部分连带责任的情形,并且写入了错误通知的法律后果,极大地丰富和完善了网络侵权责任中避风港原则的规则体系。

一、避风港原则的基本内容与"通知"的标准和性质

避风港原则是指网络侵权行为发生时,如果网络服务提供商能够适当履行一定的义务,如接到通知后及时删除侵权内容的,不就侵权行为造成的损害后果承担连带责任。这一原则源于1998年美国颁布的《千禧年数字版权法案》,2006年我国在《信息网络传播权保护条例》中引入该原则。2010年颁布的《侵权责任法》第36条中也规定了这一原则,网络服务提供者接到通知后及时采取必要措施的不承担连带责任。

《侵权责任法》中确立了"通知—删除"规则,但对于"通知"的合格标准并未予以界定,网络服务提供者在面对错误的通知或者含糊不清的通知时,应

当如何处置引发了较大争议。《最高人民法院关于审理利用信息网络侵害人身权益民事纠纷案件适用法律若干问题的规定》第5条曾明确要求通知人提供其姓名和联系方式、采取必要措施的网络地址或者足以准确定位侵权内容的相关信息以及删除相关信息的理由。本条内容对此进行了合理吸收,进一步增加了对权利人行使通知权的具体要求,即权利人行使通知权须提供构成侵权的初步证据和权利人的真实身份信息,发送的通知不具备上述内容的,视为未发出有效通知,不发生通知的后果。这一规定在实践中更具有合理性和可操作性。

此外,本条规定中的通知的性质是程序性权利而非实体性权利,通知的权利人是受到侵害的网络用户,义务人是网络服务提供者,实施侵权行为的网络用户既不是权利人也不是义务人,只能算是第三人。

二、网络服务提供者的义务及承担部分连带责任的情形

网络服务提供者承担及时转送的义务和及时采取必要措施的义务,即其应当在接到通知后及时将权利人提出的通知转送给实施网络侵权行为的行为人,并根据服务类型的不同采取必要措施。

网络服务提供者未及时采取必要措施的,应当对损害的扩大部分承担连带责任,这种连带责任是部分连带责任。根据本条规定,网络服务提供者需要与利用网络服务实施侵权行为的网络用户承担连带责任的情形,仅限于其未对被侵权人通知的内容及时采取删除、屏蔽、断开链接等必要措施造成损害扩大的情形。此时,网络用户实施的作为的侵权行为与网络服务提供者实施的不作为的侵权行为,共同造成了同一损害后果,网络用户的行为是该损害产生的百分之百的原因力,而网络服务提供者的行为并不足以导致全部损害发生,只是损害发生的部分原因力。网络服务提供者只对损害的扩大部分,也就是其采取必要或合理措施后,客观上或技术上能够避免的损害后果承担连带责任,对于侵权行为本身造成的损害部分,仍由网络用户承担个人责任。

此种情形下适用部分连带责任的具体方法是:首先,根据网络用户和网络服务提供者各自的过错程度和原因力大小划分各个行为人的责任比例。其次,以原因力最小的行为人也就是网络服务提供者为标准,设立连带责任限额。最后,明确在连带责任限额的范围内网络用户与网络服务提供者承担连带责任,超出此限额的责任由对损害有百分之百的原因力的网络用户

负个人责任。

三、错误通知侵权责任的构成要件

本条第 3 款第 1 句规定了因错误通知造成网络用户或者网络服务提供者损害的,应当承担侵权责任。第 2 句是法律适用的除外情形。具体来看,错误通知侵权责任的构成要件包括以下内容:

（1）通知人主观上具备故意或者过失的要件。例如,故意通过行使通知权的行为侵害网络用户和网络服务提供者的合法权益,或者未尽注意义务错误行使通知权侵害网络用户和网络服务提供者的合法权益。

（2）错误通知行为具有漠视他人权利的违法性。

（3）网络用户发布的信息被删除、被屏蔽或者被断开链接,其表达自由受到损害,或者造成了信誉以及财产上的损失。

（4）错误通知行为与损害事实之间具有因果关系。

通知发送人发出通知不当导致网络服务提供者据此采取了删除、屏蔽或断开链接等措施,给网络服务提供者或网络用户以及其他网络用户造成损失的,通知发送人应当承担侵权责任,这种错误通知的侵权责任承担方式主要是损害赔偿。此外,《电子商务法》第 42 条第 3 款中也有关于“因通知错误造成平台内经营者损害的,依法承担民事责任。恶意发出错误通知,造成平台内经营者损失的,加倍承担赔偿责任”的规定,此时不仅要对平台内经营者因错误通知造成的损害承担民事责任,而且对恶意错误行使通知权利造成损失的还要承担惩罚性赔偿责任,以防止通知权的滥用。

第一千一百九十六条　网络用户接到转送的通知后,可以向网络服务提供者提交不存在侵权行为的声明。声明应当包括不存在侵权行为的初步证据及网络用户的真实身份信息。

网络服务提供者接到声明后,应当将该声明转送发出通知的权利人,并告知其可以向有关部门投诉或者向人民法院提起诉讼。网络服务提供者在转送声明到达权利人后的合理期限内,未收到权利人已经投诉或者提起诉讼通知的,应当及时终止所采取的措施。

释　义

一、反通知规则的基本内容

反通知规则是指对通知规则的反制,即权利人行使通知权主张网络服务提供者对网络用户的信息采取删除等必要措施之后,网络用户认为自己的行为并未侵权而行使反通知权以保护其表达自由的规则。本条规定弥补了以往的立法中对于网络侵权责任避风港原则仅规定了通知规则却未明确反通知规则的立法缺陷。

网络用户接到网络服务提供者转送的权利人行使通知权的通知,并知悉网络服务提供者为何对自己发布的信息采取必要措施后,就享有了反通知权。网络用户行使反通知权的方式是向网络服务提供者提交不存在侵权行为的声明。反通知的宗旨是否定自己利用网络发布的信息为侵权行为,要求恢复自己发布信息的初始状态,即终止网络服务提供者所采取的删除、屏蔽、断开链接等必要措施。

二、网络用户反通知权的立法沿革及行使方式

本法出台之前,在《侵权责任法》第 36 条第 2 款中仅规定了避风港原则中的通知权,却没有规定反通知,造成对争议双方当事人的法律保护不平衡。也就是说在制度设计上,受到法律保护的只有主张权利受到侵害的权利人一方,而发表信息的网络用户一方因欠缺法律上必要的救济手段,其表达自由受到严格限制。

相比之下,《电子商务法》第 42 条至第 44 条就全面规定了行使通知权和反通知权的具体程序规则,要求凡是行使通知权和反通知权的,都须提供存在侵权行为或者不存在侵权行为的初步证据。如果没有初步证据,电子商务平台经营者对知识产权权利人的通知以及平台内经营者的反通知,都有理由不采取必要措施,或者终止所采取的必要措施。而本条也延续了这一思路,为了平衡保护双方的利益关系,也规定了网络用户利用网络发布的信息被采取必要措施的,享有反通知权,以抵抗权利人的通知权。

网络用户行使反通知权的方式是在接到转送通知后,可以向网络服务提

供者提交不存在侵权行为的声明。该反通知声明的内容包括反通知权人的姓名（名称）、联系方式和地址；要求撤销已经采取必要措施的内容、名称和网络地址，被采取必要措施的行为不构成侵权的初步证据，对反通知声明的真实性负责的承诺。立法特别强调行使反通知权的声明应当提交自己不存在侵权行为的初步证据，使用"包括"一词意味着不限于此内容，前述内容也包括在内。

三、网络服务提供者的转送义务和告知义务

不论是权利人的通知权还是网络用户的反通知权，其义务主体都是网络服务提供者，其负有满足通知权人或者反通知权人权利要求的义务。网络服务提供者接到反通知声明后，负有转送义务和告知义务。所谓的转送义务是指网络服务提供者应当将反通知声明转送给通知权人，即行使通知权的权利人。而告知义务是指网络服务提供者要告知行使通知权的权利人，其有权向有关部门投诉或者向人民法院起诉。这两种义务存在承接关系，履行转送反通知声明的义务是要让通知人知道网络用户行使了反通知权，对其行使通知权的行为提出了抗辩；履行告知义务是要让通知权人知道自己对网络用户行使反通知权的后果，以及保护自己权益的方法是投诉或者起诉。

行使反通知权的后果是通知权人在接到反通知声明后，如果在规定的期间内未对反通知声明提出投诉或者起诉，反通知声明即生效。而反通知声明发生效力的后果是网络服务提供者应当及时终止所采取的必要措施，取消对反通知人发布的信息采取的删除、屏蔽或者断开链接的措施。同时，在网络上终结通知权和反通知权的争议程序。

至于如何理解此处的"及时"，法条中虽未作明确规定，但《最高人民法院关于审理利用信息网络侵害人身权益民事纠纷案件适用法律若干问题的规定》第6条中已经规定了"认定网络服务提供者采取的删除、屏蔽、断开链接等必要措施是否及时，应当根据网络服务的性质、有效通知的形式和准确程度，网络信息侵害权益的类型和程度等因素综合判断"。

第一千一百九十七条 网络服务提供者知道或者应当知道网络用户利用其网络服务侵害他人民事权益，未采取必要措施的，与该网络用户承担连带责任。

释 义

本条是关于网络侵权中的红旗原则的规定,增加了对网络服务提供者"应当知道"网络用户利用其网络服务侵害他人民事权益的情形的规制,并明确了放任侵权行为发生的网络服务提供者与侵权行为人应当承担连带责任的规则。

一、红旗原则的立法沿革及解释规则

所谓红旗原则,也被称为"已知规则",是指网络服务提供者知道或者应当知道网络用户利用其网络实施侵权行为侵害他人民事权益,却对在自己的网络上发生的已然"红旗飘飘"的侵权行为视而不见,不采取删除、屏蔽或者断开链接的必要措施,其行为相当于提供网络服务帮助侵权行为实施,构成共同侵权行为中的帮助行为,应当与该实施侵权行为的网络用户承担连带责任的侵权法规则。

《侵权责任法》第 36 条第 3 款就规定了网络侵权中的红旗原则,但在主观要件上规定的仅仅是"知道",因而在解释上存在较大差别,有的观点认为应当包括"应当知道",有的观点认为不包括"应当知道"。而在《电子商务法》第 45 条中,规定了电子商务平台上保护知识产权的红旗原则,即"电子商务平台经营者知道或者应当知道平台内经营者侵犯知识产权的,应当采取删除、屏蔽、断开链接、终止交易和服务等必要措施;未采取必要措施的,与侵权人承担连带责任"。本条中延续了这一思路,明确规定了适用红旗原则的网络服务提供者应当具备知道或者应当知道的主观要件,解决了实践中长期争议的问题,使该规则更加明确。

那么,如何解释"知道或者应当知道",也就是如何判断网络服务提供者对网络用户利用自己的网络服务实施侵权行为是知道或者应当知道呢? 当然,对于有网络服务提供者的自认或者有证据证明网络服务提供者对实施的侵权行为属于已知的可以直接认定其为"知道"。而对于其他推定为"应当知道"的情形则需要结合相关证据具体情况具体分析。比如:网络服务提供者对被诉的侵权内容主动进行选择、整理、分类;被诉的侵权行为的内容明显违法,网络服务提供者却将其置于首页或其他可为网络服务提供者明显可见的

位置的;网络用户在网站专门主办的活动中实施侵权行为的;对其他网站发表的侵权作品进行转载的;等等。

二、网络服务提供者承担连带责任的立法考量

网络服务提供者承担侵权责任的前提是知道或者应当知道网络用户利用网络服务从事侵权行为而未采取必要措施避免侵权行为的发生。从过错要件上来看,与"知道"对应的主观心态是故意,而与"应当知道"对应的是过失。因此,网络侵权责任适用过错责任原则,网络服务提供者承担连带责任的基础是其行为存在过错。

《最高人民法院关于审理涉及计算机网络著作权纠纷案件适用法律若干问题的解释》第 6 条曾规定:"提供内容服务的网络服务提供者,明知网络用户通过网络实施侵犯他人著作权的行为,或者经著作权人提出确有证据的警告,但仍不采取移除侵权内容等措施以消除侵权后果的,人民法院应当根据民法通则第一百三十条的规定,追究其与该网络用户的共同侵权责任。"可见,该司法解释将网络服务提供者未积极采取移除措施的消极行为默认为帮助他人实施侵权行为的积极行为,令其承担连带责任的后果。《侵权责任法》第 36 条也延续这一精神,将网络服务提供者的责任确定为连带责任。

从立法考量上看,认为网络服务提供者知道或者应当知道网络用户利用其网络服务侵害他人民事权益,未采取必要措施的,其行为相当于为侵权行为提供帮助,构成共同侵权行为中的帮助行为。而帮助行为被视为特殊的共同侵权行为,视实行行为人的民事行为能力,在责任承担上有所不同。帮助完全民事行为能力人实施侵权行为的,帮助人应当承担连带责任。因此,网络服务提供者应当与该实施侵权行为的网络用户承担连带责任。

理论上,对于将网络服务提供者的不作为行为认定为对网络侵权的帮助行为,存在一定的争议,有学者认为共同侵权中的帮助行为应当在侵权行为发生前或与侵权行为同时发生,而且主观上有帮助的故意,如果是无意思联络的过失行为,不构成帮助行为。事实上,网络服务提供者与网络用户之间存在过错联系,虽然不是共同故意或者共同过失,但存在故意与过失相结合的过错联系,这是二者成立共同侵权行为的基础。

本条规定一定程度上加重了网络服务提供者的责任,对于减少网络侵权、保护受害人有重要意义。但也应当防范扩大解释"应当知道"所带来的风险,

平衡保护双方利益。

第一千一百九十八条　宾馆、商场、银行、车站、机场、体育场馆、娱乐场所等经营场所、公共场所的经营者、管理者或者群众性活动的组织者，未尽到安全保障义务，造成他人损害的，应当承担侵权责任。

因第三人的行为造成他人损害的，由第三人承担侵权责任；经营者、管理者或者组织者未尽到安全保障义务的，承担相应的补充责任。经营者、管理者或者组织者承担补充责任后，可以向第三人追偿。

释　义

本条是关于违反安全保障义务的侵权行为的规定。较之《侵权责任法》第 37 条的规定，本条中明确增加了对安全保障义务人主体范围的列举，补充了安全保障义务人承担责任后可向第三人追偿的规则，使安全保障义务理论体系更加完整。

一、安全保障义务的概念性质与归责原则

违反安全保障义务的侵权行为，是指依照法律规定或者约定对他人负有安全保障义务的人违反该义务，因而直接或者间接地造成他人人身或者财产权益损害，应当承担损害赔偿责任的侵权行为。

我国侵权法上的安全保障义务可能既是法定义务又是合同义务。这是因为违反安全保障义务的行为可发生侵权责任与违约责任的竞合，被侵权人产生两个损害赔偿请求权，其可选择一个最有利于自己的请求权行使，从而获得法律的救济。

虽然我国侵权法上的安全保障义务来源于德国民法理论，但德国民法中的安全保障义务理论适用范围更加广泛，主要用于解决那些适用过错责任原则将导致裁判不公的案例类型，将其从过错责任原则的适用范围中剥离，以安全保障义务之名适用无过错责任原则。我国对安全保障义务的规定参照德国法上的安全保障义务理论，但是其具有更加严格的适用范围和适用条件。

违反安全保障义务侵权责任的归责原则适用过错推定原则。也就是说，在被侵权人已经证明了被告的行为违反了安全保障义务的基础上，推定被告有过错。如果被告否认自己行为存在过错，则由其负责举证证明自己不存在过错。如果能够证明，则免除其侵权责任；不能证明或者证明力不足的，则应当承担侵权责任。

二、安全保障义务人的主体范围及侵权行为方式

安全保障义务人的主体范围包括宾馆、商场、银行、车站、机场、体育场馆、娱乐场所等经营场所、公共场所的经营者、管理者或者群众性活动的组织者。受保护人是进入到行为人经营场所、公共场所的人或者参与群众性活动的人。

违反安全保障义务的行为一般表现为消极行为，是一种不作为的行为方式。也就是应当履行作为义务的安全保障义务人，由于未尽适当注意义务，应当作为而没有作为，造成受保护人的权利损害。其具体形式主要表现为：第一，怠于防止侵害行为。对于负有防范制止侵权行为的安全保障义务的人，没有对发生的侵权行为进行有效的防范或制止。第二，怠于消除人为的危险情况。这就是对于管理服务等人为的危险状况没有进行消除。第三，怠于消除公共场所或者活动场所具有伤害性的自然情况。例如设施、设备存在的不合理危险，没有采取合理措施予以消除。第四，怠于实施告知行为。对于经营场所或者社会活动场所中存在的潜在危险和危险因素没有尽到告知义务，亦未尽适当注意义务。对于上述安全保障义务标准，如果超出了合理限度范围，则即使造成了进入经营或者活动领域的人的损害，也不应当承担损害赔偿责任。

三、第三人侵权情形下安全保障义务人的责任承担规则

第三人侵权导致被侵权人受到损害的，违反安全保障义务的当事人承担相应的补充责任。

（一）对安全保障义务人承担相应责任的理解

安全保障义务人承担"相应的"责任，即指与其"未尽安全保障义务"的过错程度和原因力大小相适应的比例责任。而确定安全保障义务人是否存在过错以及其过错程度，需要结合安全保障义务的性质、侵权行为的性质和力度、安全保障义务人的安保能力以及发生侵权行为前后所采取的防范、制止侵权行为的措施等进行综合判断。

具体判断标准可以结合行为人是否达到了法律、法规、规章等所要求达到的注意义务,或者是否达到了同类经营场所、公共场所的经营者、管理者或者群众性活动的组织者所应当达到的注意程度,或者是否达到了诚信、善良的经营场所、公共场所的经营者、管理者或者群众性活动组织者所应当达到的注意程度进行判断。

(二) 对安全保障义务人承担补充责任的理解

安全保障义务人承担补充责任意味着:第一,该第三人是直接责任人,被侵权人应当首先向直接责任人请求赔偿,侵权人承担赔偿责任后不得向安全保障义务人追偿。第二,补充责任的顺序是第二位的,被侵权人在直接责任人不能赔偿、赔偿不足或者下落不明无法行使第一顺序的赔偿请求权时,可以向补充责任人请求赔偿。第三,安全保障义务人承担相应的补充责任,以其未尽安全保障义务为前提,是以存在过错为基础的自己责任。

第一千一百九十九条 无民事行为能力人在幼儿园、学校或者其他教育机构学习、生活期间受到人身损害的,幼儿园、学校或者其他教育机构应当承担侵权责任;但是,能够证明尽到教育、管理职责的,不承担侵权责任。

释 义

第 1199 条至第 1201 条是关于教育机构侵权责任的规定。对于无民事行为能力人在幼儿园、学校或者其他教育机构学习、生活期间受到人身损害的,适用过错推定原则;对于限制民事行为能力人在幼儿园、学校或者其他教育机构学习、生活期间受到人身损害的,适用过错责任原则;对于第三人的行为造成学生受到损害的,适用过错责任原则。相较于《侵权责任法》的规定,条文表述更加规范,并且明确规定了第三人侵权情况下教育机构对第三人的追偿权。而本条是关于无民事行为能力人在教育机构受到人身损害时教育机构侵权责任的规定。

一、教育机构侵权责任的概念特征及基本原理

教育机构侵权责任是指无民事行为能力人或者限制民事行为能力人在幼

儿园、学校或者其他教育机构学习、生活期间受到人身损害,教育机构未尽应有的教育、管理和保护义务的,应当承担赔偿责任的特殊侵权责任。

对教育机构侵权责任应当限定在适用于无民事行为能力人或者限制民事行为能力人在校或在园学习、生活期间遭受到人身伤害,导致其生命、身体、健康等人身权益受到侵害的情形。第一,不包括完全民事行为能力人,比如年满18周岁的大学生;第二,不包括并非在教育机构学习、生活期间遭受损害的情形;第三,不包括未成年学生财产受到侵害的情形;第四,不包括未成年学生伤害他人的情形。

教育机构与在校或在园的未成年学生之间的法律关系是依据《教育法》成立的教育关系,教育机构对学生负有教育、管理和保护的法律职责,这既是教育机构行使权利的依据,也是其承担义务的基础。考虑到未成年人天性好动、心智发育不成熟、缺乏自我保护能力的特点,对于发生在教育机构内,例如其管理的校舍、场地、其他教育教学设施、生活设施内的,以及发生在教育机构的教学活动中的人身伤害事故,教育机构应当负有相当注意义务,以督促其妥善履行职责,保护未成年人合法权益。

二、无民事行为能力人教育机构侵权责任的归责原则

无民事行为能力人在教育机构受到人身损害时,适用过错推定原则。也就是说,被侵权人主张幼儿园、学校或者其他教育机构承担侵权责任,应当证明违法行为、损害事实和因果关系要件。其证明成立的,直接推定幼儿园、学校或者其他教育机构存在过失。幼儿园、学校或者其他教育机构主张自己无过失的,举证责任倒置,由其举证证明自己没有过错。幼儿园、学校或者其他教育机构不能证明自己没有过失的,应当承担侵权责任;能够证明自己尽到了教育、管理、保护职责的,不承担侵权责任。

无民事行为能力人教育机构侵权责任适用过错推定责任原则,主要是考虑到无民事行为能力人心智不成熟,自我保护能力较差,为了充分保护其人身权益,防范风险发生,适当加重了教育机构的举证责任。但从本质上来讲,由教育机构承担侵权责任的前提仍然是其行为存在过错,这种过错主要是指未尽注意义务的过失。教育机构的注意义务是一种特殊的注意义务,是基于教育机构对学生的教育、管理和保护职责。这种注意义务既包括基于法律法规、行政规章等规定而产生的法定性的注意义务,也包括基于有关部门颁布的教

育教学管理规章、操作规程等规定而产生的一般性注意义务,以及教育机构与学生家长签订合同约定的注意义务。

所谓尽了相当注意义务,是指教育机构按照法律法规、规章规程等以及合同要求的注意而付出必要的努力,尽到了对学生人身健康安全的合理、谨慎的注意。对侵害结果的可预见性和可避免性,是能判断教育机构是否尽到相当注意义务的重要条件。认定教育机构在学生伤害事故中的过错,要考虑教育机构的预见能力,如果教育机构不具有预见能力,不应该预见也无法预见,即损害结果无可预见性,教育机构就无法尽相当的注意义务采取合理行为避免损害结果的发生,因而主观上也就没有过失。此外,对于具体案件,还要结合受害人的年龄、损害发生的时间地点、教育机构的种类与管理模式、收费情况及办学条件、学生从事活动的危险性等具体情形加以综合认定。

三、教育机构减轻或免除侵权责任的抗辩事由

对于无民事行为能力人教育机构侵权责任,幼儿园、学校或者其他教育机构能够证明尽到教育、管理职责的,不承担侵权责任。本条规定充分考虑到教育活动的特殊性,旨在合理界定教育机构责任的边界和限度。

对无民事行为能力人教育机构侵权责任适用过错推定原则,对教育机构的注意义务要求程度较高,旨在强化教育机构的风险防范意识,预防事故的发生。但过分地强调校园伤害事故的风险和教育机构的责任,缺乏自甘风险免责的余地,可能会导致教育活动开展缺乏保障,不但削弱教育的功能,也背离教育的宗旨。

在教育机构已履行了相应职责,且行为并无不当的前提下,可以进行免责。《学生伤害事故处理办法》第12条对于教育机构可能免责的情形做了一个列举,具体包括:(1)地震、雷击、台风、洪水等不可抗的自然因素造成的;(2)来自教育机构外部的突发性、偶发性侵害造成的;(3)学生有特异体质、特定疾病或者异常心理状态,教育机构不知道或者难以知道的;(4)学生自杀、自伤的;(5)在对抗性或者具有风险性的体育竞赛活动中发生意外伤害的;(6)其他意外因素造成的。

此外,教育机构的抗辩事由还包括由于学生及其监护人责任引发的人身伤害。《学生伤害事故处理办法》第10条就规定了,学生或者未成年学生监护人由于过错,有下列情形之一,造成学生伤害事故,应当依法承担相应的责

任:一是学生违反法律法规的规定,违反社会公共行为准则、教育机构的规章制度或者纪律,实施按其年龄和认知能力应当知道具有危险或者可能危及他人的行为的;二是学生行为具有危险性,教育机构、教师已经告诫、纠正,但学生不听劝阻、拒不改正的;三是学生或者其监护人知道学生有特异体质,或者患有特定疾病,但未告知教育机构的;四是未成年学生的身体状况、行为、情绪等有异常情况,监护人知道或者已被教育机构告知,但未履行相应监护职责的;五是学生或者未成年学生的监护人有其他过错的。上述免责事由也同样适用于限制民事行为能力人教育机构侵权责任的情形。

第一千二百条 限制民事行为能力人在学校或者其他教育机构学习、生活期间受到人身损害,学校或者其他教育机构未尽到教育、管理职责的,应当承担侵权责任。

释 义

本条是关于限制民事行为能力人在教育机构受到人身损害时教育机构侵权责任的规定。限制民事行为能力人教育机构侵权责任适用过错责任原则,教育机构存在未尽注意义务之过失的,应当承担侵权责任。

一、限制民事行为能力人教育机构侵权责任的归责原则

限制民事行为能力的未成年学生在教育机构受到人身损害的,在确定教育机构侵权责任时适用过错责任原则,也就是说,教育机构有过错的承担损害赔偿责任,无过错的不承担损害赔偿责任。

本条规定对限制民事行为能力人的校园伤害事故采用过错责任原则,与上一条规定了无民事行为能力人的校园伤害事故采用过错推定责任原则有所不同,对于教育机构存在过错的举证责任应当由被侵权人承担。这主要是考虑到与无民事行为能力人相比,限制民事行为能力人的心智更加趋向成熟,具有一定的意思表示能力,能够在一定程度上理解自己行为可能造成的损害后果。此时,对于教育机构的责任界定,应当考虑到教育机构在为限制民事行为能力人营造健康安全成长环境的同时,也要适当鼓励其积极参与校园活动和社会实践,培养其在学习生活中独立自强的能力和防范风险的意识。

对教育机构课以过重的责任,可能会导致某些教育机构出于自保,采取消极预防的手段,如减少学生体育运动、课外实践、郊游参观等正常活动,限制学生在校时间,甚至过分约束学生的行为自由,这与教育的宗旨是不符的,从长远来看也会侵害学生接受正常教育的合法权益。因此,判断教育机构是否存在过失,应采用客观标准,注重对教育教学设施的安全性、场所环境的风险防范、应急措施的适当性等方面进行考察,不过分加重教育机构的举证负担,平衡好妥善救济被侵权学生与保证教育事业正常发展之间的关系。

二、教育机构过错的判断标准和主要情形

教育机构承担过错责任的前提是具有主观上的过错,而判断其过错的标准就是对履行《教育法》规定的教育、管理和保护职责是否尽到了必要的注意义务,对这种注意义务的违反表现为过失的主观心理状态。

在认定教育机构的主观过错时应当注意以下方面:

第一,教育机构对学生是否具有注意义务。教育机构的注意义务是一种特殊的注意义务,这种义务是基于教育机构对学生的教育、管理和保护职责。既包括基于法律法规、行政规章等规定而产生的法定性的注意义务,也包括基于有关部门颁布的教育教学管理规章、操作规程等规定而产生的一般性注意义务,以及教育机构与学生家长签订合同约定的注意义务。

第二,教育机构对学生是否尽了相当注意义务。所谓尽了相当注意义务,是指教育机构按照法律法规、规章规程等以及合同要求的注意而付出必要的努力,尽到了对学生人身健康安全的合理、谨慎的注意。

第三,教育机构是否能尽相当注意义务。对侵害结果的可预见性和可避免性,是能否尽相当注意义务的条件。认定教育机构在学生伤害事故中的过错,要考虑教育机构的预见能力,如果教育机构不具有预见能力,不应该预见也无法预见,即损害结果无可预见性,教育机构就无法采取合理行为避免损害结果的发生,因而主观上也就没有过失。

第一千二百零一条 无民事行为能力人或者限制民事行为能力人在幼儿园、学校或者其他教育机构学习、生活期间,受到幼儿园、学校或者其他教育机构以外的第三人人身损害的,由第三人承担侵权责任;幼儿园、学校或者其他教育机构未尽到管理职责的,承担相应的补充责任。幼儿园、学校或者其他教育机构承担补充责任后,可以向第三人追偿。

释 义

本条是关于第三人侵权情形下教育机构承担相应的补充责任以及教育机构对第三人享有追偿权的规定。

一、校园伤害事故中第三人侵权情形下的责任竞合

本条规定中的第三人是指除教育机构工作人员、本校学生之外的第三人。此前的《侵权责任法》在第40条中曾使用"幼儿园、教育机构或者其他教育机构以外的人员"这一概念,事实上与第37条第2款规定的第三人概念完全一致,承担的责任形态也完全一致,因此,在《民法典》中将其统一为"第三人",以便统一适用第三人侵权行为的责任承担规则。

所谓的第三人侵权行为,是指第三人由于过错,通过实际加害人的直接行为或者间接行为,造成被侵权人民事权利损害,应当由第三人承担侵权责任、实际加害人免除责任的多数人侵权行为。在校园伤害事故中的第三人侵权情形下,存在第三人责任与教育机构责任发生竞合的问题。一方面第三人应当就其侵权行为承担自己责任,另一方面,虽然加害行为来自校外人员,但因人身伤害事故发生在教育机构管理的场所内,教育机构负有不可推卸的安全责任,比如疏于防范、安全管理混乱、应急处理措施不当等,因此,应当承担与其过错程度和原因力大小相应的责任。该条规定旨在强化教育机构的注意义务,督促其完善安全管理制度,建立应急处理机制,保障未成年人的人身安全。

二、教育机构承担相应的补充责任的具体内容

所谓"相应的补充责任",事实上可区分补充责任和相应的责任加以分别理解。补充责任是教育机构的对外责任,而相应的责任是就对内部追偿而言的。

具体来看,首先,在第三人侵权造成未成年学生人身伤害时,依然坚持自己责任原则,先由第三人对损害后果承担赔偿责任。在第三人有能力赔偿时,不存在补充责任的问题。只有当第三人下落不明、没有赔偿能力或者赔偿能

力不足的情况下,教育机构才承担补充责任。

其次,教育机构承担补充责任的法理基础是其存在过错,主要表现为未尽教育、管理职责,在教育机构能够证明自己尽到了教育、管理职责时,即便第三人下落不明或者欠缺赔偿能力,教育机构也不承担责任。对教育机构存在过错的举证责任在受害人一方。

最后,只有在第三人下落不明或者欠缺赔偿能力时,教育机构才承担补充性赔偿责任。这种补充责任是将受害人的请求顺序分为针对直接实施侵害的第三人的第一顺位,以及间接实施侵害的教育机构的第二顺位,第二顺位的责任人补充第一顺位责任人赔偿能力的不足。因此,在补充责任人承担了第一顺位的赔偿责任后,可以向第一顺位的责任人进行追偿,也就是说"相应"的责任是二者内部分担的最终责任。

三、教育机构对第三人享有追偿权的立法考量

为充分救济在校园伤害事故中受到侵害的未成年学生,保障其求偿权的最大化实现,法律特别规定了在教育机构以外的第三人伤害未成年学生时,教育机构未尽管理职责的,承担相应的补充责任。但考虑到教育机构不是学生伤害事故的直接加害人,如果不赋予教育机构向第三人的追偿权,无疑加重了教育机构的责任,也有失公平。

合理界定教育机构的责任有利于保障教育生态的平衡,因此,即使教育机构未尽管理职责,未能有效防止或制止第三人伤害其学生,也仅承担相应的补充赔偿责任而非最终责任。该制度设计旨在对受害人求偿权最大化诉求与合理界定教育机构责任范围进行衡平,既避免受害人无法获得救济,又不过分加重补充责任人的负担。

第四章　产 品 责 任

▌本章导言 ▶

　　在现代社会,产品安全与产品质量问题关乎我们每一个人的生命健康与财产利益。一旦出现产品缺陷,人民群众的生命财产安全便会受到威胁。发生产品缺陷致人损害后,由谁来承担赔偿责任,有多个主体时如何承担产品责任,以及必要的惩罚性赔偿如何规定至关重要。产品责任属于特殊侵权责任,本章在《侵权责任法》"产品责任"章的基础上,对产品责任的相关规定作出进一步完善。

　　本章共 6 条,内容包含因产品缺陷致人损害,生产者、销售者、运输者、仓储者等责任主体的责任承担规则;当产品缺陷危及人身、财产安全时,被侵权人享有的要求侵权人停止侵害、排除妨碍、消除危险等请求权;产品投入流通领域后发现存在缺陷的补救措施与未采取补救措施的侵权责任;以及缺陷产品致人损害的惩罚性赔偿;等等。

　　本章相较于《侵权责任法》"产品责任"章所体现的创新之处包括:第一,对于产品缺陷危及人身、财产安全,增加了"停止侵害"的责任承担方式;第二,针对产品投入流通领域后发现存在缺陷,增加了"停止销售"的补救措施,并明确了"损害扩大部分"的侵权责任,以及产品召回必要费用的承担;第三,增列一项惩罚性赔偿的事由:"投入流通领域后发现存在缺陷,未采取有效补救措施"。

　　第一千二百零二条　因产品存在缺陷造成他人损害的,生产者应当承担侵权责任。

释 义

　　本条是关于因产品缺陷致人损害,生产者如何承担侵权责任的规定。本条承继自《侵权责任法》第41条,内容无变化。

一、产品责任的构成要件

根据本条规定,产品责任的构成要件包含三个要素:一是,产品有缺陷;二是,产品缺陷导致他人损害;三是,损害事实与产品缺陷之间存在因果关系。

(一) 产品有缺陷

1. 关于产品。

根据《产品质量法》第2条第2款,产品是"经过加工、制作,用于销售的产品"。总体而言,产品具有以下特征:

第一,仅限于动产。一方面,本编第十章"建筑物和物件损害责任"中,对不动产致人损害的情形有专门的规范;另一方面,《产品质量法》第2条第3款也明确了"建设工程不适用本法规定"。所以,这里的产品仅指动产,不包含不动产。对于因建筑物、构筑物、堆放物、林木等造成他人损害的,应当适用侵权责任编第十章的规定。

第二,经过加工、制作。产品必须是凝结了人类的劳动,经过加工、制作而形成的产品。其他直接来源于大自然,且未经过任何加工、制作的天然物质,不属于产品责任中的产品,这一类物质因质量引发的相关纠纷,只能按照一般侵权行为或者合同编的规定去解决。

第三,投入流通。尽管在《产品质量法》中仅提到"用于销售",但事实上应是广义的投入流通领域,不仅指通过销售方式。只要生产者将产品合法地交付给他人使用,就被认为是产品责任中所指称的产品,至于这种交付是有偿还是无偿无关紧要。比如生产商将产品无偿赠送给消费者使用,也应当属于产品责任中的产品。

2. 关于产品缺陷。

产品存在缺陷是认定产品责任的首要前提。《产品质量法》第46条给"缺陷"下了定义,是指"产品存在危及人身、他人财产安全的不合理的危险;产品有保障人体健康和人身、财产安全的国家标准、行业标准的,是指不符合该标准"。这一规定提供了判断产品缺陷的两种依据:(1)是否符合法定的强制性标准,包括这类产品的国家标准、行业标准;(2)是否存在不合理危险。在决定采用哪一种标准时,需要根据产品的具体情况作出不同的选择。

当产品有法定的强制性标准时,如果被诉产品不符合该标准,就应当直接认定为存在缺陷。但要注意的是,假如被诉产品符合相关强制性标准,并不能直接认定其没有缺陷,还需要进一步判断该产品有没有危及人身、财产安全的不合理危险。如果没有,才属于无缺陷的合格产品。而当产品没有法定的强制性标准时,则直接考察该产品是否存在危及人身、财产安全的不合理危险。假如有,则存在缺陷;假如没有,则属合格产品。

根据引发产品缺陷的原因不同,缺陷可进一步分为设计缺陷、制造缺陷和警示缺陷三种类型。设计缺陷,是产品设计本身存在安全隐患。制造缺陷,是在制造产品时背离设计要求,比如所使用的零部件有问题,或者在加工装配过程中存在问题。警示缺陷,也称告知缺陷、说明缺陷,是指对产品没有全面、妥当地对使用方法或可能发生的危险进行说明或者警告。比如对于一些性能、结构复杂的产品,应当提供相关的安装、维护和使用说明。这三种不同类型的产品缺陷,首先在是否进行缺陷产品召回上有所不同。存在设计缺陷、制造缺陷的产品,可能引起的人身、财产损失的危险性是非常大的。对于这两类,法律上确立了召回制度。而对于有警示缺陷的产品,只需及时地进行警示,无须采用召回的方式。另外,对设计缺陷和制造缺陷的判定,一般都需要进行专业鉴定;而警示缺陷,一般凭借常识即可判断。

(二) 产品缺陷致人损害

成立产品责任,还需要有产品缺陷致人损害的事实,即缺陷产品的使用人或者第三人因缺陷产品遭受损害的客观事实。产品可能引发的损害,包含以下三种类型:一是人身损害,即缺陷产品导致人身权益受到损害。二是产品本身的损害,即产品的缺陷致使产品本身毁损或者丧失功能。三是产品之外的财产损害,即缺陷产品引发的爆炸、燃烧等事故导致其他财产的损害。缺陷产品的财产损害主要是指缺陷产品之外的其他财产的损害。至于是否包含缺陷产品本身的损害,存在争议。有的观点认为,缺陷产品本身的损害,属于合同责任问题,应当通过合同解决。但如果从保护使用者、消费者合法权益的角度出发来考虑,这里的损害也应当包括缺陷产品本身的损害。

(三) 损害事实与产品缺陷之间存在因果关系

在产品责任中,只有当受害人的损害是因产品缺陷所导致的,生产者、销售者才需要承担侵权责任。因此,被侵权人应当证明所受到的损害和缺陷产品之间存在因果关系,也就是损害是由于使用缺陷产品所造成的。一方面需要证明使用过被诉产品,另一方面需要证明因使用该产品所发生的损害。但是要认定损害与缺陷之间有因果关系并不容易。考虑到消费者与生产者之间的信息不对称以及在举证能力上的巨大差异,通常只要求受害人能够初步证明损害和缺陷之间有因果关系就可以了。接下来就由生产者就产品不存在缺陷或者损害与缺陷之间不存在因果关系来举证。

二、产品责任的归责原则

产品责任的归责原则是确认和追究行为人承担产品责任的根据,解决的是产品责任的基础问题。产品责任采用哪一种归责原则,法律没有明文规定。学界大致存在四种观点:(1)过错责任原则,认为产品的生产者承担责任要以过错为前提,行为无过错,即可免责。主要理由是,过错责任更符合我国经济发展条件和生产者实际承担责任的能力,也利于协调生产者和消费者的关系。(2)过错推定原则,也就是采用举证责任倒置的办法,存在产品缺陷时,应首先推定产品的生产者有过错,除非生产者能够证明他们在生产过程中没有过错。(3)无过错责任即严格责任,主张对于产品责任,无论生产者有无过错,只要缺陷产品导致他人人身或财产损害,就应当承担赔偿责任。无过错责任说现为通说。

就这一条的条文表述而言,此处使用的词语是"应当",法律条文中,应当通常指必须。换言之,只要缺陷产品致人损害,就必须承担赔偿责任。另外,从编纂体例上看,产品责任不同于前面的一般侵权行为,而属于特殊侵权行为,作为特例不适用一般侵权行为的过错责任。也正如梁慧星先生所言,严格责任制是现代民法基于消费者权利,谋求实质上平等的结果,是保护消费者的重要组成部分。所以,我们可以认为这一条对产品生产者采取了无过错责任的归责原则。

之所以采用无过错责任原则,是因为生产者在产品的设计、投产、制造过程中,对于产品的缺陷具有极强的控制力,能够尽全力保障产品缺陷的最小化。同时,相对于消费者,生产者通常有更强的承担损失的能力,也可以通过产品责任保险以及产品定价分散成本和风险。

三、生产者的免责事由

为了保障企业的合法权益,在为使用者、消费者提供最大程度保护的同时,也需要适当赋予生产者减轻或免除产品责任的合理的抗辩事由。考虑到随着生产发展、技术进步,相关的免责情形可能会不断发生变化,因此未规定在《民法典·侵权责任编》中,关于产品责任的免责事按规定仍然安排在特别法之中。《产品质量法》第41条明确了生产者不承担赔偿责任的情形:"(一)未将产品投入流通的;(二)产品投入流通时,引起损害的缺陷尚不存在的;(三)将产品投入流通时的科学技术水平尚不能发现缺陷的存在的。"

第一,未将产品投入流通,指的是生产者并未基于销售目的将产品有意地投入流通领域。这就意味着,假如产品被盗或者遗失,那么对缺陷产品发生的损害,生产者可以不承担赔偿责任。但是也有一个前提,即生产者必须尽到合理谨慎的注意义务,假如是因自身保管不善导致产品丢失而进入流通,则不能主张免责。

第二,产品投入流通时,引起损害的缺陷尚不存在。生产者假如能证明该产品造成损害的缺陷是脱离其控制(设计、制造、存储、运输等)以后形成的,那么生产者可以主张免责。

第三,将产品投入流通时的科学技术水平尚不能发现缺陷的存在,又称为"开发风险抗辩"。这一项免责事由主要是为权衡保护消费者利益和促进科技研发之间的关系。若因一项现有科学技术水平根本无法发现的缺陷而追究生产者的责任,显然会打击生产者对新产品的研发和提升科技水平的积极性。所以生产者只要证明产品投入流通时的科技水平无法发现缺陷存在,即可免责。

第一千二百零三条 因产品存在缺陷造成他人损害的,被侵权人可以向产品的生产者请求赔偿,也可以向产品的销售者请求赔偿。

产品缺陷由生产者造成的,销售者赔偿后,有权向生产者追偿。因销售者的过错使产品存在缺陷的,生产者赔偿后,有权向销售者追偿。

释 义

本条是关于被侵权人提出损害赔偿的途径,以及生产者与销售者责任分担的规定。本条承继自《侵权责任法》第43条,将原第3款并入第2款。

一、权利主体

产品责任的权利主体,即被侵权人,在《产品责任法》第43条中使用的是"受害人"。产品责任是一种侵权责任,并不以侵权人和被侵权人之间存在合同关系为前提。不论被侵权人和产品的生产者、销售者有没有订立合同关系,都不应当影响被侵权人提起产品责任损害赔偿之诉的权利。

具体而言,能够因产品缺陷致人损害,提出损害赔偿的权利主体,不仅包含购买并使用该缺陷产品的人,还包含虽然没有购买但是因该缺陷产品受到损害的其他人。只要是因为该缺陷产品而遭受人身、财产损害,都可以作为产品责任的权利主体提出赔偿请求。要注意的是,购买并使用该缺陷产品的人,本身处在与销售者的买卖合同关系之中,销售者所提供的产品不符合合同约定或者违反法定的标准,其行为本身已构成违约,因此销售者也可以是合同责任的承担主体。此时被侵权人可以选择作为侵权责任中的权利主体,也可以选择作为违约责任中的权利主体。

二、责任主体

产品责任的责任主体,是产品责任的承担者。产品责任的承担者既包含生产者,也包含销售者。两者都是承担产品责任的主体,因此被侵权人可以请求生产者与销售者中的任何一方或者请求二者承担损害赔偿责任。

这同《产品质量法》规定一致,强调产品的生产者和销售者共同作为产品责任的责任主体,能够为被侵权人提供救济上的便利。在一般商业实践中,消费者购买产品时很少去看产品是由谁生产的,甚至有时产品上根本没有标注生产厂家。销售者成为了连接生产者和消费者的桥梁。在被侵权人遭受损害后,可以自主选择赔偿对象,不知生产厂家时,就可以直接向产品的销售者提出损害赔偿请求;不知产品缺陷是生产者还是销售者造成的时候,也可以直接请求销售者赔偿。而且一般而言,产品的生产地与销售地,产品的生产者、销售者,往往不在同一区域。假如要求被侵权人只能向产品的生产者主张权利的话,会产生巨大的维权成本,违反诉讼经济原则。本条规定便解决了被侵权人请求损害赔偿的途径问题。而且,不论生产者和销售者之间如何约定责任的分担和追偿,也不影响被侵权人自主选择请求损害赔偿的对象。

三、生产者、销售者之间的责任关系

本条第 2 款详细规定了生产者与销售者之间的责任关系问题。

从生产者和销售者之间的责任关系来看,两者构成不真正连带责任。所谓不真正连带责任,是指数个责任人基于不同原因而产生的同一损害事实,各自应负全部的责任,并且因某一责任人的履行而使全体责任主体的责任归于消灭的一种责任形态。一方面,生产者和销售者是基于各自不同的原因而对被侵权人承担的赔偿责任。生产者对被侵权人承担赔偿责任,是基于其对产品缺陷的控制力;而销售者对被侵权人承担赔偿责任,是基于买卖合同中的瑕疵担保责任。两者对被侵权人承担责任的原因不同,且无意思联络,而出现了不真正连带的责任形态。另一方面,生产者、销售者承担赔偿责任的内容相同,而且各负全部的赔偿责任。不同责任主体之间不存在责任份额的划分,当其中一方对被侵权人履行全部的赔偿责任后,对被侵权人的全部责任即归于消灭。这属于不真正连带责任在对外效力方面的表现。

关于对内效力,虽然法律认可了被侵权人享有对生产者或者销售者任意一方的赔偿请求权,但不意味着产品责任的最终承担者就是被侵权人提出赔偿请求的对象。当生产者或者销售者一方完成对被侵权人的先行赔付之后,有权向实际应当承担责任的另一方追偿自己先前垫付的赔偿费用。即销售者和生产者之间互相享有追偿权。这里的追偿,并不是基于生产者和销售者之间基于责任大小的内部分担关系的追偿,而是基于最终责任主体的判断,双方最终仅就自己独立的行为负责,彼此之间不存在责任分担比例的问题。从责任的最终归属来看,最终可能由产品的生产者承担,也可能由产品的销售者承担。即当产品缺陷是生产者造成的,生产者就是最终责任承担主体,销售者有权向生产者追偿;当产品缺陷是销售者的过错行为造成的,销售者即为最终责任承担主体,生产者有权向销售者追偿。

另外,生产者向销售者追偿的前提为销售者存在过错。具体而言,只有当缺陷产品是因销售者的过错行为而存在缺陷时,先行垫付的生产者才能对销售者行使追偿权。假如产品缺陷是生产者造成的,则不论其有无过错,先行赔付的销售者都可以向生产者追偿。有的观点认为销售者对被侵权人承担的是过错责任,因为本条规定,销售者只有在有过错的情况下,才会最终承担责任。我们认为,销售者对于直接请求赔偿的被侵权人而言,不能以不存在过错作为

不承担责任的抗辩事由。依据本条规定,当被侵权人因缺陷产品致损而直接请求销售者赔偿时,即使销售者不存在过错,销售者也应当对被侵权人承担赔偿责任。因此,本条第2款中的过错条件,针对的是生产者向销售者追偿的情形,即生产者、销售者内部责任分担问题。对于被侵权人而言,既可以请求生产者赔偿,也可以请求销售者赔偿。无论是生产者还是销售者,都不能以不存在过错来对被侵权人主张免责。

第一千二百零四条　因运输者、仓储者等第三人的过错使产品存在缺陷,造成他人损害的,产品的生产者、销售者赔偿后,有权向第三人追偿。

释　义

本条是关于因运输者、仓储者等第三人的过错造成产品缺陷的赔偿责任规定。本条承继自《侵权责任法》第44条,内容无变化。

一、责任构成

产品在进入消费者手中之前,会经过诸多环节,比如设计、制造、仓储、运输、销售等,从而在生产者和销售者之外,产品出现缺陷还可能涉及包括运输者、仓储者在内的其他第三人的因素。要根据本条规定承担赔偿责任,首先,要求该产品缺陷是因运输者、仓储者等第三人的过错造成的。这里具体以运输者、仓储者的过错进行说明。

产品进入流通领域,不能不依靠运输,现代运输方式也有多种,包括水运、公路、铁路、航空等多种运输方式,也常常会使用多式联运。出于各种原因,在运输过程中,原本完好的产品有可能发生不同程度的损害,导致产品缺陷的形成,例如运输空调设备的货车未能加固好货品,致使空调设备在运输途中颠簸,造成产品外壳出现开裂或致使产品性能严重受损。因运输者故意或者过失造成产品缺陷,造成他人损害的,由运输者承担责任。产品仓储也同样是产品进入流通的必备环节。在对产品进行仓储的过程中,可能因为仓储者没有遵守产品所要求的仓储环境、包装等要求,未尽到妥善保管的义务,导致出现产品缺陷。

其次,要求运输者和仓储者在运输和仓储过程中对产品造成的缺陷,给他人造成损害。需要注意的是,这里的损害,必须是已经发生的实际损害。假如虽然在运输过程或者仓储环节出现问题致使产品缺陷,但是并没有实际地造成他人人身、财产损害的发生,在这种情况下,运输者可能会对生产者、销售者承担运输不当的违约责任,仓储者也可能会承担保管不善的违约责任,但不构成这里的产品侵权责任。

二、责任承担

因运输者、仓储者的过错导致产品存在缺陷造成他人损害时,运输者、仓储者是产品责任的最终承担主体,但不是产品责任的直接责任主体。因此,在产品责任的承担上,如果被侵权人认为是运输、仓储环节造成的缺陷,也不能直接向运输者、仓储者主张侵权责任,而是仍然向生产者、销售者请求损害赔偿,同时生产者、销售者也不可因运输者、仓储者的过错而向被侵权人主张免责。在该缺陷产品的生产者和销售者已向被侵权人承担赔偿责任后,可以再向有过错的运输者、仓储者追偿其已承担的赔偿责任。按照本条规定,这里对运输者、仓储者等第三人采取的也是过错责任原则。也就是只有证明运输者、仓储者等第三人确有过错时,先行偿付的生产者、销售者才能够行使求偿权。而且生产者、销售者求偿的另一项前提要求是,已经向被侵权人实际地赔付。只有在该缺陷产品的生产者、销售者已经向被侵权人实际地承担赔偿责任之后,生产者、销售者才能够向造成产品缺陷的运输者或仓储者追偿。

除了明确列举的运输者、仓储者以外,本条还包含其他"第三人",关于其他第三人到底包含哪些,仍然存在争议。我们认为,从产品的设计、制造再到生产、销售领域,至少要经过设计、生产、检验、运输、仓储、销售等环节。因此,其他第三人还包括在这些环节之中的其他不同主体。

第一千二百零五条　因产品缺陷危及他人人身、财产安全的,被侵权人有权请求生产者、销售者承担停止侵害、排除妨碍、消除危险等侵权责任。

释　义

本条是关于当产品缺陷危及他人人身、财产安全时,被侵权人所享有的停止侵害、排除妨碍、消除危险等请求权。本条承继自《侵权责任法》第45条，内容上增加了"停止侵害"的责任承担方式。

本条规定与《民法典》第1167条的一般规定紧密相关。现代侵权责任法除了关注对被侵权人现时损害的填补之外，还有防患于未然的功能。产品存在缺陷，可能已经对他人造成现实的损害，也可能暂未构成实际损害，但极有可能对他人人身、财产安全带来危险。所以，缺陷产品的侵权责任既要回应已经发生的损害，也需应对随时可能发生的潜在损害。

按照本条规定，在损害已经发生并且持续危害他人人身、财产安全，或者在损害未发生但是有发生损害的危险时，被侵权人享有请求停止侵害、排除妨碍、消除危险等权利。即确立了产品责任中的预防性责任形式。其中停止侵害是《民法典》在《侵权责任法》第45条的基础上新增加的内容。

停止侵害、排除妨碍这两种责任承担方式，都属于侵害停止责任。停止侵害，是当该缺陷产品已经对被侵权人的人身、财产安全构成损害，且缺陷产品仍然存在，损害仍然继续时，被侵权人可以要求生产者、销售者停止侵害。这种责任方式有助于及时制止正在发生的损害。要注意的是，这种责任方式只适用于正在进行或者仍在延续的损害，不适用于尚未发生或者已经终止的侵权。

所谓妨碍，是指对他人行使权利的不合理的障碍，这种障碍可能实际造成损害，也可能没有实际造成损害。排除妨碍，即当产品缺陷对权利人绝对权的正当行使构成妨碍时，权利人有权要求侵权人消除该缺陷产品对其权利正当行使的妨碍。

所谓危险，是指侵权人的行为有造成他人人身、财产权益损害的可能性。这种可能性就是通常所说的损害之虞，必须是即将来临的或者真实的，而不是主观臆想的，也并非没有任何实际根据的猜测和担忧。[1] 消除危险，即当产品存在缺陷对他人人身、财产安全构成威胁，有相当可能造成损害，但尚未造成实际损害的时候，被侵权人可以要求生产者、销售者消除该缺陷产品带来的危险。这是为可能遭受侵害的民事主体提供的一种预防性的保护措施，从而实现侵权责任法对被侵权人的全面救济功能。

---

[1] 参见欧洲侵权法小组：《欧洲侵权法原则——文本与评注》，于敏、谢鸿飞译，法律出版社2009年版，第69页。

第一千二百零六条 产品投入流通后发现存在缺陷的,生产者、销售者应当及时采取停止销售、警示、召回等补救措施;未及时采取补救措施或者补救措施不力造成损害扩大的,对扩大的损害也应当承担侵权责任。

依据前款规定采取召回措施的,生产者、销售者应当负担被侵权人因此支出的必要费用。

释 义

本条是关于产品投入流通领域后发现存在缺陷的补救措施与未采取补救措施的侵权责任的规定。本条承继自《侵权责任法》第 46 条,在内容上主要有三点改动:一是增加了"停止销售"的补救措施;二是明确了"损害扩大部分"的侵权责任;三是增加了产品召回支付的必要费用由生产者、销售者承担的规定。

一般而言,产品经检验合格确认无缺陷以后才能进入市场供消费者使用。但有的时候出于某种原因,生产者或销售者未能在销售前发现产品的缺陷,等到投入流通以后才发现某一批次或者某一类型的产品存在缺陷。在这种情况下,生产者、销售者不能坐视不管,应当及时跟踪采取补救措施,常见的方式有停止销售、警示与召回。

一、停止销售的补救措施

停止销售,是《民法典·侵权责任编》借鉴《消费者权益保护法》第 19 条,在《侵权责任法》第 46 条的基础上新增加的一项补救措施。由于此时有缺陷的产品已经进入了流通领域,而且往往会大批量同时发现存在缺陷,这就使得可能遭受损害的使用者范围急剧扩大。为了最大程度控制可能的损害范围,有必要要求生产者、销售者第一时间停止销售已经发现存在缺陷的产品。生产者不应再与经销商签订销售合同,已经签好销售合同的也要尽力把实际未出厂的产品截留在仓库。销售者也应当将销售场所内该批次或该类型的所有产品立即下架,通过这种方式控制可能的影响范围。

二、警示的补救措施

警示,是针对那些没有对产品的正确使用进行真实、合理、充分的说明,以及未对可能发生的情形进行提示时需要作出的补救措施,以及时减小损害发生的可能性。也就是针对产品的警示缺陷而采取的措施。要求生产者、销售者及时进行警示,一方面能够提醒使用者该产品有危险,明确告知其可能发生的损害;另一方面让使用者明确知道如何使用能够避免发生危险,以保障自己的人身、财产安全。比如高压锅生产商在出厂之前未能在产品上合理提示消费者安全使用的注意事项,如果等到进入流通后才发现这一警示缺陷,那么就要及时地向已经购买的消费者告知并且在未销售的产品上补充告知。

三、召回的补救措施

召回,则是针对已经进入流通,但存在设计缺陷或制造缺陷的产品,要求生产者、销售者主动联系消费者,对其已生产或售出的相关批次产品通过换货、退货、更换零部件、整体返厂等方式进行补救。即要求生产者、销售者将缺陷产品从流通环节中收回,尽力阻断可能发生的危险。实践中具体对缺陷产品的召回,按照相关的管理办法如《食品召回管理规定》《儿童玩具召回管理规定》《药品召回管理办法》《缺陷汽车产品召回管理规定》等进行。

当产品投入流通后发生缺陷,不限于停止销售、警示、召回这三种主要补救措施,如果根据产品的实际特征、性能、缺陷状况、损害发生概率等,还需要采取其他有助于防止损害发生或进一步扩大的措施的,可以视情况采取其他补救措施。总之,目的在于防患于未然,尽力阻止损害发生或者进一步扩大。假如生产者、销售者未按照法律要求与实际情况对缺陷产品已投入流通的状况及时进行补救,按照本条要求,生产者、销售者应当对补救不力造成的扩大损害承担侵权责任,这也有助于减少相关责任人怠于实施补救措施的情况。

四、产品召回必要费用的承担

关于召回缺陷产品产生的费用问题,为了更好地保护被侵权人的权益,侵权责任编也借鉴了《消费者权益保护法》第19条的相关规定,明确被侵权人因相关产品被召回支出的必要费用由生产者、销售者负担。比如被侵权人因缺陷产品召回而发生的运输费用、邮寄费用,以及其他因缺陷产品而产生的合理支出等,都由生产者、销售者承担。

第一千二百零七条　明知产品存在缺陷仍然生产、销售,或

者没有依据前条规定采取有效补救措施,造成他人死亡或者健康
严重损害的,被侵权人有权请求相应的惩罚性赔偿。

释 义

本条是关于缺陷产品致人损害的惩罚性赔偿的规定。本条承继自《侵权
责任法》第 47 条,内容上将"产品投入流通后发现存在缺陷,未采取有效补救
措施"增加为惩罚性赔偿的事由。

一、惩罚性赔偿的目的与意义

惩罚性赔偿是与补偿性赔偿相对应的民事赔偿制度。惩罚性赔偿的主要
目的在于,通过让侵权人承担超出实际损害数额的赔偿,从而对该严重侵权行
为进行惩罚、遏制,并对他人形成警戒作用。惩罚性赔偿最初是由英国侵权法
创设,称为示范性赔偿(exemplary damages),除了含有制裁侵权人之意以外,
更加强调该赔偿对社会的示范性作用,也就是"为他人确立一个样板,使他人
能够从中吸取教训而不再从事此种行为"。美国法中称之为 punitive
damages,强调对侵权人给予更强的经济负担。① 总体而言,惩罚性赔偿的主
要目的不在于填补被侵权人的损害,而重在对侵权人的行为构成惩戒和威慑。
但其与刑事罚金和行政罚款不同,是适用于平等主体之间的。在我国侵权法
规范中是否纳入惩罚性赔偿规定的问题上,过去存在不少争议。部分意见认
为,侵权责任主要目的是为了填补被侵权人损害,而非惩罚侵权人,惩罚功能
主要是通过行政责任与刑事责任来实现,所以侵权责任中不适宜规定惩罚性
赔偿的内容。由于我国并不具备英美法国家在侵权法领域广泛适用惩罚性赔
偿制度的基础,在侵权责任规范领域我国确实不宜广泛适用惩罚性赔偿制度,
但是根据社会实际情况,对于一些特殊领域实行惩罚性赔偿制度还是有必
要的。

对于产品责任而言,从我国实际情况来看,缺陷产品恶意侵权的情况大量
存在,像出售劣质药品、劣质奶粉等。而侵权责任的填平损害功能对于侵权人
的警告和威慑作用是有限的,特别是当侵权人拥有强大的经济实力时,补偿性

① 参见张新宝、李倩:《惩罚性赔偿的立法选择》,《清华法学》2009 年第 4 期。

的赔偿很难预防侵权人以后不再发生同类行为。因此对于缺陷产品恶意侵权的情形施加惩罚性赔偿还是有必要的。通过在产品责任中适用惩罚性赔偿，可以有效地提高产品质量，遏制这种恶性的缺陷产品侵权行为的发生，保障消费者的安全。同时，惩罚性赔偿也更有利于保护被侵权人，使其获得更充分、完全的赔偿。

二、适用条件

对侵权人适用惩罚性赔偿的具体条件有：首先，侵权人需要具备主观故意，也就是明知所生产或销售的产品存在缺陷，却仍然继续生产、销售；或者在投入流通发现存在缺陷后，需要及时补救的情况下，没有及时采取有效的补救措施。与《侵权责任法》第47条相比，增加了一种适用惩罚性赔偿的情形，即"没有依据前条规定采取有效补救措施"，这就是说，明知产品存在缺陷而没有采取警示、召回等措施进行有效补救，并且造成了他人死亡或者健康严重损害的，也要承担惩罚性赔偿责任。这一规定强化了生产者和销售者的产品跟踪观察义务。

其次，需要有损害后果，而且这里的损害后果不包含财产损害，也不包含一般的人身损害，而是仅指造成他人死亡或者健康严重损害的这一类极为严重的损害后果。另外，还需要存在因果关系，也就是前述的恶意侵权行为导致严重人身损害后果的发生。通过这些限制条件，能够避免惩罚性赔偿的滥用，真正实现对侵权人的威慑的同时也不至于施加过重的不合理负担。通过在主观要件和损害后果等方面对适用范围进行限制，能够充分发挥惩罚性赔偿的制度功能，又不至于引起太大的负面影响。

要注意的是，此处的惩罚性赔偿和填平损害的补偿性赔偿不同，赔偿数额不再是依据被侵权人实际损害来确定，而是应当根据侵权人的可责难性、非法获利的数额、造成的损害后果以及赔偿能力等因素来综合决定，才能体现出对侵权人的惩罚。具体的数额计算标准较为复杂，交由法官在具体案件中根据实际情形进行确定更为合适，故法律没有明确规定。

第五章　机动车交通事故责任

据世界卫生组织报告,全球每年因交通事故死亡的人数大约有 125 万,平均每分钟就有大约 3 人死于交通事故,而交通事故造成的财产损失大约有5000 亿美元。就我国而言,每年大约也有超过 10 万人丧生于车轮之下。在侵权责任编规定好机动车交通事故责任,对于预防和减少交通事故,保护人民群众的人身、财产安全意义重大。本章在《侵权责任法》"机动车交通事故责任"章以及《道路交通安全法》的基础上对机动车交通事故责任的规定进行了补充与完善。

本章共 10 条,内容包含机动车发生交通事故造成损害后的一般责任承担规则;因租赁、借用等情形机动车所有人和使用人分离时,发生交通事故造成损害的责任承担规则;机动车已转让并交付但未办理登记时,发生交通事故造成损害后的责任承担规则;挂靠机动车发生交通事故造成损害的责任承担规则;未经允许擅自驾驶他人机动车发生交通事故造成损害的责任承担规则;机动车强制保险赔偿、商业保险赔偿与侵权人赔偿的顺序规定;转让拼装车或报废车发生交通事故造成损害的责任承担规则;盗窃、抢劫或者抢夺的机动车发生交通事故造成损害的责任承担规则;驾驶人发生交通事故逃逸的责任承担规则;以及无偿搭乘情形发生交通事故造成损害后的责任承担规则。

本章相较于《侵权责任法》"机动车交通事故责任"章所体现的创新之处主要包括:第一,增加了挂靠机动车发生交通事故造成损害的责任承担规则;第二,统一明确了机动车强制保险赔偿、商业保险赔偿以及侵权人本人赔偿的适用顺序;第三,针对盗抢机动车发生交通事故造成损害,增加了盗抢者和使用人分离的责任情形;第四,增加了无偿搭乘的责任承担规则。

第一千二百零八条 　机动车发生交通事故造成损害的,依照道路交通安全法律和本法的有关规定承担赔偿责任。

释　义

本条是关于机动车发生交通事故造成损害时,确定损害赔偿责任的一般性规定。本条承继自《侵权责任法》第 48 条,内容上主要增加了"本法的有关规定"作为承担赔偿责任的依据。

除了《民法典·侵权责任编》以外,存在着大量有关侵权责任的特别法,《道路交通安全法》即为典型,侵权责任编向这一特别法保持开放的状态。关于机动车发生交通事故后的赔偿责任,本条引致了道路交通安全领域的相关法律,并且不限于《道路交通安全法》这一部,同时也要求依照《民法典·侵权责任编》相关的规定承担责任。

《道路交通安全法》中关于确定机动车交通事故责任的核心条款是第 76 条,规定:"机动车发生交通事故造成人身伤亡、财产损失的,由保险公司在机动车第三者责任强制保险责任限额范围内予以赔偿;不足的部分,按照下列规定承担赔偿责任:(一)机动车之间发生交通事故的,由有过错的一方承担赔偿责任;双方都有过错的,按照各自过错的比例分担责任。(二)机动车与非机动车驾驶人、行人之间发生交通事故,非机动车驾驶人、行人没有过错的,由机动车一方承担赔偿责任;有证据证明非机动车驾驶人、行人有过错的,根据过错程度适当减轻机动车一方的赔偿责任;机动车一方没有过错的,承担不超过百分之十的赔偿责任。交通事故的损失是由非机动车驾驶人、行人故意碰撞机动车造成的,机动车一方不承担赔偿责任。"

一、强制保险责任限额内的赔偿

我国实行机动车第三者责任强制保险制度,也就是机动车辆所有人在领用车辆牌照之前以及使用车辆过程中,必须投保一定限额的法定第三者责任保险。如果合格的驾驶人员在使用车辆过程中发生意外事故,致使第三者遭受人身伤亡或者财产的直接损失,被保险人依法应当支付的赔偿金额,由保险公司依照保险合同的规定给予赔偿。其中,第三者指因被保险机动车发生事故遭受人身伤亡或者财产损失的人,但不包括被保险人和保险事故发生时被保险机动车车上的人员。

按照《道路交通安全法》第76条的规定,机动车发生交通事故造成人身伤亡、财产损失的,首先由保险公司在第三者责任强制保险责任限额范围内予以赔偿。保险公司对第三者的赔偿责任属于一种法定的责任,意义在于使被侵权人及时获得赔偿、迅速填补损害,分散机动车驾驶人的风险。

另外,依照《道路交通安全法》的规定,机动车交通事故责任强制保险在全国实行统一的责任限额。2008年2月1日以后的机动车交通事故责任强制保险责任限额为:(1)机动车在道路交通事故中有责任的赔偿限额:死亡伤残赔偿限额为110000元人民币;医疗费用赔偿限额为10000元人民币;财产损失赔偿限额为2000元人民币。(2)机动车在道路交通事故中无责任的赔偿限额:死亡伤残赔偿限额为11000元人民币;医疗费用赔偿限额为1000元人民币;财产损失赔偿限额为100元人民币。

二、超出强制保险责任限额部分的赔偿

(一) 机动车之间发生交通事故的赔偿责任

机动车之间发生交通事故时,适用过错责任原则确定赔偿责任。具体地,由有过错的一方承担赔偿责任,没有过错的一方不承担赔偿责任;如果机动车双方都有过错,那么进一步按照各自的过错比例来划分责任。主要原因在于,机动车驾驶人与机动车驾驶人之间是平等的主体,负有相同的义务,没有强弱之分,在发生交通事故后,应当适用一般侵权责任规则,即谁有过错谁承担责任。

(二) 机动车与非机动车驾驶人、行人之间发生交通事故的赔偿责任

机动车与非机动车驾驶人、行人之间发生交通事故的情形,与前者明显不同。机动车作为高速运输工具,对于非机动车驾驶人、行人的生命财产安全有更高的危险性,所以机动车驾驶人明显占据优势地位。因此在赔偿责任的确定中,需要适当向有利于非机动车驾驶人、行人的方向倾斜。

关于机动车与非机动车驾驶人、行人之间发生交通事故的赔偿责任确定的归责原则,存在一定的争议,有观点认为是过错推定责任,有观点认为是无过错责任,也有观点认为是过错推定责任与部分无过错责任的结合。

过错推定责任的观点认为,在机动车和非机动车驾驶人、行人之间发生交通事故时,直接推定机动车一方存在过错。如果机动车一方能够证明自己对

于非机动车驾驶人、行人所遭受的损害没有过错,或者能够证明非机动车驾驶人、行为人对于损害的发生有过错,才可以适当减轻赔偿责任。至于机动车一方没有过错,也要承担不超过 10% 的赔偿责任的规定,有学者认为并非无过错责任的适用,而是在过错推定原则的基础上采用的"优者危险负担"理论,也就是法律根据双方力量对比所做出的倾斜性规定。

无过错责任的观点认为,在机动车和非机动车驾驶人、行人之间发生交通事故时,无须考虑机动车一方是否存在过错,都由机动车一方承担责任。当然,在受害人存在过错时,可以适当减轻机动车一方的责任。但是即使机动车一方没有过错,也要承担不超过 10% 的赔偿责任,这正是无过错责任的特点。

还有一种观点认为是过错推定责任与部分无过错责任的结合。也就是,机动车与非机动车驾驶人、行人之间发生交通事故时,机动车一方承担赔偿责任;但有证据证明非机动车驾驶人、行人有过错的,适当减轻机动车一方的责任,这一部分是过错推定原则。而机动车一方即使没有过错,也要承担不超过 10% 的赔偿责任,这一部分则是无过错责任原则。

从机动车相对于非机动车驾驶人、行人的高度危险性来看,适用无过错责任原则可能更合理,因为能够体现风险社会中在不同社会力量的强弱对比下,对整个社会利益的平衡。而且确定赔偿责任和确定赔偿范围是两个不同的问题。既然在确定有无赔偿责任时无须考虑机动车一方的过错,就能够说明采用的是无过错责任。而评价非机动车、行人的过错,影响的只是赔偿范围和数额。尤其是当机动车无过错时,也要承担不超过 10% 的赔偿责任,更能说明采用的是无过错责任的归责原则。

三、机动车一方无须承担责任的情形

如果非机动车驾驶人、行人故意碰撞机动车,机动车一方无须承担责任,这是关于机动车驾驶人免责事由的规定。当非机动车驾驶人、行人受到的损害是出于其自伤、自杀、故意冲撞机动车等原因造成的,机动车一方免责。这与侵权责任编第 1174 条的规定"损害是因受害人故意造成的,行为人不承担责任"内容一致,也体现了机动车交通事故责任依照道路交通安全法律和本法的有关规定承担赔偿责任的一般性规定。

第一千二百零九条　因租赁、借用等情形机动车所有人、管

理人与使用人不是同一人时,发生交通事故造成损害,属于该机
动车一方责任的,由机动车使用人承担赔偿责任;机动车所有人、
管理人对损害的发生有过错的,承担相应的赔偿责任。

释　义

本条是关于因租赁、借用等情形而使机动车的所有人、管理人与使用人分
离时发生交通事故造成损害的赔偿责任规定。本条承继自《侵权责任法》第
49 条。

现实生活中常常会出现租赁、借用机动车的情形。在这些情形下,机动车
的实际所有人、管理人与实际的使用人发生了分离。在发生交通事故时如何
界定责任主体、确定赔偿责任,即为重要问题。

一、责任主体的判断标准

尽管法律中没有使用"机动车保有人"的概念,但我国学界以及司法实践
中基本接受了以机动车保有人作为判断机动车交通事故责任主体的标准。对
于机动车所有人、管理人与使用人分离的情形,机动车保有人的判断能够促使
交通事故责任的分配和承担相对公平。

何谓"保有人"? 保有人的概念,各国法的表述稍有区别,但实质差异不
大。比如葡萄牙立法认为,机动车保有人是以责任自负的方式对机动车辆使
用受益并拥有作为使用受益之前提条件的支配力者。德国联邦最高法院的判
例认为,机动车保有人是为自己的计算而使用机动车,并对以这种使用为前提
的机动车拥有处分权的人。日本民法学界通说为机动车运行供用者,即对机
动车的运行事实上处于支配管理地位,且从运行中获得了利益。总而言之,判
断有无机动车保有人资格的核心,即在于当损害发生时,是否对机动车拥有实
际支配力并且对其享有运行利益。

就我国司法实践而言,也已经实际地采用了机动车保有人的判断标准,也
采取了运行支配与运行利益的判断方法。例如,最高人民法院出台的司法解
释《关于被盗机动车肇事后由谁承担损害赔偿责任问题的批复》(法释〔1999〕
13 号)、《关于购买人使用分期付款购买的车辆从事运输因交通事故造成他人
财产损失保留车辆所有权的出卖方不应承担民事责任的批复》(法释〔2000〕

38 号），实际都是根据"运行支配"和"运行利益"两项标准加以判明的。因此，在使用人与所有人、管理人分离的情形中，责任主体的基本判断标准就是看哪一方是机动车保有人，具体的标准有二：（1）运行支配，事实上拥有支配机动车运行的地位；（2）运行利益，享有因机动车运行而生的利益。

二、机动车使用人的赔偿责任

本条规定，在租赁、借用机动车等情形中，如果发生交通事故造成损害，属于机动车一方的责任时，由机动车的实际使用人承担赔偿责任。按照前述责任主体的判断标准，可知机动车的所有人、管理人在将机动车出租或出借以后，车辆即在承租人、借用人的实际控制下，机动车所有人丧失对该机动车的直接控制，而这种控制直接决定了机动车运行中是否会给他人带来损害。一般而言，机动车所有人不承担赔偿责任。此时，机动车的承租人或借用人成为了实际使用人，对机动车拥有直接的支配控制力即前述的"运行支配"，并且享有机动车带来的"运行利益"，因此应当作为承担机动车交通事故责任的责任主体。

三、机动车所有人、管理人的赔偿责任

虽然机动车的所有人、管理人不享有机动车的运行利益和运行支配，但是并非完全隔离在赔偿责任之外。当机动车的所有人、管理人对交通事故损害的发生有过错的，也应当承担赔偿责任。这就对机动车所有人、管理人赋予了一定的注意义务。比如对机动车应当尽到妥善的管理义务；在租赁或者借用机动车之前，应当对承租人、借用人的资质进行必要的审查；并且应当保证机动车性能符合基本的安全要求等。如机动车的所有人或者管理人没有尽到前述的注意义务，例如明知或者应当知道承租人、借用人不具备驾驶、使用机动车的资格和技能，却仍然将机动车租赁、借用给他人，此时机动车所有人、管理人便对发生的交通事故构成过错，此时机动车所有人、管理人也就应当对因自己过错造成的损害承担相应的赔偿责任。值得注意的是，侵权责任编在机动车所有人外，增加了管理人这一主体，因为有时对外租赁、借用机动车的主体可能并不是机动车的实际所有人，而是基于某种法律关系临时直接占有、控制机动车的人。这一变化使得责任主体的范围更加客观、全面。

第一千二百一十条　当事人之间已经以买卖或者其他方式转让并交付机动车但是未办理登记，发生交通事故造成损害，属于该机动车一方责任的，由受让人承担赔偿责任。

释　义

本条是关于已经转让并交付但未办理登记时发生交通事故的赔偿责任规定。本条承继自《侵权责任法》第50条。

依据《民法典·物权编》第224条、第225条的规定，机动车的物权转让自交付时发生效力，所有权转让登记仅仅是用以对抗善意第三人的要件，不影响机动车物权发生变动。实践中常常出现机动车已经实际地进行转让并交付，但是没有办理转让登记，按照物权编的规定，毫无疑问此时机动车的所有权已经转让给了受让人。在这种情况下如发生交通事故造成损害，赔偿责任应当由哪一方来承担，成为需要解决的重要问题。

一、机动车买卖未过户发生交通事故的情形

按照此条规定，发生交通事故造成损害后，如果判定属于机动车一方的责任，则由机动车的受让人承担赔偿责任。在机动车所有权转移所采的登记对抗主义下，机动车买卖中即使未办理过户登记手续，只要没有善意第三人对该机动车所有权提出主张，其在法律上就取得了机动车的所有权。换言之，机动车原来的所有人已经不再是真正的所有人了，更不是机动车的占有人，即使还未办理登记。当原所有人将机动车交付后，此时机动车的原所有人已基本丧失了对机动车的占有、使用、收益、处分权能。由于其已经丧失了对机动车实际控制的能力，其既不能支配机动车的运行，也不能从该机动车获得运行利益，对于机动车运行所产生的风险当然也在原所有人的控制能力以外；而且未办理登记手续的行为也与机动车交通事故致人损害的后果并不具有因果关系。而当在机动车进行合法交付以后，受让人已经成为新所有人，虽然还未正式办理登记。此时，受让人实际地对机动车享有占有、使用、收益、处分的权能，直接控制着该机动车，因此其支配机动车的运行，也享有机动车的运行利益，成为事实上的"保有人"。所以，在该机动车发生事故致人损害后，机动车实际使用人应当承担损害赔偿责任。

二、所有权保留的机动车交付后发生交通事故的情形

另一种常见的情形是分期付款购买机动车而采用所有权保留的交易方式。是为了担保出让人债权的实现,在保留一部分所有权权能的情形下,由出让人按照买卖合同的约定将机动车交付给受让人占有、使用、收益。但是在受让方未履行支付价款或者其他合同义务之前,该机动车的所有权仍然归出让人所有,如果受让人违约,出让人得依据其所有权,取回该机动车。在这种情形下,虽然出让人仍然是机动车实际的所有权人,但是从机动车交付时起,出让人除了在受让人违约情形下有取回权以外,不再实际地享有占有、使用、收益等权能。也就是只有受让人才对机动车的运行有实际的控制权,而且机动车的运行也是为了使受让人享有运行利益。因此,在这种情形下,假如发生交通事故造成损害,同样也应当由受让人作为责任主体承担赔偿责任。故所有权保留的分期付款交易方式并不影响受让人对机动车的实际控制,其仍然实际地拥有运行支配力,并享有运行利益,因此也同样由受让人承担赔偿责任。

第一千二百一十一条　以挂靠形式从事道路运输经营活动的机动车,发生交通事故造成损害,属于该机动车一方责任的,由挂靠人和被挂靠人承担连带责任。

释　义

本条是关于以挂靠形式从事道路运输经营活动的机动车发生交通事故的责任规定,是侵权责任编新增加的内容。

本条是由司法解释转化而来的规定。《最高人民法院关于审理道路交通事故损害赔偿案件适用法律若干问题的解释》第3条规定:"以挂靠形式从事道路运输经营活动的机动车发生交通事故造成损害,属于该机动车一方责任,当事人请求由挂靠人和被挂靠人承担连带责任的,人民法院应予支持。"

机动车挂靠是我国社会经济中一个比较特殊的现象,主要是为了满足法律或者地方政府对车辆运输经营管理上的需要,个人将自己出资购买的机动车挂靠于某个具有客运或者货运许可经营权的单位,然后该单位为挂靠车主代办各种相应的法律手续。过去在实践中当挂靠人发生交通事故时,是应当

由单位赔偿还是机动车所有人赔偿,被挂靠人是否需要承担责任以及如何承担责任,一直有很大的争议。从机动车所有人与被挂靠人的内部关系来看,一般是机动车所有人向被挂靠人缴纳挂靠费,车籍、车辆营运证、税务登记等都登记在被挂靠人名下,但是事实上机动车由机动车所有人独立经营,自负盈亏,与被挂靠人无关。实践中有的做法是由挂靠人和被挂靠人承担连带赔偿责任;也有的地方是原则上由挂靠人承担责任,但由于被挂靠人收取管理费用,也需要在费用范围内承担连带责任;另有地方是仅由挂靠人承担责任,被挂靠人不承担赔偿责任。

为了统一司法适用,2012 年《最高人民法院关于审理道路交通事故损害赔偿案件适用法律若干问题的解释》统一规定为连带责任。民法典编纂中也借鉴了这一既有司法解释的成果,将司法实践中已经成熟的规则吸收为法律规定。这一规定有利于被挂靠人强化对挂靠人的管理,从而避免损害的发生。

被挂靠人和机动车所有人承担连带责任的理由在于,首先,基于"运行支配"和"运行利益"标准,机动车所有人实际控制机动车的运行,也因该机动车的运行享有利益,对事故的发生应当承担赔偿责任。其次,根据权利义务相一致原则,被挂靠人既然收取了管理费用,就要承担一定的管理义务,无法完全隔离在责任之外。而且被挂靠人对于挂靠机动车的运行是可以控制的,客观上也可以由该机动车的运行获得利益。例如,被挂靠人可以通过对挂靠人的选择、管理、监督来实现控制,而且被挂靠人获得的不仅仅是管理费用,还包括因接受机动车挂靠而使得单位规模扩大、市场份额增加等利益。因此,在挂靠机动车发生交通事故后,被挂靠人和机动车所有人承担连带责任。即使被挂靠人与机动车所有人对责任承担有内部约定,也不可对抗第三人。

本条将以挂靠形式从事道路运输经营活动的机动车,发生交通事故造成损害规定为连带责任,有利于促使从事道路交通运输经营的公司加强管理,从而减少违法行为,维护正常的运输经营市场秩序。

第一千二百一十二条　未经允许驾驶他人机动车,发生交通事故造成损害,属于该机动车一方责任的,由机动车使用人承担赔偿责任;机动车所有人、管理人对损害的发生有过错的,承担相应的赔偿责任,但是本章另有规定的除外。

释　义

本条是关于擅自驾驶他人机动车发生交通事故的责任规定,是侵权责任编新增加的内容。

本条是由司法解释转化而来的规定。《最高人民法院关于审理道路交通事故损害赔偿案件适用法律若干问题的解释》第2条规定:"未经允许驾驶他人机动车发生交通事故造成损害,当事人依照侵权责任法第四十九条的规定请求由机动车驾驶人承担赔偿责任的,人民法院应予支持。机动车所有人或者管理人有过错的,承担相应的赔偿责任,但具有侵权责任法第五十二条规定情形的除外。"弥补了《侵权责任法》就未经允许驾驶机动车如亲友之间擅自驾驶他人机动车时,责任规则的不足,具有积极意义。

未经允许驾驶他人机动车,即擅自驾驶,是指没有获得机动车的所有人或管理人的同意而驾驶他人的机动车。主要有这几种情形:第一,发生在亲朋好友等存在特定关系的人之间,尤其是子女和父母之间。第二,没有特定关系的人偷开机动车。这和盗抢机动车不同,并不以非法占有机动车为目的,只是未经许可暂时驾驶了他人的机动车。

基于"运行支配"和"运行利益"标准,实际支配机动车运行,且因运行机动车产生利益的是机动车使用人,因此对于未经允许驾驶他人机动车发生交通事故造成损害的,如果属于机动车一方责任的,由机动车使用人承担赔偿责任。

如果机动车所有人或者管理人对损害的发生有过错,即存在管理或者保管上的过失时,就要根据过错承担相应的赔偿责任。那么如何认定机动车所有人或者管理人的过错?需要具体结合案件的实际情况来判断,比如所有人离开该机动车却没有熄火,导致其他人偷开机动车发生交通事故;修车厂的师傅没有对所修机动车尽到妥善的管理义务,致使其他人偷开机动车发生交通事故;等等。如果机动车所有人和管理人不存在管理或者保管上的过失,由于其在事故发生时既不是车辆运行的实际控制者,也不享有任何运行利益,那么就不应当承担赔偿责任。

"本章另有规定的"情况,主要是指盗抢机动车的情形,如果擅自驾驶他人机动车构成盗窃、抢劫或者抢夺,则应当按照第1215条盗抢机动车发生交通事故的责任规则处理。

第一千二百一十三条　机动车发生交通事故造成损害,属于该机动车一方责任的,先由承保机动车强制保险的保险人在强制保险责任限额范围内予以赔偿;不足部分,由承保机动车商业保险的保险人按照保险合同的约定予以赔偿;仍然不足或者没有投保机动车商业保险的,由侵权人赔偿。

释　义

本条是关于机动车强制保险、商业保险的赔偿规定,在本章中统一明确了机动车强制保险赔偿、商业保险赔偿以及侵权人本人赔偿的适用顺序,是在《侵权责任法》基础上新增加的内容。

一、机动车强制保险、商业保险、侵权人赔偿的适用顺序

实践中,不少机动车所有人,除了依法投保机动车交通事故责任强制保险以外,还会主动投保机动车第三者责任商业保险。在发生机动车交通事故后,如何适用交强险和商业险进行赔偿是司法实践中争议很大的问题。过去在《侵权责任法》中没有关于交强险和商业险的适用关系规定,保险公司先行赔付的规定也分散在机动车交通事故各种情形之中。此次《民法典·侵权责任编》单列一条单独对机动车强制保险赔偿、商业保险赔偿、侵权人赔偿的适用关系进行规定。

这一规定同样也由司法解释规定转化而来。《最高人民法院关于审理道路交通事故损害赔偿案件适用法律若干问题的解释》第 16 条规定:"同时投保机动车第三者责任强制保险(以下简称'交强险')和第三者责任商业保险(以下简称'商业三者险')的机动车发生交通事故造成损害,当事人同时起诉侵权人和保险公司的,人民法院应当按照下列规则确定赔偿责任:(一)先由承保交强险的保险公司在责任限额范围内予以赔偿;(二)不足部分,由承保商业三者险的保险公司根据保险合同予以赔偿;(三)仍有不足的,依照道路交通安全法和侵权责任法的相关规定由侵权人予以赔偿。被侵权人或者其近亲属请求承保交强险的保险公司优先赔偿精神损害的,人民法院应予支持。"

当机动车发生交通事故造成损害，属于该机动车一方责任的，按照这种顺序确定赔偿责任：（1）首先由承保机动车强制保险的保险人在强制保险责任限额范围内予以赔偿。根据《机动车交通事故责任强制保险条例》第 23 条，机动车交通事故责任强制保险在全国范围内实行统一的责任限额。为了使机动车交通事故责任强制保险赔偿金的分配与人身伤亡、财产损失的风险程度、保障水平相匹配，我国机动车交通事故责任强制保险的限额还采取了分项限额，即将责任限额分为四类，包括死亡伤残赔偿限额、医疗费用赔偿限额、财产损失赔偿限额以及被保险人在道路交通事故中无责任的赔偿限额，然后在每一类中分别规定责任限额。（2）对于交强险赔偿不足的部分，则由承保机动车商业保险的保险人按照保险合同的约定予以赔偿。（3）如果仍然不足或者没有投保机动车商业保险的，则由侵权人赔偿。

二、机动车责任强制保险与商业险的关系

按照《道路交通安全法》的规定，机动车第三者责任保险是由法律直接加以规定的强制保险，是所有应当投保的机动车的所有人都必须参加的保险，而不是当事人自愿购买的。机动车责任强制保险，目的不仅仅是为了分散风险，还在于填补被保险人即机动车的所有人或使用人对交通事故的被侵权人应当承担的赔偿责任，使其获得快速便捷的赔偿。与一般投保的商业保险不同，机动车责任强制保险的出发点是保护机动车交通事故受害人和社会大众的利益，体现公共政策的要求，具有明显的公益性。[1] 机动车责任强制保险要求机动车所有人必须投保，非基于法定事由不得解除保险合同；保险人不得拒绝承保，且经营此项保险以不营利、不亏损为原则。而机动车商业险则是机动车所有人自愿的行为，更多地体现了机动车所有人依照市场价格机制和责任保险制度将赔偿责任分散给社会大众、转嫁风险的要求。[2]

总体而言，在我国机动车责任强制保险的责任限额比较低。一是因为强制责任保险仅为被侵权人提供一定额度的赔偿保障；二是保险人的强制责任险业务与其他保险业务分开管理、单独核算，强制责任险赔偿限额的制定必须考虑保险人的承受能力。因此，在发生交通事故后，如果机动车所有人同时投

---

[1]　参见邹海林：《责任保险论》，法律出版社 1999 年版，第 91 页。

[2]　参见李明发、王俊超：《机动车交通事故责任险与民事赔偿关系研究》，《法学家》2007 年第 5 期。

保了两种责任保险,先由承保机动车强制保险的保险人在强制保险责任限额范围内予以赔偿。机动车另行投保的机动车商业保险,在机动车责任强制保险责任限额不足的情况下,发挥补充赔偿的作用。两种责任保险共同发挥作用,为当事人提供全面的保护。

总之,本条总结了我国道路交通事故案件的审判经验,对机动车责任强制保险赔偿、商业保险赔偿、侵权人赔偿适用顺序予以明确,有助于规范交通事故责任损害赔偿的具体赔偿程序。

第一千二百一十四条　以买卖或者其他方式转让拼装或者已经达到报废标准的机动车,发生交通事故造成损害的,由转让人和受让人承担连带责任。

释 义

本条是关于转让拼装机动车或者已达到报废标准的机动车,发生交通事故造成损害的赔偿责任规定。本条承继自《侵权责任法》第51条。

拼装机动车,是指没有制造、组装机动车许可证的企业或个人,擅自非法制造、拼装的机动车。报废机动车,是达到国家报废标准,或者虽未达到国家报废标准,但发动机或者底盘严重损坏,经检验不符合国家机动车运行安全技术条件的机动车。

由于研发、生产机动车需要以一定的技术水平为基础,也必须符合国家、行业相关的技术标准,否则势必对公众的人身安全和财产安全构成严重的威胁,所以生产机动车并不是一件随意的事,必须经国家有关部门批准,不得擅自拼装。而且机动车属于损耗品,使用寿命有限,随着使用的时间增长,零部件的损耗会逐渐严重,因此国家对机动车也设置了报废标准。达到强制报废标准的机动车,按照规定不得再上路行驶。对报废的机动车部件的拆解、回收也受到国家严格的监督管理。相关内容在国务院颁布的《报废机动车回收管理办法》中有所规定,要求必须将报废汽车交售给报废汽车回收企业,报废汽车回收企业在报废前也必须进行登记、拆解。拆解下的发动机、方向机、变速器、前后桥和车架应当作为废金属,交售给钢铁企业冶炼原料;其他零部件如果能够继续使用的,可以出售,但必须标明"报废汽车回用件"字样。因此达到国家强制报废标准的机动车,既不能再继续上路行驶,也不能自行拆解,也不能将整车或者零部件出售、赠与非报废汽车回收企业进行利用,只能交售给报废汽车回收企业处理。

为了进一步防止拼装机动车或者报废机动车投入道路交通运输中,危害公众人身安全和财产安全,对于这一类机动车发生交通事故产生的责任,侵权责任编规定由转让人和受让人承担连带责任。并且不论转让人和受让人是否知道,只要双方之间转让的是拼装机动车或者报废机动车,即推定转让人和受让人明知该机动车是拼装或报废的。这主要是因为,拼装或报废机动车本身就是严禁自由流通、严禁上路行驶的。基于我国机动车强制报废制度,转让人不可能不知晓该机动车为拼装车或报废车。并且在办理机动车移转登记时,当事人也应当向交管部门交验机动车,受让人在此过程中也应是明知的。所以法律规定对于发生的交通事故由转让人和受让人承担连带责任。另外,依照法律规定,转让的方式不仅包括买卖,还包括赠与等其他方式。如此规定有利于预防转让、驾驶拼装车、报废车行为的发生,也有利于交通事故中的受害人获得充分赔偿,保护公众的人身安全和财产安全。

第一千二百一十五条　盗窃、抢劫或者抢夺的机动车发生交通事故造成损害的,由盗窃人、抢劫人或者抢夺人承担赔偿责任。盗窃人、抢劫人或者抢夺人与机动车使用人不是同一人,发生交通事故造成损害,属于该机动车一方责任的,由盗窃人、抢劫人或者抢夺人与机动车使用人承担连带责任。

保险人在机动车强制保险责任限额范围内垫付抢救费用的,有权向交通事故责任人追偿。

释　义

本条是关于盗抢机动车发生交通事故造成损害的赔偿责任规定。本条承继自《侵权责任法》第52条,在内容上增加了盗窃人、抢劫人或者抢夺人与机动车使用人分离的情形。

一、责任主体

关于机动车被盗窃、抢劫或抢夺后,发生交通事故造成损害时,责任主体确定的问题,司法实践和学术观点较为一致。盗窃、抢夺作为非法行为,其发生往往具有不可预见性和突发性。在机动车发生盗抢后,出现所有人与机动车分离的形态。机动车所有人即丧失了对机动车的运行支配力,而这种支配力的丧失是盗抢者的违法行为造成的,又是所有人不情愿的,有时还是所有人不知道、没有预想到的。而且,盗抢行为也切断了机动车所有人对车辆运行利益的合法归属。所以通常情况下,均认定盗窃人、抢劫人或抢夺人为赔偿责任主体。而驾驶盗抢的机动车上路行驶,通常更会对他人的生命财产安全和公共安全带来极大的危害。因为盗抢者不是机动车合法所有者,自认为可以逃脱法律的制裁,更容易发生不遵守交通法规,甚至漠视他人生命财产安全的情况。所以法律也规定其承担民事责任,有利于保护受害人的权益,预防此类侵权行为的发生。

关于机动车所有人对机动车被盗抢存在过失时,是否对发生交通事故造成的损害承担赔偿责任,则有一些争议。支持者认为,如果机动车所有人没有尽到对机动车妥善保管的注意义务,对机动车被盗窃、抢劫或抢夺的发生有过错时,应当在过错限度内对发生的交通事故承担赔偿责任;或者所有人在机动车被盗抢没有及时报警、采取措施减少可能发生的损失时,也应当承担补充责任。反对者认为,机动车所有人在机动车被盗抢后已经丧失了对机动车的支配权,也没有相应的运行利益,也就不再对该机动车发生事故造成的损害承担赔偿责任。侵权责任编采纳了后一种观点。也就是即使因所有人的过失导致机动车被盗抢,所有人对该机动车发生事故造成的损害也不承担赔偿责任。因为机动车被盗窃、抢劫或抢夺,即使是由所有人对机动车保管上的疏忽而导致的,也与机动车发生交通事故没有直接的因果关系,交通事故的发生完全是盗抢者支配车辆运行的结果。因此也应当由盗抢者对交通事故造成的损害承担赔偿责任,机动车所有人不承担赔偿责任。但是要注意的是,在认定机动车盗抢的事实上需要谨慎,并且在司法中需要有明确的判断标准,避免出现机动车所有人制造交通事故后,以机动车被盗抢为借口而拒绝承担赔偿责任,引发道德风险。

二、机动车盗抢者与机动车使用人分离的情形

相比《侵权责任法》,《民法典·侵权责任编》还考虑到了一种特殊情形,也就是在机动车被盗窃、抢劫、抢夺后,发生交通事故造成损害时的机动车使

用人并不是盗抢者本人的情况。侵权责任编规定,在这种情况下由机动车使用人和盗抢者承担连带责任。此时机动车使用人和盗抢者分离的情形,不同于机动车所有人和盗抢者作为使用人分离的情形。后者并不存在机动车所有人的侵权行为,没有承担赔偿责任的理由和基础。而在前面一种情形下,交通事故的发生,既与盗抢事实有关,也与其他使用行为有关,而且盗抢者和使用人往往是同一团伙的成员,将盗抢者和使用人两者作为共同侵权人并无不可。因此对于发生交通事故造成的损害,规定盗抢者与使用人承担连带责任。

由于被盗抢的机动车发生交通事故后,大多数情况下,肇事者为了避免盗抢的犯罪事实被发现,往往会对受害人弃之不顾。所以本条也规定了保险公司垫付抢救费用的内容,目的是使受害人能够得到及时的救治;当然也赋予了保险公司对交通事故责任人的追偿权。此条款源自《机动车交通事故责任强制保险条例》第22条,该条规定被保险机动车被盗抢期间肇事的,由保险公司在机动车交通事故责任强制保险责任限额范围内垫付抢救费用,并有权向致害人追偿。《民法典·侵权责任编》也作出相应规定,机动车被盗窃、抢劫或抢夺后发生交通事故造成损害,保险公司在机动车强制保险责任限额范围内垫付抢救费用的,有权向交通事故责任人追偿。

第一千二百一十六条 机动车驾驶人发生交通事故后逃逸,该机动车参加强制保险的,由保险人在机动车强制保险责任限额范围内予以赔偿;机动车不明、该机动车未参加强制保险或者抢救费用超过机动车强制保险责任限额,需要支付被侵权人人身伤亡的抢救、丧葬等费用的,由道路交通事故社会救助基金垫付。道路交通事故社会救助基金垫付后,其管理机构有权向交通事故责任人追偿。

释 义

本条是关于机动车驾驶人发生交通事故后逃逸的赔偿规定。本条承继自《侵权责任法》第53条,内容上将抢救费用超过机动车交通事故责任强制保险限额的,增列为道路交通事故社会救助基金垫付的情形。

机动车驾驶人发生交通事故后逃逸,是指发生交通事故后,侵权人为了逃避法律责任的追究,驾驶车辆或者遗弃车辆逃离事故现场的行为。我国《刑法》《道路交通安全法》分别对交通肇事后逃逸的行为规定了刑事责任和行政责任。对于肇事逃逸造成受害人的人身损害或财产损害,《民法典·侵权责任编》也有相应的民事责任规定。

按照本条规定,在机动车驾驶人发生交通事故逃逸后,如果肇事机动车参加了强制保险,则由保险人在机动车强制保险责任限额范围内予以赔偿。这是针对发生交通事故后能够锁定肇事机动车且该机动车参加了强制保险的情形。如果肇事车辆经查明已参加强制保险,受害人依据本条规定可以直接要求保险人在强制保险责任限额范围内予以赔偿。这是在我国机动车强制保险责任制度下,保险人承担的法定责任,无须证明机动车一方有无过错与责任大小。

在发生交通事故造成损害后,有时受害人难以及时获得救济,比如,机动车驾驶人驾车逃逸,出现难以查明肇事机动车的具体情况;或者肇事的机动车没有按照法律规范参加强制保险;或者受害人所需的抢救费用超出了机动车交通事故责任强制保险责任限额。在这些情况下,为了及时保障受害人的权益,依照本条规定,则需要由交通事故社会救助基金先行垫付。交通事故社会救助基金是在发生前述情况时对受害人进行救助的补充保障制度。先行垫付的范围包括受害人人身伤亡的抢救、丧葬等费用。其中抢救费用指的是医疗机构按照《道路交通事故受伤人员临床诊疗指南》,对生命体征不平稳和虽然生命体征平稳但如果不采取处理措施会产生生命危险,或者导致残疾、器官功能障碍,或者导致病程明显延长的受伤人员,采取必要的处理措施所发生的医疗费用。目的是使受害人能够得到最基本的抢救、治疗。

相应地,对于道路交通事故社会救助基金先行垫付的费用,在查明肇事机动车后,其管理机构有权向交通事故责任人追偿。当然,也需要根据找到的肇事车辆是否参加强制保险的不同情形作不同处理。即如果查明的机动车已参加强制保险,对于道路交通事故社会救助基金先行垫付的费用,其管理机构既有权向交通事故责任人追偿,也有权向保险人追偿。

第一千二百一十七条　非营运机动车发生交通事故造成无偿搭乘人损害,属于该机动车一方责任的,应当减轻其赔偿责任,但是机动车使用人有故意或者重大过失的除外。

释 义

本条是关于在非营运机动车无偿搭乘的情形下，发生交通事故造成无偿搭乘人损害的赔偿责任规定，是侵权责任编新增加的内容。

机动车交通事故责任一般是针对机动车与机动车、非机动车驾驶人、行人之间发生交通事故，造成本车以外人员损害而产生的责任。有权获得机动车交通事故责任强制保险赔偿金的受害人也不包括被保险人本身，以及发生交通事故时该机动车车上承载的人员。之所以把这两类人员排除在外，主要是为了防范道德风险，降低制度成本。

但还有一种常见的情况——无偿搭乘，比如下班后好心免费搭载顺路的同事一程。假如无偿搭乘人在机动车交通事故中发生损害。那么，他人经允许无偿搭乘机动车，该机动车发生事故造成无偿搭乘人发生人身、财产损害时，应当由谁承担赔偿责任呢？

对于非营运车辆无偿搭乘的情况，《民法典·侵权责任编》首次进行了规定。好意施惠是助人为乐的好事，社会本应该予以提倡和支持。但在法律层面上讲，虽然是非营运车辆，驾驶人同样对车上的人员有安全保障义务。对于无偿搭乘人所受的损害，仍然由机动车一方承担责任。但是依照本条规定，应当相应地减轻机动车一方的赔偿责任。因为无偿搭乘一般发生在亲戚、朋友之间，彼此存在一种信任关系，无偿搭乘人对于可能发生的风险有一定的预测和认知能力，一定程度上也承担着一部分风险。另外，也是出于鼓励社会互助行为。如果对于无偿搭乘人所受到的损害，机动车一方必须承担全部赔偿责任，今后社会中好意同乘的现象必然会大幅减少。但是，如果机动车交通事故是由机动车驾驶人出于故意或者重大过失造成的，则不能减轻机动车一方的责任。总体而言，这一规则有助于鼓励社会互助行为，也有助于平衡搭乘人和机动车一方之间的利益关系。

需要注意，该机动车必须为非营运机动车。对于营运车辆无偿搭乘的情况，则根据《民法典·合同编》第823条的规定来处理。该规定为："承运人应当对运输过程中旅客的伤亡承担赔偿责任；但是，伤亡是旅客自身健康原因造成的或者承运人证明伤亡是旅客故意、重大过失造成的除外。前款规定适用于按照规定免票、持优待票或者经承运人许可搭乘的无票旅客。"如果属于货车载客,那么违反了《道路交通安全法》第 50 条"禁止货运机动车载客。货运机动车需要附载作业人员的,应当设置保护作业人员的安全措施"的规定。经货车承运人许可的随车押运人员受到人身损害的,可以准用客运合同的规定。

关于无偿搭乘人出于谢意给予机动车驾驶人礼物,或者分担油费、过路费等,是否属于"无偿搭乘"的情形,还存在分歧。反对者认为,无偿搭乘应当是完全的无偿。分担油费等也是支付了一部分费用,不属于无偿搭乘的情况。但本书认为,如果仅仅是出于谢意赠与礼物或者分担了成本,并未在成本之外给予驾驶人额外的报酬,不构成搭乘行为的对价给付,仍然属于无偿搭乘,同样适用本条规定。

第六章　医疗损害责任

本章导言 ▶

　　医疗与每个人的生命健康息息相关。一个设计合理并有效运转的医疗服务体系可以最大限度地保障公民的健康权利。但医疗活动本身具有风险性，可能给患者造成生命健康损害。如何合理地分配医疗损害、保障患者安全、遏制医疗损害成为一个重要的法律问题。2009年《侵权责任法》第七章规范了医疗损害责任，明确了以过错责任为归责原则的医疗损害责任体系，解决了长期以来司法实务在法律适用上的"双轨制"，具有里程碑式的意义。本章在《侵权责任法》第七章基础上，根据近年来理论的发展和实践的需要对部分条文进行了修订和完善。

　　本章共11条，包含了医疗损害责任的过错责任原则和责任主体、医方的告知说明义务以及违反该义务的责任、紧急专断治疗、违反适当诊疗义务的责任、对医疗过错的推定、医疗产品和输血责任、不承担责任的原因、病历制作保管提供义务、对患者隐私和个人信息保护义务及其责任、禁止过度检查，以及对医疗机构和医务人员合法权利保护等内容。

　　第一千二百一十八条　患者在诊疗活动中受到损害，医疗机构或者其医务人员有过错的，由医疗机构承担赔偿责任。

释　义

　　本条是对医疗损害责任的归责原则及责任主体的规定。本条来源于《侵权责任法》第54条："患者在诊疗活动中受到损害，医疗机构及其医务人员有过错的，由医疗机构承担赔偿责任。"与原条文相较，该条将"医疗机构及其医务人员有过错的"修订为"医疗机构或者其医务人员有过错的"。

本条承继《侵权责任法》第 54 条的规定,明确患者在诊疗活动中所遭受的损害,均可以主张损害赔偿。其规范意义在于:

一、医疗损害责任规范调整患者因诊疗活动所遭受的损害

医疗损害责任是因诊疗活动产生的侵权责任。对于"诊疗活动"的范围,《医疗机构管理条例实施细则》第 88 条第 2 款规定:"诊疗活动:是指通过各种检查,使用药物、器械及手术等方法,对疾病作出判断和消除疾病、缓解病情、减轻痛苦、改善功能、延长生命、帮助患者恢复健康的活动。"诊疗活动的法律基础,主要是医疗服务合同,也可以基于强制医疗、医疗无因管理、医疗紧急避险等原因产生。诊疗活动的目的,主要是治疗疾病、维护健康、缓解病情、减轻痛苦、改善功能、延长生命等,但也包括为其他主观目的如美容所实施的医疗行为。《医疗机构管理条例实施细则》第 88 条第 3 款规定:"医疗美容:是指使用药物以及手术、物理和其他损伤性或者侵入性手段进行的美容。"从上述定义看,诊疗活动和医疗美容的区别主要在于其目的,而其行为的专业性、对人身的侵害性等方面均是相同的。《最高人民法院关于审理医疗损害责任纠纷案件适用法律若干问题的解释》第 1 条第 2 款规定:"患者以在美容医疗机构或者开设医疗美容科室的医疗机构实施的医疗美容活动中受到人身或者财产损害为由提起的侵权纠纷案件,适用本解释。"从该司法解释的适用范围看,本条所规定的"诊疗活动"应作扩张解释,即包括医疗美容在内,医疗美容活动造成人身或者财产损害的也应适用医疗损害责任规范。

二、承担医疗损害责任不以存在"医疗事故"为前提条件

本条所承继的《侵权责任法》第 54 条,解决了在此之前长期困扰理论和实务界的医疗损害责任"双轨制"的问题。所谓双轨制,是基于《民法通则》《最高人民法院关于审理人身损害赔偿案件适用法律若干问题的解释》,与《医疗事故处理条例》《最高人民法院关于参照〈医疗事故处理条例〉审理医疗纠纷民事案件的通知》所造成的构成医疗损害责任是否以"属于医疗事故"为前提的争议。根据《民法通则》第 106 条第 2 款和第 119 条的规定,医疗过失行为侵害他人生命健康权的,患者即可主张损害赔偿。但 2002 年国务院《医疗事故处理条例》第 49 条第 2 款规定:"不属于医疗事故的,医疗机构不承担

赔偿责任。"而2003年1月《最高人民法院关于参照〈医疗事故处理条例〉审理医疗纠纷民事案件的通知》规定:"条例施行后发生的医疗事故引起的医疗赔偿纠纷,诉到法院的,参照条例的有关规定办理;因医疗事故以外的原因引起的其他医疗赔偿纠纷,适用民法通则的规定。"由于《医疗事故处理条例》规定的构成医疗事故的标准较为严格,且其赔偿标准较《最高人民法院关于审理人身损害赔偿案件适用法律若干问题的解释》低,实践中造成了"医疗事故赔偿"和医疗事故之外的"医疗差错赔偿"的两种路径,在责任构成、鉴定程序、赔偿标准上均有较大差异,使法院在审判中莫衷一是,有损法制统一。《侵权责任法》第54条规定了患者在诊疗活动中遭受的损害均可请求损害赔偿,结束了此种双轨制,具有重要的意义。2018年7月国务院颁布的《医疗纠纷预防和处理条例》,也取消了医疗事故赔偿的概念和赔偿标准的规定,其第22条规定:"发生医疗纠纷,医患双方可以通过下列途径解决:(一)双方自愿协商;(二)申请人民调解;(三)申请行政调解;(四)向人民法院提起诉讼;(五)法律、法规规定的其他途径。"第44条规定:"发生医疗纠纷,需要赔偿的,赔付金额依照法律的规定确定。"从而将损害赔偿统一到了《侵权责任法》的规范上来。本条延续了《侵权责任法》第54条的规范意旨,对法律适用的统一具有重要意义。

三、医疗服务合同纠纷不适用医疗损害责任规范

《最高人民法院关于审理医疗损害责任纠纷案件适用法律若干问题的解释》第1条第3款规定:"当事人提起的医疗服务合同纠纷案件,不适用本解释。"在医疗活动中,多数情况下患者与医疗服务提供者之间存在医疗服务合同关系。当医疗服务合同当事人不履行或者不适当履行其合同义务时,违约相对方可以主张违约责任。但医疗服务合同的履行直接关涉患者的人身权利,医疗机构不履行义务或者不适当履行其义务时,一般会造成患者生命权、健康权等物质性人格权益,及知情同意权、隐私权和个人信息等精神性人格权益等受损。此类对绝对权的侵害,除可以通过违约责任获得救济之外,也可以通过侵权责任予以救济。对此,大陆法系国家如德国、日本司法实践中主要以合同责任加以调整,而英美法系主要以侵权行为法调整。

在我国民法上,同一法律事实同时构成违约责任与侵权责任,产生责任竞合。《民法典》第186条规定:"因当事人一方的违约行为,损害对方人身权

益、财产权益的,受损害方有权选择请求其承担违约责任或者侵权责任。"故患者因医疗服务合同的不适当履行造成人身权益损害的,可以就侵权责任或者违约责任择一行使请求权。最高人民法院在《民事案件案由规定》中,既在"服务合同纠纷"之下规定了"医疗服务合同纠纷"的案由,也在侵权责任纠纷中规定了"医疗损害责任纠纷",并包含有"侵害患者知情同意权责任纠纷"和"医疗产品责任纠纷"两个下级案由。理论上说,患者可以自主选择违约责任请求权或者侵权责任请求权。

但在司法实践中,自《民法通则》第119条规定了侵害公民身体造成死亡或者伤害的民事责任以来,侵权责任成为医疗损害案件的基本路径。特别是2009年《侵权责任法》第七章专门规定了医疗损害责任,进一步明确了侵权责任路径的适用。因此,因医疗服务提供者违反诊疗义务、继续诊疗义务、建议转诊义务等构成医疗过失的(《民法典》第1221条及第1222条第1项),或者违反说明义务造成患者损害的(《民法典》第1219条),应当承担医疗侵权责任;因违反病历制作和保管义务而产生"隐匿或者拒绝提供与纠纷有关的病历资料"或者"遗失、伪造、篡改或者违法销毁病历资料"的,也可承担医疗侵权责任。违反隐私和个人信息保护义务侵害患者人格权益,可以依据《民法典》第1165条(过错责任)、第1183条(精神损害赔偿)承担侵权责任。

同样,如果患者违反其协力义务和遵守医嘱义务,所损害的是其自身的人格权益,属于对自身权益的不真正过失,应当免除或者减轻医疗服务提供者的侵权责任(《民法典》第1224条),而不是由医疗机构主张违约责任。

当然,当违约行为未损害患者的人身权益等固有利益,而是损害了合同履行利益时,仍然只能构成违约责任。这主要发生在以下几种情形中:

第一,违反适当诊疗义务。根据《民法典》第1227条,医疗服务提供者不得违反诊疗规范实施不必要的检查。如医疗服务提供者违反此项义务,但未造成患者生命、健康损害的,患者可基于医疗服务合同,要求返还多支出的医疗费用。根据目的解释,除了检查之外,违反诊疗规范的其他不必要诊疗行为,也可构成违约责任。

第二,违反医疗证明文件的制作和交付义务。医疗服务提供者未能如约及时、准确地制作和交付医疗证明文件的,患者有权依据《民法典》第577条、第580条之规定,要求医疗服务提供者承担继续履行、采取补救措施或者赔偿损失等违约责任。

第三，履行迟延。医疗服务合同订立后医疗机构迟延履行合同，如办理入院手续后因故未能使患者入院治疗的，基于人身不得强制的原则，患者无法请求强制履行，但可以根据《民法典》第 581 条之规定，要求医疗服务提供者负担费用，由第三人替代履行，或者根据《民法典》第 584 条之规定，要求损害赔偿。

第四，患者的违约责任。患者的主给付义务是支付医疗费用。患者未能如约支付医疗费用的，医疗服务提供者应当根据《民法典》第 579 条关于不履行金钱债务的违约责任的规定要求支付。

上述情形，均非本条和本章的适用范围。

四、医疗机构的组织过错责任

《侵权责任法》第 54 条规定医疗机构为医疗损害责任的责任主体，对于该责任的性质，当前主流观点认为属于替代责任，是《侵权责任法》第 34 条规定的用人单位责任在医疗领域内的延续，[1]是医疗机构作为用人单位对其所属医务人员的过失所承担的责任。而本条与《侵权责任法》第 54 条相比，将"医疗机构及其医务人员有过错"改为"医疗机构或者其医务人员有过错"。从文义上理解，"医疗机构及其医务人员有过错"应理解为医疗机构与其医务人员均有过错，而"医疗机构或者其医务人员有过错"则意味着医疗机构自身有过错，或者其医务人员有过错均可以构成侵权责任。此一改变意味着医疗机构因其自身的"独立"的过错，而非其所属的医务人员的过错，也应承担责任。这种医疗机构自身的过错，不同于医务人员"未达到当时医疗水平的"诊疗过错，而是医疗机构作为医疗活动的组织者和医疗风险的承担者所可能造成的组织过错。

现代医学体系发展之前，医师独立执业并承担个人责任。随着现代医学的发展，医疗逐渐演变为以医院为载体的系统性医疗服务，而现代意义上的医疗保障制度，特别是以"诊断相关组"（Diagnosis-Related Groups，DRGs）为代表的医疗费用控制体系推广后，加快了医疗从一种"纯粹的专业活动"向"提供

---

[1]　全国人大常委会法工委民法室：《中华人民共和国侵权责任法条文说明、立法理由及相关规定》，北京大学出版社 2010 年版，第 225 页。

专业服务的企业活动"的转变。① 替代责任说通过医疗机构与医务人员的雇佣关系,试图解决传统的医师个人责任与现代医疗服务体制高度组织化所带来的矛盾,但是,替代责任说不符合现代医疗风险的组织性特征:

第一,替代责任不符合现代医疗中风险来源的多样性。替代责任着眼于医疗机构与医务人员的雇佣关系,其责任构成的核心仍然是医务人员的主观过错,是个人过错基于雇佣关系向医疗机构的折射。但是,现代医疗不再是医务人员与医院之间单纯的雇佣关系,而是一系列复杂系统的集合。在这个系统集合中,医疗风险是由多种多样的原因和情况共同造成的,其中任何因素或者因素的组合,都可能蕴含医疗风险并现实化为患者的损害。实际上,医务人员能力不足很大程度上也来源于系统未能为其提供相关的训练、教育、支持、监督,以保证个体的适任。② 替代责任说忽略此种组织性风险,将医疗风险简化为医务人员自身未能尽到谨慎义务,显然仍停留在以个人过错作为规制对象的前工业时代思维场景中。

第二,替代责任专注于事后损害转嫁而忽视了事前的风险防范。替代责任模式以转嫁和分散患者的医疗损害为首要目标,虽然也标榜遏制或预防功能,但"在医疗替代责任模式下,风险预防功能取决于看医院在'代医师受过'后,能否'惩前毖后'地强化内部风险机制,预防类似不良事件重演"③。其对风险的防控,完全依托于医疗机构承担赔偿责任后的经济压力。"然而,医疗机构在'公立身份、私人行为'的人格扭曲和价值偏离之下,只能在防范医疗风险和经济效益最大化两者之间进行艰难权衡,防范医疗风险、为患者提供安全医疗服务的公益性目标,始终缺乏坚定的制度根基。"④现实中,医疗机构更多地是采取"压力向下传导"的方法,将医疗风险通过内部考核和效益管理机制转嫁给医务人员,把风险防范变为经济利益的算计。这种规范模式,并不能从根本上实现对组织性医疗风险的防范,反而将导致医务人员在医疗活动中畏首畏尾,以保全自己为一切活动的出发点,进一步加大了系统裂隙,增大了

---

① Kenneth S.Abraham and Paul C.Weiler, "Enterprise Medical Liability and the Evolution of the American Health Care System", *Harvard Law Review*, Vol.108, No.2(Dec., 1994), p.394.

② Suzette Woodward, *Rethinking Patient Safety*, Boca Raton:CRC Press, 2017, p.46.

③ 张博源:《我国医疗风险治理模式转型与制度构建——简评〈医疗纠纷预防与处理条例〉(送审稿)》,《河北法学》2016年第11期。

④ 张博源:《我国医疗风险治理模式转型与制度构建——简评〈医疗纠纷预防与处理条例〉(送审稿)》,《河北法学》2016年第11期。

系统风险。

第三,替代责任规则造成了责任性质上的混乱。替代责任的显著特点是行为人与责任人相分离,责任人为他人行为负责的前提必须是其自身没有过错。传统的替代责任来源于人与人之间的特殊关系,如监护人与被监护人之间的关系,但如果责任人对于损害的发生具有过错,那么其需要承担过错责任而非替代责任。① 现代医疗已基本上不再是单个医生的诊疗行为,而更多地表现为医疗体系的系统性活动,是一种"组织医疗",即"复数医疗人员的运作群体,各自依自己专业分担医疗行为之一部分,完成病患治疗的组织态样"②。医疗风险也主要表现为组织性风险。组织过错责任,是在认识到现代医疗行为的高度组织性后,从组织性风险的角度,将医务人员的行为作为组织行为的一环来看待,以医疗机构的组织过失吸收雇员的个人过失。在组织体系化的医疗中,医疗风险并非来自个别医务人员的医疗行为,而是整个医疗组织风险的体现,应当以组织系统是否达到应有的医疗水平进行过错判断。③

相对于传统的替代责任说,组织过错责任说具有明显的优势。

第一,有利于形成以患者安全为核心的医疗风险治理体系。因应医疗体系化的现实,组织过错责任可以避免医务人员为规避个人责任采取的防卫性医疗,及出现不良后果后采取对抗性策略,否认和掩盖医疗行为中的疏失,同时激励医疗机构更加谨慎地审视其医疗系统,及时总结和纠正医疗系统中暴露出的风险,不断提高患者安全保障水平。只要医疗机构能够善尽组织义务,就可以在很大程度上降低医务人员过失行为发生的概率与频率。④

第二,减轻患者的举证负担。患者无须证明诊疗过失是某个具体医务人员造成的,也无须证明是医疗系统哪一个环节出现了差错,或者医疗机构对医务人员的选任、管理、培训、组织上有过失,而只需要证明医疗机构所提供的诊疗活动没有达到客观上应当具有的诊疗注意义务水平,即可完成对过失的证明,从而减轻了证明负担。

第三,使医疗损害责任体系更具有逻辑性。组织过错责任不仅包括了医务人员在诊疗活动中因责任心或者医疗水平的欠缺而产生的损害,也包括了

---

① 参见郑晓剑:《〈侵权责任法〉第 54 条解释论之基础》,《现代法学》2014 年第 1 期。
② 黄丁全:《医事法新论》,法律出版社 2013 年版,第 450 页。
③ 参见郑晓剑:《〈侵权责任法〉第 54 条解释论之基础》,《现代法学》2014 年第 1 期。
④ 参见郑晓剑:《〈侵权责任法〉第 54 条解释论之基础》,《现代法学》2014 年第 1 期。

医疗机构医疗系统设计和执行上的差错而产生的损害,即杨立新教授所主张的"医疗管理损害责任"。① 同时,组织过错责任还可以包括由于科学发展风险所产生的损害,如新技术、新药物等使用所产生的损害。

五、医疗损害责任的责任主体

根据本条规定,医疗机构应对其医疗过失造成患者的损害承担赔偿责任。对于该条中的责任主体,应当根据我国法律所规定的医疗服务提供者的类型作扩张解释,使其包括医疗机构和个体医师。

我国的医疗服务提供者主要是医疗机构。《医疗机构管理条例》第 2 条规定:"本条例适用于从事疾病诊断、治疗活动的医院、卫生院、疗养院、门诊部、诊所、卫生所(室)以及急救站等医疗机构。"《医疗机构管理条例实施细则》第 2 条规定:"条例及本细则所称医疗机构,是指依据条例和本细则的规定,经登记取得《医疗机构执业许可证》的机构。"第 3 条对医疗机构的类别进行了列举,规定医疗机构包括:"(一)综合医院、中医医院、中西医结合医院、民族医医院、专科医院、康复医院;(二)妇幼保健院、妇幼保健计划生育服务中心;(三)社区卫生服务中心、社区卫生服务站;(四)中心卫生院、乡(镇)卫生院、街道卫生院;(五)疗养院;(六)综合门诊部、专科门诊部、中医门诊部、中西医结合门诊部、民族医门诊部;(七)诊所、中医诊所、民族医诊所、卫生所、医务室、卫生保健所、卫生站;(八)村卫生室(所);(九)急救中心、急救站;(十)临床检验中心;(十一)专科疾病防治院、专科疾病防治所、专科疾病防治站;(十二)护理院、护理站;(十三)医学检验实验室、病理诊断中心、医学影像诊断中心、血液透析中心、安宁疗护中心;(十四)其他诊疗机构。"医务人员一般不是医疗损害责任的责任主体。《执业医师法》第 14 条规定:"医师经注册后,可以在医疗、预防、保健机构中按照注册的执业地点、执业类别、执业范围执业,从事相应的医疗、预防、保健业务。"因此,我国执业医师在医疗(含预防、保健)机构中从事执业活动,是医疗机构的工作人员。在医疗服务提供者为医疗机构的情况下,医疗活动由该医疗机构通过其所属医务人员,乃至通过会诊(包括远程会诊)等方式组织医务人员实施,根据本条规定,也应由其所属医疗机构承担责任。

---

① 参见杨立新:《医疗管理损害责任与法律适用》,《法学家》2012 年第 3 期。

在我国医疗体制内还存在个体医师。《执业医师法》第 19 条规定："申请个体行医的执业医师,须经注册后在医疗、预防、保健机构中执业满五年,并按照国家有关规定办理审批手续;未经批准,不得行医。"即符合一定条件的执业医师,经申请和批准后,可以从事个体行医。个体行医的执业医师,是独立的医疗服务提供者,可以成为医疗服务合同的当事人。在医疗服务提供者为个体医师的场合,诊疗活动由该医师及其辅助人员(如护士)实施,责任应由个体医师承担。

第一千二百一十九条　医务人员在诊疗活动中应当向患者说明病情和医疗措施。需要实施手术、特殊检查、特殊治疗的,医务人员应当及时向患者具体说明医疗风险、替代医疗方案等情况,并取得其明确同意;不能或者不宜向患者说明的,应当向患者的近亲属说明,并取得其明确同意。

医务人员未尽到前款义务,造成患者损害的,医疗机构应当承担赔偿责任。

释　义

知情同意原则(Informed Consent Doctrine)是当代医患关系的基本原则,也是医疗行为正当性的基础所在。本条承续《侵权责任法》第 55 条,规定了患者对病情和治疗措施的知情同意权,以及医疗机构侵害患者知情同意权的法律责任。本条第 1 款第 1 句规定了医务人员在诊疗活动中对患者的说明义务,第 2 句规定了在实施特殊手术、特殊检查、特殊治疗时医务人员对患者的特别说明义务,以及患者在获得说明后对手术、检查和治疗的决定权。第 2 款则规定了侵害患者知情同意权时医疗机构所应负的赔偿责任。

一、医疗服务提供者的说明义务内容

根据本条规定,医疗服务提供者的说明义务主要包括两种情形:

第一,对病情和诊疗措施的一般说明义务,即在诊疗的全过程中,应当及时、准确、全面地向患者说明病情以及可能采取的诊疗措施,包括说明疾病的性质和发展程度,并应详细说明所采用药物如何服用、有无饮食禁忌、康复注

意事项等。

第二,特殊诊疗活动的特别说明义务。当根据病情需要应采取特殊诊疗行为时,医疗服务提供者的说明义务标准进一步提高,要具体向患者说明特殊医疗行为的性质、作用、有效率、风险和副作用等不利因素、可能的替代方案以及费用情况等。对于此处特殊诊疗行为的范围,民法典列举式规定了"手术、特殊检查、特殊治疗",但对何为特殊检查、特殊治疗并未做出界定。《医疗机构管理条例实施细则》第 88 条规定:"特殊检查、特殊治疗;是指具有下列情形之一的诊断、治疗活动:(一)有一定危险性,可能产生不良后果的检查和治疗;(二)由于患者体质特殊或者病情危笃,可能对患者产生不良后果和危险的检查和治疗;(三)临床试验性检查和治疗;(四)收费可能对患者造成较大经济负担的检查和治疗。"因此,特殊检查和治疗主要包括侵入性的检查和治疗,即可能对患者身体造成可见(如手术)或不可见(如大剂量辐射或者服用药物)侵害的诊疗行为,也包括可能产生较高费用的诊疗行为,而不包括那些虽然有侵入性,但不超出一般可忍受范围的诊疗行为,如为检验之需抽血等。

在手术和特殊检查、特殊治疗的情况下,医疗服务提供者除负有诊疗活动的一般说明义务外,还应负有具体的说明义务。本条要求"医务人员应当及时向患者具体说明医疗风险、替代医疗方案等情况",与《侵权责任法》第 55条第 1 款的规定相比较,本条对说明的程度和方式提出了要求,即应对医疗风险、替代医疗方案进行"具体"说明。

医疗服务提供者应当以患者能够理解的方式进行说明。《医疗纠纷预防和处理条例》第 17 条规定:"医疗机构应当建立健全医患沟通机制,对患者在诊疗过程中提出的咨询、意见和建议,应当耐心解释、说明,并按照规定进行处理;对患者就诊疗行为提出的疑问,应当及时予以核实、自查,并指定有关人员与患者或者其近亲属沟通,如实说明情况。"该规定对告知的方式和程度作出了较为细致的规定。

二、说明的对象

知情同意,是医疗过程中医患双方动态的权利义务关系,包含了医生对治疗情况的充分说明义务,和以之为前提的知情同意主体对医疗行为的决定权。因此,确定说明对象(知情同意主体)是首要问题。知情同意权是患者对自己生命健康的决定权,作为主体的自然人,其人身只能由其自己支配,因而知情同意的主体只能是患者。本条承继《侵权责任法》第55条,将说明对象和知情同意主体规定为患者,是对知情同意原则应有的回归。

在特殊情况下,医疗服务提供者享有医事特权(physician privilege),即在相关信息明显将给患者带来严重损害时,可免于向患者告知,并为患者利益告知患者之外的其他人。本条规定了"不宜"向患者说明时,应向患者近亲属说明,此即为"医事特权"。为了避免医事特权的滥用,医师行使医事特权时必须征询其他医疗服务提供者的同意。当相关信息不会再损害患者利益时,应当及时告知患者。

但是,《侵权责任法》第55条没有考虑到患者无法行使知情同意权的情形。有的患者缺乏以自己意思行使知情同意权的能力,如无民事行为能力人、限制民事行为能力人;有的患者因伤病等原因一时甚至永久丧失意识,如短时间昏迷,或者成为植物人状态,或者因手术麻醉而丧失意识等,而无法行使知情同意权。此时,应当由其监护人或者亲属代为行使知情同意权。《侵权责任法》第55条第1款第2句后半段虽然也规定了"不宜向患者说明的"可以以患者近亲属作为说明对象和知情同意主体,但是从文义解释角度,"不宜"应当是指向患者说明有关诊疗情况可能会影响患者健康和治疗,而非患者没有知情同意能力的情形,因此当出现患者无法行使知情同意权的情况时,无法适用《侵权责任法》第55条第1款第2句后半段的规定。

对此,本条在"不宜向患者说明"之外,增加了"不能向患者说明"的情形,作为不得向患者本人告知和说明的原因。当然,对于具有一定认知能力的未成年人、精神病人,也应当根据其认知能力适当考虑其意见,至少不应违背其自身的意愿。患者具有完全民事行为能力,但因伤病、麻醉等原因丧失自主意识和知情同意能力的,应当由谁来决定,值得推敲。例如患者全身麻醉进行探腹手术,术中发现患者其他器官也有病变的,医务人员基于减少患者痛苦和费用的考虑准备予以一并摘除,此时应当以患者亲属和其他关系人作为说明对象和知情同意主体,但其决定不得违背患者事前明示或得以推知的自主意志。

三、患者及其近亲属的医疗决定权

为实施手术或者特殊检查、特殊治疗,医务人员应当向患者或者其近亲属告知,并获得患者或者其近亲属的同意。《侵权责任法》第55条第1款规定了医务人员应当取得"书面同意",本条则修订为"明确同意",从而扩展了表示同意的形式,而不必拘泥于书面形式。

四、侵害知情同意权的责任

本条第2款承继了《侵权责任法》第55条第2款,规定医务人员未尽到本条第1款义务造成患者损害的,医疗机构应当承担赔偿责任。对于此处"损害"的性质,《侵权责任法》颁行后理论与实务界一直有争议,主要有"实际损害说"和"知情同意说"两种。实际损害说认为医务人员侵害患者的知情同意权只有在患者遭受人身损害时才能构成侵权责任,知情同意说则认为患者自主的精神利益即为知情同意权所包含的人格利益,对其侵害即可构成精神损害。

从体系解释的角度,本条紧随第1218条,两条中均使用了患者损害的概念,两个"损害"的内涵和外延应当是一致的。结合本条与第1218条、第1221条的关系,本条规定的未尽到说明和取得同意的义务与第1221条规定的"未尽到与当时的医疗水平相应的诊疗义务"并列的医疗机构或者其医务人员的"过错",其所指向的损害也应是相同的,即患者实际损害。

对此,《最高人民法院关于审理医疗损害责任纠纷案件适用法律若干问题的解释》第17条规定:"医务人员违反侵权责任法第五十五条第一款规定义务,但未造成患者人身损害,患者请求医疗机构承担损害赔偿责任的,不予支持。"该条司法解释也采用了实际损害的观点。

第一千二百二十条 因抢救生命垂危的患者等紧急情况,不能取得患者或者其近亲属意见的,经医疗机构负责人或者授权的负责人批准,可以立即实施相应的医疗措施。

释 义

本条与《侵权责任法》第56条内容相同,将紧急诊疗作为侵害患者知情同意权的阻却违法事由,是授权医疗服务提供者开展紧急诊疗的规定。

一、紧急诊疗的概念与正当性

根据《民法典》第1219条第2款的规定,医疗服务提供者未能向患者进行适当的说明，或在实施手术和特殊检查、特殊治疗时未能取得患者明确同意，造成患者损害的，应当承担侵权责任。而紧急诊疗是指当患者处于不立即实施医疗行为其生命可能遭受重大危险的紧急状态时，医生有权在没有获得患者知情同意的情况下按照应有的医疗方式进行治疗。这是因为疾病的发展往往超出人类的预计，在紧急情况下，若仍然囿于知情同意原则，则可能贻误诊治时机。为最大限度地保护患者的利益，医生应当享有不经患者同意而径行实施紧急处置的权利。

医生在紧急状态下获得治疗授权的原理在于，"推定一般人在这种情况下，都会同意医师先作紧急救治"①。此即所谓的"推定承诺说"。此时医师必须衡诸当时主、客观之紧急状况，依经验法则与逻辑法则而为推定，与民法无因管理相近。②《民法典》第182条第1款和第2款规定："因紧急避险造成损害的，由引起险情发生的人承担民事责任。危险由自然原因引起的，紧急避险人不承担民事责任，可以给予适当补偿。"当患者处于生命、身体的急迫危险之时，医生的紧急专断治疗行为自应符合紧急避险的要件而成为违法阻却事由。

此外，紧急诊疗还来源于医疗服务提供者的紧急诊治义务。《执业医师法》第24条规定："对急危患者，医师应当采取紧急措施进行诊治；不得拒绝急救处置。"《护士条例》第17条第1款规定："护士在执业活动中，发现患者病情危急，应当立即通知医师；在紧急情况下为抢救垂危患者生命，应当先行实施必要的紧急救护。"以上规定对于执业医师、护士而言，既是义务，也是授权。

对于本条中所说的"紧急情况"，即在此情况下医疗服务提供者无须取得患者同意即可实施医疗行为，学界素有"二要件说"和"三要件说"。"二要件说"认为，紧急状态是指：第一，患者生命、身体、健康有危急迫切的重大风险，即生命的重大危险性；第二，需是"稍有迟延，危险必至"，即时间的紧迫性。③"三要件说"则在两要件之外，增加因客观原因无法取得患者或者有代理同意权之人的有效同意为要件。④ 本条即采"三要件说"，将无法取得患者及其近亲属同意作为进行紧急专断治疗的要件。

---

① 杨秀仪：《论病人自主权》，《台大法学论丛》第36卷（2007年）第2期。

② 吴志正：《解读医病关系Ⅱ》，元照出版社2006年版，第274页。

③ 吴志正：《解读医病关系Ⅱ》，元照出版社2006年版，第163—164页。

④ 刘永弘：《医师说明义务、医患承诺与阻却违法》，《医事法学季刊》第7卷（2000年）第1期；参见杨秀仪：《美国"告知后同意"法则之考察分析》，《月旦法学杂志》2005年第6期。

同时，《最高人民法院关于审理医疗损害责任纠纷案件适用法律若干问题的解释》第18条，对于无法取得患者或者近亲属意见采用了扩张解释，规定："因抢救生命垂危的患者等紧急情况且不能取得患者意见时，下列情形可以认定为侵权责任法第五十六条规定的不能取得患者近亲属意见：（一）近亲属不明的；（二）不能及时联系到近亲属的；（三）近亲属拒绝发表意见的；（四）近亲属达不成一致意见的；（五）法律、法规规定的其他情形。"根据此规定，当无法取得患者同意，也无法取得近亲属一致意见的明确同意时，均可以实施紧急诊疗。

二、实施紧急诊疗的法律程序

对于实施紧急诊疗的授权程序，可能通过医院内部的伦理审核程序，也可能为行政审批程序，还可以是司法审查程序。医院内部（如伦理委员会）的伦理审核效率性、专业性均较强，但由于其内部性质，其权威性易受质疑。行政审批程序的效率性固然较好，但其行政性特点并不适合于处理此类事务。司法审查的权威性最强，但时效性也最差。考虑到我国实际，本条仍延续《侵权责任法》第56条的规定，以"医疗机构负责人或者授权的负责人批准"作为启动紧急专断治疗的程序要求。此外，《医疗机构管理条例》第33条、《医疗纠纷预防和处理条例》第13条也作出了同样的程序性规定。

同时，应建立相关的司法救济制度，使医疗行为的各利益相关方均有机会对其认为不符合医疗伦理和法律规定的医疗决定和行为寻求司法救济。

三、紧急诊疗可否适用于患者及其亲属明确反对的情形

根据本条规定，实施紧急专断医疗以无法取得患者及其近亲属的同意为前提。但是，现实中可能存在紧急情况下必须实施某项医疗措施，但患者或者其亲属明确反对的情形。对此，学者有不同认识。持肯定观点的学者认为，在紧急情况下，医师本其救人之良知与信念，依符合医疗适应症而为之紧急医疗行为，纵使违反病患已明示拒绝对其有利的决定，只要符合紧急医疗，即可当然阻却违法，医师无须负损害赔偿责任。[1] 持否定说的学者则认为："救助行

---

① 吴志正：《医疗契约论》，（中国台湾）东吴大学法律学系2005年硕士学位论文，2005年，第288页。

为不得违反牺牲法益之法益持有人的意思,亦即不得将任何人作为纯粹的客体,而以之作为行为的对象。"①即认为患者明确表示拒绝接受治疗时,即使其处于危急状态,医生仍不能将其专断治疗行为合法化。

上述两种不同意见,反映了两种不同的价值观。持肯定说的学者,多从人的生命权的角度,认为权利呈现阶梯状态,其中最重要的是生命。持否定说的学者则认为:"意思自主系人性尊严之具体表现,此最基本之价值应受到绝对尊重。"②

患者的知情同意权,是私法自治与人的私事自己决定权在医疗关系中的体现。私事自己决定权,是对人的尊严、独立性的尊重,认为对于一个理性的有责任感的人而言,关于自己的事情,应由其自己处理。③ 在不危及社会公共道德及社会公共利益的前提下,任何人都有权决定自己的事务乃至生命。就患者的知情同意权而言,拒绝治疗权本身即为其应有之义。

我国法律虽然没有明确规定患者的拒绝治疗权,但根据《民法典》第1219条之规定,实施手术或者特殊检查、特殊治疗必须获得患者或其近亲属的明确同意,依反对解释未获同意当然不能实施治疗,基于拒绝治疗权是患者知情同意权的必有之义,故在患者明确反对的情况下,即使患者情况危及生命,医生也不能进行紧急诊疗。

当然,患者的拒绝治疗权也并非是毫无限制的。结合比较法经验,我们认为虽然患者或者其近亲属、监护人拒绝治疗,但不实施医疗措施有违医疗伦理时,医疗服务提供者仍可进行诊疗。主要包括以下情形:

第一,对自杀者的急救。不赞成和防止自杀是迄今为止各国共同的伦理要求。为了自杀而拒绝治疗的行为构成同意权的滥用。对于自杀的人,即使在急救过程中其明确表示拒绝治疗,医生仍得进行紧急专断治疗。

第二,涉及第三方利益的治疗。当对患者的紧急治疗涉及第三方的利益时,即使患者反对,急救仍得进行。如对于孕妇的救治,涉及胎儿的生命安全,此时应当衡量利益,否定患者的拒绝治疗权。

第三,明显不理性的拒绝治疗。除上述情况外,当医生根据患者病情、医

---

① 转引自刘永弘:《医师说明义务、医患承诺与阻却违法》,《医事法学季刊》2000年第1期。

② 刘永弘:《医师说明义务、医患承诺与阻却违法》,《医事法学季刊》2000年第1期。

③ 参见刘士国:《中国民法典制定问题研究——兼及民法典的社会基础及实施保证》,山东人民出版社2003年版,第73页。

疗伦理和具体情形认定患者拒绝治疗的原因明显不合理时,如患者因为经济上的窘迫而拒绝治疗,或者因情感的一时冲动而拒绝治疗时,可以通过适当程序获得紧急诊疗的授权。

四、不实施紧急专断医疗的责任

当符合紧急专断医疗的事实要件而医疗服务提供者没有及时按照法定程序开展医疗活动,且患者因医疗的延误遭受损害的,医疗机构是否应当承担侵权责任,有不同的认识。否定说认为,本条是授权性规范,是授权医疗机构在相应情形下无须取得患者同意径行开展医疗活动的法律依据,并未规定未实施紧急专断医疗构成侵权责任。对于患者进行紧急救助是由《执业医师法》等规定的公法义务和医务人员的伦理义务,对其违反应承担公法上的责任而非侵权责任。但2017年《最高人民法院关于审理医疗损害责任纠纷案件适用法律若干问题的解释》第18条第2款规定:"前款情形,医务人员经医疗机构负责人或者授权的负责人批准立即实施相应医疗措施,患者因此请求医疗机构承担赔偿责任的,不予支持;医疗机构及其医务人员怠于实施相应医疗措施造成损害,患者请求医疗机构承担赔偿责任的,应予支持。"显然该解释对于未实施紧急专断医疗的侵权责任采肯定说。此种情况下,原告应当证明具备本条所规定的实施紧急专断医疗的要件,医疗服务提供者怠于采取诊疗措施,以及措施迟延与损害之间有因果关系。

第一千二百二十一条　医务人员在诊疗活动中未尽到与当时的医疗水平相应的诊疗义务,造成患者损害的,医疗机构应当承担赔偿责任。

释　义

本条是对违反适当诊疗义务损害赔偿责任的规定。本条产生了患者医疗过失损害赔偿请求权,在医疗损害赔偿责任体系中居于主导地位。

一、医疗服务提供者的适当诊疗义务

在医疗活动中,医疗服务提供者负有为患者提供适当诊疗的义务。诊疗

义务的特点在于其为手段债务而非结果债务。医疗服务提供者应当向患者提供符合应有医疗水平的诊疗服务,诊疗行为达到当时医疗水平即为适当履行,医疗服务提供者不负有保证患者治愈的结果债务。本条延续《侵权责任法》第57条规定,将医疗义务人员的过错判断标准确定为"在诊疗活动中未尽到与当时的医疗水平相应的诊疗义务"。反之,尽到该诊疗义务标准的,即为对其诊疗义务的适当履行,不构成医疗过错。当然,在医学美容等特殊医疗服务合同中,可以约定必须实现某种特定医疗结果。

二、医疗过失的客观判断

医疗过失是医疗损害责任的构成要件之一。过失是一种心理状态,是侵权责任的主观构成要件。但是侵权法中的过失,往往以人的注意义务标准为标准进行客观判断。在罗马法上,即以"善良家父的注意义务"标准对于过失进行一般判断,在近代大陆法系和英美法系则使用"善良管理人"或者"合理之人(a reasonable man)"标准,即假定存在一个普通的"善良管理人"或者"合理之人",以其在遇到相同情况下所应采取的注意义务,判断损害在已经尽到注意义务的情况下是否可以避免。如果行为人在已经尽到注意义务的情况下损害仍不可避免,则认为行为人对损害的发生没有过失;反之,如此时损害可以避免,则认为行为人有过失。

医疗损害责任作为一种专业活动中的责任,对其判断与一般的侵权行为又有不同。医疗服务提供者是具有专业知识、专业技能、专业设备并经过特殊许可后从事医疗服务的专业人员和专业机构,其在医疗活动中应负有与其专业能力相符的注意义务,而不能单纯地按照普通人的注意义务标准对其专业过失进行判断。因此,对于医疗过失的判断,通常使用在医疗执业领域内一个合理的医疗服务提供者在同等条件下所应当具有的谨慎、技能和能力的标准,此即美国法上的"合理医师标准(a reasonable physician)"。《侵权责任法》第57条吸收借鉴了该标准,以"医务人员在诊疗活动中未尽到与当时的医疗水平相应的诊疗义务"判断医疗过失,形成了客观化的医疗过失判断标准,并为本条所承继。

需要注意的是,本条与《侵权责任法》第57条相同,将医疗过失的主体界定为"医务人员"。但是,《民法典》第1218条规定"医疗机构或者其医务人员有过错的",即承认了医疗机构作为一个整体而非其具体的医务人员在医疗活动中有过错,所以对于本条中的"医务人员"应当作扩大解释,指包括医疗机构在内的医疗服务提供者所实施的医疗活动没有达到应有的医疗水平的。根据医疗服务提供者的组织过错责任说,在过失的判断上,应当以医疗服务提供者整体上所实施的医疗行为是否达到一个合理的医疗服务提供者应有的医疗水平进行判断,而无须考虑其中具体的医务人员有无过失。这样,不仅可以界定医疗机构对医疗体系的管理过失,也有利于减轻患者举证负担。

在举证责任上,医疗过失是原告举证责任的范围。由于医学的专业性,患者主要是通过申请鉴定的方式进行举证。《最高人民法院关于审理医疗损害责任纠纷案件适用法律若干问题的解释》第4条第2款规定:"患者无法提交医疗机构及其医务人员有过错、诊疗行为与损害之间具有因果关系的证据,依法提出医疗损害鉴定申请的,人民法院应予准许。"患者不能提供足以认定医疗过失存在的证据又不申请鉴定的,应承担结果意义上的举证责任。

三、医疗过失判断中应当考虑的因素

由于医学具有很强的发展性,医疗服务提供者的诊疗水平也是在不断变化的,因此本条特别强调了在医疗过失的判断上,应考虑时间因素,以医疗行为发生时医疗服务提供者应当具备的医疗水平作为判断标准。但是,除了时间因素外,还应考虑医疗机构所处地域、专业分工、医务人员资质等因素。理由在于:

第一,地域性标准。不同地域的医疗服务提供者在医疗水平上可能存在差别。在美国侵权法上,早期在医疗过失的判断上也采用了地域性标准(locality rule),即以被告所处地域内一般医务人员所应具有的注意义务水平作为判断医疗过失的标准。但之后随着各地医疗水平的均等化,地域性标准一般不再使用。我国地域广大,当前地域发展不均衡,医疗资源分布地区差异较大,各地医疗机构和医务人员的诊疗水平有较大差异,故在判断医疗人员在诊疗中的注意义务水平时,应考虑此种地区差异。

第二,医疗机构在医疗体系中的定位。我国采用三级分级医疗体系,各级医疗机构在医疗服务提供中所发挥的作用各有不同。初级诊疗主要发挥其全科医生的功能,通过对患者病情的初步诊断,进行辨别和分类,分别给予治疗或者转诊。二级、三级医疗主要发挥其专业化医疗的优势,为重大疾病患者提

供专科医疗。因此,在三级医疗的不同阶段,各医疗机构发挥着不同的作用,其人员构成、专业特长、医疗设施配备等均有不同,应当根据其具体的医疗机构层级确定其注意义务标准。

第三,医疗专业分工。医疗为高度分工协作的专业活动,不同专业、不同资质的医务人员均可能参与诊疗活动,对其注意义务标准,应当根据其专业和资质情况具体判断。

对此,《最高人民法院关于审理医疗损害责任纠纷案件适用法律若干问题的解释》第 16 条指出,对医疗机构及其医务人员的过错,可以综合考虑患者病情的紧急程度、患者个体差异、当地的医疗水平、医疗机构与医务人员资质等因素。

第一千二百二十二条　患者在诊疗活动中受到损害,有下列情形之一的,推定医疗机构有过错:

（一）违反法律、行政法规、规章以及其他有关诊疗规范的规定;

（二）隐匿或者拒绝提供与纠纷有关的病历资料;

（三）遗失、伪造、篡改或者违法销毁病历资料。

释　义

本条是对于诊疗过错推定的规定,包括违反诊疗规范的过错推定和基于证据责任规则的过错推定两个情形。本条文承继自《侵权责任法》第 58 条,并作出两处修改。一是将原条文中的"患者有损害,因下列情形之一的"修改为"患者在诊疗活动中受到损害,有下列情形之一的";二是将第（三）项的"伪造、篡改或者销毁病历资料"修改为"遗失、伪造、篡改或者违法销毁病历资料"。

一、关于本条过错推定效力的争议

民法学界对于《侵权责任法》第 58 条规定的证据规则存在较大争议,主要存在三种学说,即"推定说""认定说"和"不得反证的推定说"。"推定说"认为患者有损害,因第 58 条规定情形之一的,推定医疗机构有过错,并非当然认定医疗机构有过错。也就是说,医疗机构可以提出反证证明自己没有过错。持该学说的学者也认为,过错推定不同于过错认定,因此此种推定的结论不具有终局性。被告可以提出反证,证明自己没有过错,以推翻前一过程得出的推定结论。"认定说"认为《侵权责任法》第58条规定的三种情况属于医疗过错的认定事实而非推定,应当直接认定特定情况下医方的过错责任。"不得反证的推定说",即认为第58条规定的三种情形确为过错推定,但这种推定,原则上不得举证证明推翻,是强制性推定,即医疗机构不可以通过其他方式证明自己没有过错来推翻这样的推定。

二、违反医疗规范的推定

我们认为,应根据本条第1项和第2项、第3项的不同性质,确定推定的含义。本条第1项是将"违反法律、行政法规、规章以及其他有关诊疗规范的规定"作为推定医疗机构过错的原因,其源于医务人员所负有的依法遵规诊疗义务。

《执业医师法》第22条第1项规定,医师应当遵守法律、法规,遵守技术操作规范。该义务来源于以诊疗规范实现医疗活动规范化、制度化、标准化,防止任意性诊疗的规范目的,并通过法律法规和诊疗规范为诊疗活动建立客观标准。此处的法律、法规,是指与具体诊疗活动有关的法律、法规,是国家对医疗行为的管理、指引和规范。而其中的"技术操作规范",应当等同于本条所说的"诊疗规范"。关于诊疗规范的范围,有观点认为主要是指与诊疗活动有关的技术标准、操作规程等部门规章;有观点认为,还应包括医学行业公认的各种标准、操作规程;也有观点认为,应包括他国或国际组织制定的技术规范,以及主流的学说。我们认为,此种作为确定执业医师义务的规范,范围不宜过于宽泛,应当主要限于有关部门、行业协会等制定的规章和制度,否则将严重限制执业医师根据诊疗需要灵活使用诊断手段的可能性,以及不断探索诊疗新技术、新方法的积极性,不利于医学的发展与进步。对于诊疗规范的内容,不仅包括诊疗活动的技术标准和操作规范,也应包括国家对医疗行为的管理规范,方可实现对医疗行为规范化的管理目的。

一般情况下,医务人员必须按照诊疗规范开展诊疗活动,诊疗规范应当被作为判断其是否尽到了应尽注意义务的标准,违反诊疗规范的行为即可推定为存在过错。但是,医学是不断发展的科学,不能排除在非常特殊和紧急的情况下,基于患者最大利益的考虑,采取不完全符合诊疗规范的诊疗手段。同时,诊疗规范也可能存在滞后性,有合理的医学依据时未必不能突破。因此,我们认为,本条第1项所规定的推定应采"推定说",允许通过证明医疗行为符合患者最大利益和具有科学性依据反证其不存在过错。当然,此时医方负有较高的论证义务。

三、基于证据责任规则的过错推定

本条第2项和第3项分别规定的是消极的拒绝提供和积极的篡改销毁作为证据的病历资料。对于基于第2项和第3项推定的过错是否可以推翻,应当考虑被告拒绝提供或篡改销毁证据的行为是否妨碍了原告方的举证。妨碍举证的法律效果首先是认定对方当事人所主张的事实为真实。《最高人民法院关于民事诉讼证据的若干规定》第48条规定:"控制书证的当事人无正当理由拒不提交书证的,人民法院可以认定对方当事人所主张的书证内容为真实。控制书证的当事人存在《最高人民法院关于适用〈中华人民共和国民事诉讼法〉的解释》第一百一十三条规定情形的,人民法院可以认定对方当事人主张以该书证证明的事实为真实。"《最高人民法院关于适用〈中华人民共和国民事诉讼法〉的解释》第112条规定:"书证在对方当事人控制之下的,承担举证证明责任的当事人可以在举证期限届满前书面申请人民法院责令对方当事人提交。申请理由成立的,人民法院应当责令对方当事人提交,因提交书证所产生的费用,由申请人负担。对方当事人无正当理由拒不提交的,人民法院可以认定申请人所主张的书证内容为真实。"第113条规定:"持有书证的当事人以妨碍对方当事人使用为目的,毁灭有关书证或者实施其他致使书证不能使用行为的,人民法院可以依照民事诉讼法第一百一十一条规定,对其处以罚款、拘留。"从上述规定看,控制书证一方无正当理由拒不提供,或者有毁灭书证等行为的,其在事实认定上的效果是直接认定对方当事人所主张的书证内容为真实。在医疗损害责任中,如果因医方隐匿或者拒绝提供,或者遗失、伪造、篡改或者违法销毁病历资料等,其首要后果是对于是否采取了有争议的诊疗行为的事实,应当认定患者的主张为真。在此基础上,再根据本条的推定规则,推定医疗机构存在过错。基于法律上推定的意涵,当然应当允许医疗机构证明自己并无过错。但是,由于此时病历资料的缺失,医疗机构在事实上很难通过举证推翻其上述推定。

四、病历资料的范围

本条第 2 项、第 3 项规定的"病历资料",既包括客观病历资料,也包括主观病历资料,但对二者的查阅权限应该予以区别。即对于客观病历资料,如果患者要求查阅、复制而医疗机构隐匿或者拒绝提供的,应该推定医疗机构存在过错。而对于主观病历资料,患者在起诉前收集证据时,医疗机构拒绝其查阅、复制病历资料,但法院要求医疗机构提供病历资料时,医疗机构提供了的,不能够推定其存在过错。而第 3 项规定的伪造、篡改或者违法销毁的"病历资料",则包括所有病历资料,无论其是否为病历的实质内容。医疗机构不能主张虽然篡改了病历,但被篡改的内容并非是病历的实质内容,不影响对医疗过失、因果关系的有无认定而免除对其主观过错的推定。

五、本条情形与患者损害无需有因果关系

《侵权责任法》第 58 条规定:"患者有损害,因下列情形之一的,推定医疗机构有过错"。关于该条对因果关系的规定,有学者将这种改变解读为"这些原因造成患者损害,这不仅需要患者证明有损害的发生,而且要证明其所遭受的损害与医疗机构的诊疗行为之间有因果关系,但不必证明损害与《侵权责任法》第 58 条中所列举的行为之间有因果关系。"因为该条规定的三种情况本身难以作为诊疗损害原因的问题,而将因果关系确定为诊疗行为与损害的因果关系,相当于第 54 条规定的"患者在诊疗活动中受到损害",而非因为第58 条规定的三种情况"造成损害"。本条进一步修改了相关表述,以"患者在诊疗活动中受到损害"取代了"患者有损害",明确限定了患者的损害必须是在诊疗过程中,避免了《侵权责任法》第 58 条表述可能带来的歧义。医疗机构过错推定的前提是患者在诊疗活动中受到损害,即其所遭受的损害与医疗机构的诊疗行为之间有因果关系,而非损害与本条列举行为的因果关系。

第一千二百二十三条　因药品、消毒产品、医疗器械的缺陷,或者输入不合格的血液造成患者损害的,患者可以向药品上市许可持有人、生产者、血液提供机构请求赔偿,也可以向医疗机构请求赔偿。患者向医疗机构请求赔偿的,医疗机构赔偿后,有权向负有责任的药品上市许可持有人、生产者、血液提供机构追偿。

释　义

本条系对医疗产品责任和输血责任的规定。本条内容是医疗活动中对产品责任的准用，即在涉及医疗产品的医疗损害责任中对医疗机构准用销售者地位。本条承继自《侵权责任法》第 59 条，但将《侵权责任法》中"消毒药剂"调整为"消毒产品"，同时在医疗产品责任的责任主体中增加"药品上市许可持有人"。

一、医疗产品责任的基本构成

本条承继了《侵权责任法》第 59 条的规定，在医疗缺陷产品责任中准用了产品责任规则。关于医疗产品，本条明确规定为"药品、消毒产品、医疗器械"，其中，将《侵权责任法》第 59 条规定的"消毒药剂"修改为"消毒产品"，扩展了产品责任的适用范围。

关于缺陷，《产品质量法》第 46 条规定："本法所称缺陷，是指产品存在危及人身、他人财产安全的不合理的危险；产品有保障人体健康和人身、财产安全的国家标准、行业标准的，是指不符合该标准。"根据本条规定和医疗产品的性质，医疗产品的缺陷主要是指医疗产品存在危及患者人身的不合理的安全性。医药产品与人的健康密切相关，国家对医疗产品的安全性和有效性有严格的法律规制和标准。《执业医师法》第 25 条第 1 款规定："医师应当使用经国家有关部门批准使用的药品、消毒药剂和医疗器械。"因此，使用未经批准的医疗产品造成患者损害的，应当承担医疗产品责任。所使用的医疗产品虽经批准，但不符合"保障人体健康和人身、财产安全的国家标准、行业标准的"，应当认定为有缺陷。但是，需要注意的是，不符合国家标准和行业标准，可以作为判断医疗产品有缺陷的依据，但是不能因此反推符合国家标准和行业标准即无缺陷。如果能够查明医疗产品具有不合理危险性，即使其符合国家或者行业标准，仍可认定其有缺陷。

对于缺陷医疗产品，医疗机构和医疗产品生产者分别承担产品责任中产品的销售者和生产者的责任。医疗产品生产者承担最终责任，医疗机构因自身过错造成产品缺陷的应承担责任，但是对于患者而言，其既可以向医疗机构也可以向医疗产品的生产者主张责任。

本条与《侵权责任法》第 59 条相较,增加了药品上市许可持有人作为与医疗产品生产者并列的责任主体。上市许可持有人(Marketing Authorization Holder,MAH),是指拥有药品技术的药品研发机构、科研人员、药品生产企业等主体,通过提出药品上市许可申请并获得药品上市许可批件,并对药品质量在其整个生命周期内承担主要责任的主体。上市许可持有人在进行药品研发后,可以自行生产,也可以委托其他生产企业进行生产。在委托生产的情况下,上市许可持有人需要对药品的安全性、有效性和质量可控性负责,受委托的生产企业则依照委托生产合同的规定就药品质量对上市许可持有人负责。因此,在此种情况下,药品上市许可持有人是药品缺陷的责任人,应当由其对患者承担缺陷药品责任。

同时,《产品质量法》第 41 条第 2 款规定:"生产者能够证明有下列情形之一的,不承担赔偿责任:(一)未将产品投入流通的;(二)产品投入流通时,引起损害的缺陷尚不存在的;(三)将产品投入流通时的科学技术水平尚不能发现缺陷的存在的。"产品虽然存在缺陷,但医疗机构、生产者或者药品上市许可持有人能够证明缺陷存在上述免责事由的,可不承担侵权责任。

同时,根据《最高人民法院关于审理医疗损害责任纠纷案件适用法律若干问题的解释》第 23 条规定:"医疗产品的生产者、销售者明知医疗产品存在缺陷仍然生产、销售,造成患者死亡或者健康严重损害,被侵权人请求生产者、销售者赔偿损失及二倍以下惩罚性赔偿的,人民法院应予支持。"其法律依据是《消费者权益保护法》第 55 条第 2 款规定的,"经营者明知商品或者服务存在缺陷,仍然向消费者提供,造成消费者或者其他受害人死亡或者健康严重损害的,受害人有权要求经营者依照本法第四十九条、第五十一条等法律规定赔偿损失,并有权要求所受损失二倍以下的惩罚性赔偿"。

二、输入血液的侵权责任

本条第 2 款是因输入血液造成患者损害时血液提供机构、医疗机构的责任问题。《侵权责任法》第 59 条将不合格血液与缺陷医疗产品并列,规定输入"不合格的血液"由血液提供机构和医疗机构承担责任。

对于血液这种人体组织,可否定性为产品,有三种不同的意见。一种意见认为,血液是产品,血站是产品的生产者,医院是产品的销售者,理由是,血液在使用之前经过加工,存在加工、制作的过程,血站按照一定的价格将血液交付医院,是一个等价交换的行为。另一种意见认为,血液不应当属于产品的范畴,因为对血液的加工、制作并不是为了销售,亦非营利,不符合《产品质量法》规定的产品属性,不是产品。第三种意见是,血液是准产品,类似于产品,可以适用产品的规定。此种争议的实质,在于血液致人损害是否应当适用产品责任所规定的无过错责任。

对于本条规定的"缺陷产品"与"不合格血液"之间有何种关系,学者有不同认识。一种观点认为,立法使用"不合格血液"与"缺陷产品"只是基于语言习惯上的差异。根据《侵权责任法》第 59 条将不合格血液与缺陷产品并列的立法本意,只要是输血造成患者的损害,医疗机构或血液提供机构即应当承担无过错责任,而不应区分血液缺陷形成的原因。

另一种观点认为,"不合格"与"缺陷"不同。对于血液而言,血液提供者和医疗机构在血液采集、检验、加工、保管、运输、分装、储存过程中,应该按照卫生部发布的《血站基本标准》(卫医发〔2000〕448 号)、《单采血浆站基本标准》(卫医发〔2000〕424 号)等行政规章和技术性规范进行。医疗机构、血液提供者遵循上述规范的,血液即为"合格"。但是,"合格"并不意味着血液一定没有"缺陷"。只有血液"不合格"时,血液提供者与医疗机构才承担责任。此处的"不合格",实际上是指血液提供者及医疗机构对血液有缺陷具有过错,也就是说,此处的"合格"表面上指向的是血液,实则根据血液提供者及医疗机构的行为进行判断。《侵权责任法》第 59 条对于血液损害责任,实际上采取了过错责任原则的立场。

关于输血责任归责原则争议的本质,在于医疗机构和血液提供机构是否应承担现有科技的发展风险。此种发展风险包括两种可能的情形:第一,知道某种病毒或者细菌的存在,但限于现有的技术条件限制,如漏检率和窗口期的存在,虽严格按照技术规范检验仍无法检出。第二,某种病毒或者细菌的存在为当时的医学科技所不知悉。

我们认为,在输血责任中将发展的风险完全归于血液提供机构和医疗机构,不符合输血的风险特性,使血液提供机构和医疗机构承受过重的责任,不利于医疗风险的合理分配和医疗活动的正常开展。但是,本条将缺陷产品与不合格血液并列,显然使用了拟制的立法手段,是将该两个不同的事物给予同样的对待,因此,输血责任仍应使用无过错责任原则。对于发展风险的分配问题,则应通过适用《产品质量法》第 41 条第 2 款的规定,以"将产品投入流通时的科学技术水平尚不能发现缺陷的存在"即发展风险的抗辩作为免责事由。当血液存在不合理的风险时,血液提供机构或医疗机构可以通过证明在血液投入使用时的科学技术水平尚不能发现该风险的存在而不承担责任。

三、各责任主体之间的追偿

本条最后一句规定了医疗机构承担责任后向负有责任的药品上市许可持有人、生产者和血液提供者的追偿请求权。此处的负有责任,是指造成产品缺陷。根据本编第 1202 条至第 1204 条的规定,在产品责任各责任主体的内部关系中,产品生产者承担无过错责任,销售者、仓储者、运输者均承担过错责任。本条只规定了医疗机构的追偿权,但由于本条是产品责任在医疗领域的适用,应当允许其他责任主体根据本编第 1203 条至第 1204 条互相追偿。

第一千二百二十四条 患者在诊疗活动中受到损害,有下列情形之一的,医疗机构不承担赔偿责任:

（一）患者或者其近亲属不配合医疗机构进行符合诊疗规范的诊疗;

（二）医务人员在抢救生命垂危的患者等紧急情况下已经尽到合理诊疗义务;

（三）限于当时的医疗水平难以诊疗。

前款第一项情形中,医疗机构或者其医务人员也有过错的,应当承担相应的赔偿责任。

释　义

本条是对于医疗机构不承担责任的原因的规定。本条承继自《侵权责任法》第 60 条,改变主要包括:(1)将《侵权责任法》第 60 条的"患者有损害",改变为"患者在诊疗活动中受到损害",明确了患者损害的范围。(2)将"因下列情形之一"修改为"有下列情形之一"。如此规定的目的,在于这些免责事由与损害之间不必有因果关系,而只要存在上述事由,即可能免除医疗机构的责任。

一、患者不配合治疗的免责

安全有效的诊疗行为,不仅有赖于医疗服务提供者履行其义务,也需要患者的积极合作。对此,《德国民法典》第630c条明确规定,医疗者与患者应就医疗之实施共同协力。《荷兰民法典》第452条规定:"患者应当为医疗服务提供者履行其医疗合同的义务尽其所知向其告知信息并提供合作。"因此,患者在医疗活动中不应仅仅是"配合治疗",更应当尽到其诚信义务,以最大诚信向医方提供与诊疗相关的信息,并与医方合作与协作,共同决定医疗的过程,选择符合其意愿的治疗方案。同时,患者应当积极接受治疗,严格遵循医嘱,与医疗服务提供者共同完成诊疗事项。该条规定,患者或者其近亲属不配合医疗服务提供者进行符合诊疗规范的诊疗的,为其义务之违反,对所造成的后果应由其自行承担。

根据本条第2款的规定,当患者违反配合义务与医疗机构或者其医务人员的过失都是造成患者损害的原因时,医疗机构应当承担相应的赔偿责任。此时,患者违反配合义务行为和医疗过失行为,与损害结果均应有"如无/则不"的因果关系,构成多因一果,应当根据医疗过失行为的过失程度和原因力确定医疗机构的责任范围。

二、符合诊疗规范的诊疗行为

本条第1款第2项、第3项的实质都是达到应有的医疗水平的诊疗行为,此时不存在诊疗过失,即不构成侵权责任。第2项强调的是,在抢救等紧急情况下,在医疗过失的判断上,应考虑到紧急程度等因素,合理确定诊疗义务水平的标准,而不应求全责备,以日常的一般标准加以判断。《最高人民法院关于审理医疗损害责任纠纷案件适用法律若干问题的解释》第16条规定:"对医疗机构及其医务人员的过错,应当依据法律、行政法规、规章以及其他有关诊疗规范进行认定,可以综合考虑患者病情的紧急程度、患者个体差异、当地的医疗水平、医疗机构与医务人员资质等因素。"其中,患者病情的紧急程度即为需要考虑因素,其出发点与本条一致。第3项则是对第1221条的"未尽到与当时的医疗水平相应的诊疗义务"的反向规定。"限于当时的医疗水平难以诊疗"的含义,当然在于诊疗行为已经达到当时的医疗水平,不构成医疗过失。在第2项、第3项的情况下,不是医疗机构不承担责任,而是不构成医疗损害责任。

　　第一千二百二十五条　医疗机构及其医务人员应当按照规定填写并妥善保管住院志、医嘱单、检验报告、手术及麻醉记录、病理资料、护理记录等病历资料。

　　患者要求查阅、复制前款规定的病历资料的，医疗机构应当及时提供。

释　义

　　本条是关于医疗机构及其医务人员病历填写、保管和提供义务的规定，承继自《侵权责任法》第61条。两者相较，有两点改动：一是在病历资料的列举中删除了"医疗费用"；二是对最后一句的"医疗机构应当提供"增加了"及时"的要求。

一、病历的类型和范围

　　基于医学科学和保护患者隐私的双重考虑，医疗服务具有不公开的特点，除医患双方外，其他与医疗行为无关者不得进入医疗现场。在采取麻醉等医疗措施时，即使是患者本人，也无法对整个医疗过程进行见证和记录。因此，在发生医疗纠纷时，由医务人员填写的住院志、医嘱单、检验报告、手术及麻醉记录、病理资料、护理记录等病历资料，就成为医疗侵权诉讼中极为关键的证据，其往往直接决定着诉讼的成败。

　　根据《病历书写规范》的规定，病历包括门（急）诊病历和住院病历，又根据《医疗机构病历管理规定》第10条规定："门（急）诊病历原则上由患者负责保管。医疗机构建有门（急）诊病历档案室或者已建立门（急）诊电子病历的，经患者或者其法定代理人同意，其门（急）诊病历可以由医疗机构负责保管。住院病历由医疗机构负责保管。"因此，由医疗机构负责实际保管的病历包括住院病历和部分门（急）诊病历。

　　考虑到以上病历资料均由医疗机构一方负责填写和保管，医疗机构处于证据掌握和控制的强势地位。因此，本条旨在平衡医患双方在举证能力上的悬殊地位，在规范医疗机构的病历资料填写和保管义务的同时，赋予患者查阅、复制病历资料的权利,医疗机构应当及时、完整地履行提供义务。

本条将病历填写和保管义务主体界定为医疗机构及其医务人员。医疗机构是医疗活动的组织者,也是病历填写和保管义务的基本主体。医务人员的病历资料填写和保管行为在性质上属于履行医疗管理规范的职务行为,医疗机构可以对此类行为施加较高程度的控制。医疗机构对医务人员的填写和保管病历资料的行为进行规范,属于其应尽的管理职责。

二、病历提供义务的及时性要求

《侵权责任法》就医疗机构的病历资料提供义务作出了规定,但并未对其义务履行提出时间上的要求。在发生医疗损害纠纷时,为了实现拖延诉讼或者赢得诉讼的目的,医疗机构面对患者查阅、复制病历资料的要求时,具有极大的动机,以各种理由故意迟延履行义务,或者故意提供不完整的病历资料。而实践中的大量案例表明,很多医疗机构也是如此操作以逃避其义务履行,最终导致患者查询、复制病历资料的权利难以有效实现。

《最高人民法院关于审理医疗损害责任纠纷案件适用法律若干问题的解释》的第6条第2款对于医疗机构的提供义务作出了及时性的要求:"患者依法向人民法院申请医疗机构提交由其保管的与纠纷有关的病历资料等,医疗机构未在人民法院指定期限内提交的,人民法院可以依照侵权责任法第五十八条第二项规定推定医疗机构有过错,但是因不可抗力等客观原因无法提交的除外。"但其仅限于法院要求医疗机构提供病历资料,而不涉及患者提出要求的情形。因此,为了切实保障患者查询、复制病历资料的权利,本条加入了对医疗机构病历资料提供义务的及时性要求。

第一千二百二十六条 医疗机构及其医务人员应当对患者的隐私和个人信息保密。泄露患者的隐私和个人信息,或者未经患者同意公开其病历资料的,应当承担侵权责任。

释 义

本条是关于医疗机构及其医务人员对患者隐私和个人信息的保密义务,以及泄露和擅自公开病历资料的侵权责任。本条承继自《侵权责任法》第62

条,在保密义务的对象上,除患者隐私外,又增加了"个人信息"。

一、对于患者隐私权的保护

隐私权是一项重要的人格权。《民法典》第 1032 条规定,自然人享有隐私权。任何组织或者个人不得以刺探、侵扰、泄露、公开等方式侵害他人的隐私权。根据该条规定,隐私被界定为"自然人的私人生活安宁和不愿为他人知晓的私密空间、私密活动、私密信息"。在医疗活动中,基于诊疗目的的需要,医务人员必须要获取有关患者身份、健康状况、既往病史、家庭情况等隐私信息,检查患者身体隐私部位,在诊断和治疗过程中有时还需要暴露患者的身体或者器官,均可能涉及患者的隐私。《民法典》第 1033 条规定:"除法律另有规定或者权利人明确同意外,任何组织或者个人不得实施下列行为:(一)以电话、短信、即时通讯工具、电子邮件、传单等方式侵扰他人的私人生活安宁;(二)进入、拍摄、窥视他人的住宅、宾馆房间等私密空间;(三)拍摄、窥视、窃听、公开他人的私密活动;(四)拍摄、窥视他人身体的私密部位;(五)处理他人的私密信息;(六)以其他方式侵害他人的隐私权。"其中,"拍摄、窥视他人身体的私密部位""处理他人的私密信息"以及其他侵害他人隐私权的方式均可能存在于医疗活动中。

对于隐私权的保护,《民法典》第 1033 条采用了权利人同意原则,即以权利人的同意作为进行可能损害其隐私的行为的前提,获得权利人同意即可阻却违法。在医疗活动中,基于知情同意原则,医务人员应当向患者说明病情和诊疗措施的情况,其中也包括了可能采取的影响患者隐私的措施。患者在被告知基础上同意接受诊疗措施,意味着接受上述措施对于其隐私的影响。即使如此,医务人员在进行诊疗中应注意采取适当措施保护患者隐私,如涉及异性隐私部门的诊疗互动应有与患者同性别的医务工作者在场;进行相关诊疗应当提供保护隐私的环境,避免与诊疗无关的人员在场等。

需要注意的是,医学是实践的科学,医学人才的培养需要通过临床实习、临床见习等方式。教育部《普通高等医学教育临床教学基地管理暂行规定》第 32 条规定:"本规定所列临床见习,指临床课程讲授过程中,以达到理论与实践相结合为主要目的的临床观察与初步操作实践,包括现有的课间见习及集中见习等教学形式;毕业实习指以培养临床医师为目的的各专业,在毕业前集中进行的具有岗前培训性质的专业实习;临床实习指专业实习以外的与专业培养目标密切相关的、集中的临床实践教学。"在这些活动中,实习、见习人员参与诊疗过程是必不可少的。单纯以保护患者隐私为由拒绝实习、见习活动,违背了医学人才培养的必然需求。因此,在经过批准的临床实习、见习机构进行实习和见习的人员参与诊疗活动,不应以其行为与诊疗活动无关为由一概予以拒绝。

二、患者个人信息保护

《民法典·人格权编》将自然人的个人信息从隐私中独立出来,于第 1034 条第 1 款规定:"自然人的个人信息受法律保护。"该条同时对个人信息的范围进行了界定,指出个人信息是以电子或者其他方式记录的能够单独或者与其他信息结合识别特定自然人的各种信息,包括自然人的姓名、出生日期、身份证件号码、生物识别信息、住址、电话号码、电子邮箱地址、行踪信息等。对于个人信息的保护,重点在于规范对个人信息的收集、使用、加工、传输、提供、公开等行为。

医疗机构及其医务人员在医疗活动中,需要收集有关患者身体状况和健康情况、病情发展和相关病史等个人信息。对这些信息的收集和处理,应当符合法律的规定。《民法典》第 1035 条第 1 款规定:"处理个人信息的,应当遵循合法、正当、必要原则,不得过度处理,并符合下列条件:(一)征得该自然人或者其监护人同意,但是法律、行政法规另有规定的除外;(二)公开处理信息的规则;(三)明示处理信息的目的、方式和范围;(四)不违反法律、行政法规的规定和双方的约定。"对于患者信息的处理,必须符合上述原则和条件。对于违反上述规定处理患者信息,或者所收集信息有错误的,患者根据《民法典》第 1037 条之规定,享有更正请求权和删除请求权。

同时,根据《民法典》第 1036 条之规定,"为维护公共利益或者该自然人合法权益,合理实施的其他行为"亦阻却违法。因此,医疗机构为医学研究、传染病防控、公共卫生服务等目的合法使用他人信息,不构成侵权责任。但是,除为公共利益等目的的必要情形外,为科学研究等目的的使用患者个人信息时,应当采用匿名化处理,使他人无法识别和追踪患者身份。

医疗机构作为患者个人信息的收集者、控制者,还应根据《民法典》第 1038 条的规定,采取技术措施和其他必要措施,确保其收集、存储的个人信息安全,防止信息泄露、篡改、丢失,并在发生或者可能发生个人信息泄露、篡改、丢失时及时采取补救措施,依照规定告知被收集者并向有关主管部门报告,否则应当承担侵权责任。

第一千二百二十七条　医疗机构及其医务人员不得违反诊疗规范实施不必要的检查。

释　义

本条是关于禁止违反诊疗规范实施不必要检查的规定,延续了《侵权责任法》第 63 条的条文。

一、过度检查禁止条文的意义与其局限性

本条所称的过度诊疗行为,是相对于适当诊疗行为而言的概念,具体是指一种医疗机构及其医务人员对患者疾病诊疗所实施的诊疗措施或手段明显超过疾病诊疗实际需要,致使患者的医疗费用明显超过疾病诊疗实际需求的医疗行为或医疗过程。[①] 我国的过度医疗是伴随着我国医疗体制改革的进程产生和日益加剧的,其危害不仅体现在对患者造成的直接的人身财产损失,而且还造成了医疗资源极大浪费以及医疗行业信誉的严重受损。

过度医疗包括过度检查、过度治疗、过度用药、过度保健等。《侵权责任法》二审稿及三审稿均明确规定了"过度诊疗"作为特殊民事侵权行为的类型,并对违反此规定的行为规定了具体的法律后果。但《侵权责任法》第 63 条和本条均未规定"过度诊疗"的概念,仅将不必要检查作为禁止的行为加以规制,并删除了相关法律后果的条文,使该条款沦为倡导性条款,[②]同时没有相关法律效果的规定,也使得该法条成为不完整法条,不利于司法适用。

二、过度检查的法律后果

虽然本条对于过度检查的法律后果未作出规定,但不妨碍根据《民法典》第 1221 条和第 1222 条,对过度检查行为是否符合当时的医疗水平,或者是否

---

① 王安富:《论过度医疗侵权行为及其法律规则》,《法学论坛》2012 年第 7 期。
② 王竹、舒栋宇:《医疗机构过错推定规则的理解与适用》,《医学与法学》2012 年第 2 期。

违反医疗规范的规定,或者违反病历制作、保管、提供义务而认定医疗机构或者其医务人员有过失。当患者在诊疗中受到生命权、健康权损害,而该损害与医疗过失之间有因果关系时,如因不必要的放射性检查受到损害的,有权要求医疗机构赔偿损失。当过度检查没有造成患者的人身损害时,如果造成患者医疗费用的不合理增加,患者也有权基于医疗服务合同提出费用返还请求。

　　第一千二百二十八条　医疗机构及其医务人员的合法权益受法律保护。

　　干扰医疗秩序,妨碍医务人员工作、生活,侵害医务人员合法权益的,应当依法承担法律责任。

释　义

　　本条是对于保护医疗机构及其医务人员合法权益的规定,承继自《侵权责任法》第64条。与原条文相较,本条增加了"侵害医务人员合法权益"作为侵权行为方式。

　　正常的医疗秩序是保证社会公众可以获得安全、有效的医疗服务的前提,医疗机构和医务人员的合法权益、执业安全必须获得充分的保护。当前由于医患关系整体上不够融洽,医患矛盾未能从根本上解决,"医闹"等干扰正常医疗秩序的不法行为仍然存在,乃至"杀医""伤医"等严重侵害医务人员人身安全和人身权益的违法犯罪行为仍时有发生。为此,本条延续了《侵权责任法》第64条,宣示性地规定了对于医疗机构及其医务人员合法权益的保护。但是,本条无具体的构成要件和法律效果规范,不能独立地产生请求权基础。当出现侵害医疗机构及其医务人员合法权益的侵权行为时,应当以《民法典·侵权责任编》中过错责任等相关规范进行调整。

第七章 环境污染和生态破坏责任

本章是关于环境污染和生态破坏责任的规定。环境污染和生态破坏的侵害具有特殊性，一是侵害状态持续，二是侵害影响范围广，三是侵害结果累积显现，四是侵害双重权益。有鉴于此，《民法典·侵权责任编》设专章规定环境污染和生态破坏责任，并对此种侵权责任作出了特殊的规定，具体包括无过错责任原则、因果关系推定、市场份额规则、不真正连带责任、惩罚性赔偿责任、生态环境修复责任、生态环境损害赔偿责任。

《民法典·侵权责任编》的规定较之《侵权责任法》的规定而言，主要有三个方面的变化。第一，生态破坏被纳入环境侵权责任的范围。《民法典·侵权责任编》将章名由"环境污染责任"修改为"环境污染和生态破坏责任"，并对相关条文进行了调整，明确将生态破坏纳入环境侵权责任的范围。第二，对于造成受害人严重人身损害的情形，新增生态环境侵权惩罚性赔偿责任。第三，对于造成生态环境损害的情形，新增生态环境修复责任以及生态环境损害赔偿责任。总的来说，上述规范内容的调整强化了污染环境者和破坏生态者的法律责任。这对于生态环境的私法保护具有重要意义：不仅能够全面救济环境侵权的受害人，还可以重点制裁环境侵权的恶意侵权人。同时，对于一般人还能起到教育和警示的作用，增强其环保意识。

第一千二百二十九条 因污染环境、破坏生态造成他人损害的，侵权人应当承担侵权责任。

释 义

本条是对环境污染和生态破坏责任适用无过错责任的规定。《民法通则》第 124 条确立了环境损害责任适用无过错责任原则后,《侵权责任法》第 65 条坚持了这一立场。本条规定承继《侵权责任法》第 65 条的内容,继续规定环境污染和生态破坏责任适用无过错责任,这对于保护环境、促进民生具有极大的意义。

一、环境污染和生态破坏责任的概念和特征

环境污染和生态破坏责任,是指污染者、破坏者违反法律规定的义务,以作为或者不作为的方式污染环境、破坏生态,造成损害,依法不问过错,应当承担损害赔偿等责任的特殊侵权责任。

本条规定的环境污染和生态破坏责任有以下几个特征:

第一,环境污染和生态破坏责任是适用无过错责任原则的特殊侵权责任。无论污染者、破坏者在主观上有无过错,只要造成损害就应当承担赔偿责任。

第二,环境污染和生态破坏责任保护的环境属于广义概念。环境污染和生态破坏责任所保护的是环境,既包括生活环境,也包括生态环境,保护范围更为宽阔,具有更广泛的意义。

第三,污染环境、破坏生态的行为是作为或者不作为。污染环境、破坏生态的行为既可以是作为的行为,也可以是不作为的行为,不作为的形式更为常见。不论是作为的行为还是不作为的行为,只要造成生活和生态环境的损害,都构成侵权责任。

第四,环境污染和生态破坏责任方式范围广泛。本条规定环境污染和生态破坏责任的责任方式并没有采用赔偿责任的表述,而是"侵权责任",因此,环境污染和生态破坏责任的责任方式可以适用停止侵害、排除妨碍、消除危险、赔偿损失等多种责任方式,而不局限于损害赔偿责任。

二、环境污染和生态破坏责任的归责原则

本条规定环境污染和生态破坏责任适用无过错责任原则。

采用无过错责任的主要理由是:

第一,环境污染和生态破坏责任适用无过错责任是各国立法的通例,采用这一立法例,可以顺应世界侵权法的发展潮流。

第二,适用无过错责任,有利于使社会关系参加者增强环境意识,强化环境观念,强化污染环境者和破坏生态者的法律责任,履行环保义务,严格控制

和积极治理污染。

第三,适用无过错责任,可以减轻被侵权人的举证责任,加重加害人的举证责任,更有利于保护被侵权人的合法权益。因此,应当确认污染环境和生态破坏责任是无过错责任。

三、环境污染和生态破坏责任的构成要件

环境污染和生态破坏责任的构成要件与一般的侵权行为民事责任的构成不同,无须具备一般侵权行为责任的全部要件,只需具备以下三个要件:

第一,须有环境污染、生态破坏行为。

环境污染是指工矿企业等单位所产生的废气、废水、废渣、粉尘、垃圾、放射性物质等有害物质和噪声、震动、恶臭排放或传播到大气、水、土地等环境之中,使人类生存环境受到一定程度的危害的行为。无论是作为或不作为,都可以构成环境污染的行为。

应当注意的是,本条没有规定"违法"的要求,含义是污染者即使是合法的排污,例如排污符合排放标准,如果造成了损害,也仍应当承担侵权责任。

破坏生态是使生态环境受到破坏的行为。无论是作为或不作为的生态破坏行为,都构成生态破坏的行为。

第二,须有客观的损害事实。

本条规定的环境污染、破坏生态的损害事实是"他人损害",主要是指污染环境、破坏生态的行为致使国家的、集体的财产和公民的财产、人身受到损害的事实。没有这种损害事实,不构成这种侵权行为。在此之前,《侵权责任法》第 65 条规定的是"造成损害",本条规定修改为"造成他人损害",主要目的就是将损害事实限定为民事主体的人身损害和财产损害,凸显侵权责任法的私法品格。

环境污染、破坏生态的损害以人身损害事实最为常见,而且所造成的人身损害具有一个显著的特点,即多数损害具有潜在性和隐蔽性,即被侵权人往往在开始受害时显露不出明显的损害,但随着时间的推移,损害逐渐显露,如早衰、人体功能减退等。对于这种潜在的危害也应作为人身伤害的事实。环境污染造成财产损害,主要是财产本身的毁损,使其丧失价值和使用价值,也包括直接损失和间接损失。

第三,须有因果关系。

环境污染、生态破坏行为与污染损害事实之间要有因果关系。环境污染和生态破坏侵权作为一种特殊侵权,在构成要件的因果关系方面也较特殊。

根据《民法典》第1230条的规定,环境污染和生态破坏侵权实行推定因果关系规则,即在环境污染和生态破坏责任中,只要证明侵权人实施了污染环境或者破坏生态的行为,而公众的人身或财产在污染或者破坏后受到或正在受到损害,就可以推定这种危害是由该污染或者破坏行为所致。符合上述要件的行为,构成环境污染和生态破坏责任,行为人对受到损害的被侵权人承担侵权责任。

第一千二百三十条 因污染环境、破坏生态发生纠纷,行为人应当就法律规定的不承担责任或者减轻责任的情形及其行为与损害之间不存在因果关系承担举证责任。

释 义

本条是对环境污染和生态破坏责任举证责任的规定。该规定承继了《侵权责任法》第66条的规定,要求行为人对免责、减责以及因果关系承担举证责任。事实上,就免责事由、减责事由而言,本就应当由行为人承担举证责任,不存在举证责任倒置的问题。就因果关系而言,本应当由受害人承担责任,但是考虑到受害人的举证能力,本条规定了举证责任倒置,由行为人承担举证责任。

一、环境污染和生态破坏责任免责事由、减责事由及其举证

(一) 环境污染责任的免责、减责事由

1. 不可抗拒的自然灾害。

我国《环境保护法》第41条、《水污染防治法》第42条、《大气污染防治法》第37条、《海洋环境保护法》第43条等法条中都规定了不可抗拒的自然灾害为民事责任的免责事由。

其中,《环境保护法》规定的不可抗力免责条件,附加了诸多的限制。须为不可抗拒的自然灾害,并且由加害人及时采取了合理措施,仍不能避免造成环境污染致人损害时,才可以免责。

2. 被侵权人过错。

我国《水污染防治法》等法律中规定,如果损害是由于被侵权人自身的责任所引起的,排污者不承担责任。被侵权人对损害的发生具有故意或重大过失,足以表明被侵权人的行为是损害发生的直接原因,即该损害与排污者无因果关系,则免除排污者的责任,但排污者应对被侵权人的过错举证。

3. 其他免责事由。

我国《海洋环境保护法》第 91 条规定,战争行为是海洋污染造成损害的免责事由。负责灯塔或者其他助航设备的主管部门在执行职责时的疏忽或者其他过失行为造成海洋、水污染损害的,也是免责事由。

此外,我国《民法典·总则编》中规定的作为一般民事免责条件的正当防卫和紧急避险,也适用于环境污染和生态破坏责任制度。

（二）环境污染和生态破坏责任中免责、减责事由的举证责任

本条规定环境污染和生态破坏责任免责事由、减责事由,由侵权人一方承担举证责任。这其实是一个赘文,是不必规定的规则。因为凡是主张免责事由、减责事由的当事人都是侵权人一方,对方当事人不会为其主张和证明。既然是侵权人主张减责或者免责,当然是由其承担举证责任,举证不能或者举证不足自应驳回其请求。

二、环境污染和生态破坏责任的因果关系要件的举证责任

环境污染和生态破坏责任的因果关系要件实行因果关系推定规则。所谓因果关系推定规则,是大陆法系为了适应环境污染和生态破坏责任因果关系举证困难的实际情况而创设的。在环境污染和生态破坏责任中,由于相当因果关系学说不能充分运用,各国法律界开始重新检讨因果关系理论,如何减轻原告方的举证责任,降低因果关系的证明标准,成为研究的重点问题,于是,推定因果关系的各种学说和规则不断出现,并被应用于司法实践。

实行因果关系推定规则,并不意味着被侵权人无须证明因果关系,其仍然需要首先证明行为人的损害行为和自己受到损害的事实之间具有相当程度的盖然性。在其能够证明存在因果关系的可能性之后,法官推定被侵权人的行为与该损害结果之间有因果关系。如果行为人主张自己的行为与损害结果之间没有因果关系,则应当承担举证责任,由其证明不存在因果关系。能够证明者,不成立侵权责任,不能证明或者证明不足,不能推翻因果关系推定的,成立

因果关系,构成侵权责任。证明标准应当采取高度盖然性的标准。污染者、破坏者证明因果关系的不存在达到高度盖然性的标准时,才能够推翻因果关系推定。

环境污染和生态破坏责任的因果关系要件的具体证明规则包括以下内容:

第一,被侵权人证明存在因果关系的相当程度的可能性。被侵权人在诉讼中,应当首先证明因果关系具有相当程度的盖然性。相当程度的盖然性就是很大的可能性,其标准是,一般人以通常的知识经验观察即可知道二者之间具有因果关系。

第二,法官对因果关系实行推定。法官在原告上述证明的基础上,可以作出因果关系推定。推定的基础条件是:首先,如果无此行为发生通常不会有这种后果的发生。其次,不存在其他可能原因,包括原告或者第三人行为或者其他因素介入。应当在损害事实与环境污染、生态破坏行为之间排除其他可能性。最后,判断有因果关系的可能性的标准是一般社会知识经验,按照一般的社会知识经验判断为可能,在解释上与有关科学结论无矛盾,即可进行推定。

第三,由行为人证明其行为与损害没有因果关系。行为人一方证明自己的行为与损害结果之间没有因果关系,证明标准应当采取高度盖然性的标准,即极大可能性。

第四,行为人举证的不同后果。如果行为人无因果关系的证明是成立的,则推翻因果关系推定,不构成侵权责任;行为人不能证明或者证明不足的,因果关系推定成立,具备因果关系要件。

第一千二百三十一条 两个以上侵权人污染环境、破坏生态的,承担责任的大小,根据污染物的种类、浓度、排放量,破坏生态的方式、范围、程度,以及行为对损害后果所起的作用等因素确定。

释 义

本条是对多数人环境污染和生态破坏责任准用市场份额规则的规定。该规定沿袭了《侵权责任法》第 67 条的做法,继续规定在环境污染和生态破坏责任中适用市场份额规则,同时新增加了污染物的浓度、破坏生态的方式、范围、程度等作为责任分担的考量因素。

一、多数人环境污染和生态破坏责任的构成要件

由于环境污染和生态破坏责任适用无过错责任,故多数人环境污染和生态破坏责任在责任构成方面不考察过错要件,只需要具备三个要件即可。

第一,有两人以上实施了污染环境、破坏生态的行为。

第二,被侵权人已经受到实际损害,包括人身损害和财产损害。

第三,数个行为人的同类行为都能造成该种损害。不过,究竟每个行为人造成的是哪一部分损害不能实际确定,即每一个行为人的行为对损害发生的原因力无法确定。

2015 年 6 月颁布实施的《最高人民法院关于审理环境侵权责任纠纷案件适用法律若干问题的解释》第 2 条至第 4 条详细规定了环境共同侵权行为和环境分别侵权行为的具体类型、构成要件和法律责任,尤其是第 3 条就环境分别侵权行为作出 3 款规定,明确了复数侵权行为人承担连带责任、按份责任和部分连带责任的情形,具有重要的实践指导意义。

二、多数人环境污染和生态破坏责任适用市场份额责任

所谓市场份额责任,并不是针对环境污染责任创立的,而是美国加利福尼亚州上诉法院 1980 年审理的辛德尔诉阿伯特制药厂案(Sindell V. Abbort Laboratories)中确定的产品侵权责任的规则。原告无法提出有力证据证明其母系服用何家药商贩卖之药物,事实审法院驳回原告之诉,上诉审法院判决原告胜诉。加州最高法院终审判决原判决废弃,各个被告公司无须负全部之赔偿责任,仅须依其产品之市场占有率比例分担赔偿责任。

本条规定的多数人环境污染和生态破坏责任,难以确定各自所造成的损害,参照适用市场份额规则确定各自的责任份额。之所以能够参照适用市场份额规则,原因是在两个以上的污染者污染生态环境时,不能确定究竟是谁的污染行为造成的损害,但都存在造成损害的可能性,这种情况与产品责任中适用市场份额规则的条件完全相同,应当适用同样的规则。

本条规定环境污染和生态破坏共同危险行为采用的是市场份额规则,有两点与共同危险行为不同:第一,每一个行为人的行为对造成损害的可能性并

不一样,因此,确定每一个行为人的责任份额并不相同。第二,承担的责任没有规定为连带责任,仅仅规定"应当承担侵权责任"。这个规定看起来似乎没有规定这种侵权责任的形态,但根据市场份额规则,每一个可能造成损害的污染者应当承担的是按份责任。

三、多数人环境污染和生态破坏责任适用市场份额责任的具体规则

(一) 多数人之间责任分担的性质

按照市场份额规则,多数人承担责任的形态是按份责任,即只对个人的责任份额负责,不承担连带责任。对此,本条没有明确规定适用连带责任,而《民法典·总则编》第178条第3款关于"连带责任,由法律规定或者当事人约定"的规定,法律没有明文规定连带责任的多数人责任,应当是按份责任,故将本条规定的多数人环境污染和生态破坏责任的形态确定为按份责任是有依据的。

(二) 多数人之间责任份额的确定

《侵权责任法》第67条规定了在确定多数人责任大小时,需要根据污染物的种类、排放量等因素来确定。也就是说,除了污染物的种类和排放量外,其他会影响到原因力的因素也应当考虑在内。

本条规定明确列举了污染物的浓度、破坏生态的方式、范围、程度等作为责任分担的考量因素,并不属于实质上对《侵权责任法》第67条作出修改,仍然属于"等"的含义范围内。不过,这样明确列举后,能够方便法官的适用,对于司法实践中责任份额比例的确定,大有裨益。

第一千二百三十二条 侵权人违反法律规定故意污染环境、破坏生态造成严重后果的,被侵权人有权请求相应的惩罚性赔偿。

释　义

本条是对环境污染、破坏生态惩罚性赔偿责任的规定。《民法典·总则编》第9条确立了具有时代意义的绿色原则,即"民事主体从事民事活动,应当有利于节约资源、保护生态环境"。这充分表达了立法机关对生态环境的

高度重视。之后,立法机关开始重新审视生态环境侵权责任的立法,并根据2017年中共中央办公厅和国务院办公厅印发的《生态环境损害赔偿制度改革方案》关于完善生态环境损害责任制度的原则要求,在本条规定了生态环境侵权的惩罚性赔偿制度。

一、环境侵权适用惩罚性赔偿责任具有重要意义

制定《侵权责任法》时,就有学者建议规定环境侵权的惩罚性赔偿责任制度。但是立法机关未予采纳,主要是考虑到惩罚性赔偿责任刚刚从英美法系引进,适用效果是否良好尚不确定,因而仅规定了产品责任适用惩罚性赔偿。这一条款适用后,在司法实践中取得了良好的效果。本条规定汲取了这一有益经验,在环境侵权领域确认了惩罚性赔偿规则的适用。

本条规定是我国侵权责任法立法上第一次规定环境侵权适用惩罚性赔偿,实现了立法的重大突破,具有三个方面的重要意义。

第一,全面救济环境侵权的受害人。在环境侵权案件中,基本上都是大规模侵权行为,受害人的人数众多且范围具有不特定性,所遭受到的损害也往往具有毁灭性。若是单纯适用补偿性损害赔偿,对受害人所提供的救济可能是微不足道的。如果适用惩罚性赔偿,可以解决这一难题,实现对受害人的全面救济。

第二,重点制裁环境侵权的恶意侵权人。在生态环境保护领域中,行为人故意造成环境损害时,主观上的非难性强。此时适用惩罚性赔偿责任,可以给予故意侵权人严厉的打击,取得良好的制裁效果。

第三,教育和警示一般人不得实施环境侵权行为。侵权惩罚性赔偿责任在一般预防方面具有鲜明的作用,即承担超出所造成损害的财产赔偿责任而对一般人产生阻吓作用。在生态环境侵权中,适用惩罚性赔偿责任,同样会起到这样的作用,且作用更加明显。

二、环境侵权适用惩罚性赔偿责任的构成要件

第一,侵权人违反国家规定污染环境、破坏生态。首先,侵权人必须实施了污染环境、破坏生态的行为。其次,侵权人必须是违反国家规定污染环境、破坏生态。如果侵权人的行为是符合法律规定,但是导致了损害发生,仍然需要承担环境污染和生态破坏责任,但只需要根据填平原则进行赔偿,而无须适

用惩罚性赔偿。

第二,侵权人故意实施的损害生态环境的行为造成的损害后果严重,表现为受害人的死亡或者健康严重损害。首先,惩罚性赔偿责任的法律性质是私法救济,而非公法责任。因此,生态受到破坏或者环境受到污染不得作为损害结果的表现形式。正确的做法是,以损害民事主体权利作为结果要件。其次,并非民事主体的任何权利受到损害时,都应当适用惩罚性损害赔偿。与财产权相比较,生命权、健康权等人身权更加具有特殊保护的价值。因而,惩罚性赔偿的适用仅限于严重的人身损害。

第三,行为人主观上存在故意。也就是说,行为人明知国家规定禁止损害生态环境而执意为之,重大过失不适用惩罚性赔偿责任。对于故意的认定,可以以是否违反国家规定作为判断是否具备惩罚性赔偿主观要件的第一步。一般而言,国家关于生态环境保护规定的强制性标准居多。若违反国家规定时,主观上存在过错,自不待言。在此基础上,根据行为人的动机、行为等判断其是否具有故意。若未违反国家规定,可以基本排除行为人故意的可能。

三、环境侵权惩罚性赔偿责任的计算方法

符合上述要件的要求,被侵权人有权向侵权人请求承担相应的惩罚性赔偿。本条没有惩罚性赔偿责任的计算方法,根据《民法典》和相关法律的规定,确定损害生态环境,造成受害人死亡或者健康严重损害的,与《消费者权益保护法》第55条规定的情形最为相似。比照《消费者权益保护法》第55条规定,故意违反国家规定污染环境、破坏生态,在赔偿实际损失后,再赔偿实际损失两倍以下的惩罚性赔偿责任比较合适。

第一千二百三十三条 因第三人的过错污染环境、破坏生态的,被侵权人可以向侵权人请求赔偿,也可以向第三人请求赔偿。侵权人赔偿后,有权向第三人追偿。

释 义

本条是对环境污染和生态破坏第三人责任的规定。该规定沿袭了《侵权责任法》第68条的做法,将环境污染和生态破坏情形中第三人责任单独作出

规定,适用不真正连带责任规则,而不适用《民法典》第 1175 条关于"损害是因第三人造成的,第三人应当承担侵权责任"的规定。

一、环境污染和生态破坏第三人责任形态为不真正连带责任

环境污染和生态破坏责任中的第三人责任,是因第三人的过错使他人的行为造成了环境污染或者生态破坏的损害。例如,第三人为非法占有目的损坏石油输送管道,偷盗石油输送管道中的石油,使管道中的石油泄漏,造成生态环境污染。

在环境污染和生态破坏责任中,真正造成损害的,不是污染者或者破坏者的行为,而是第三人的过错行为作用于污染者、破坏者,使污染者、破坏者的行为造成了被侵权人的损害,污染者、破坏者的行为具有较为直接的因果关系。同时,环境污染和生态破坏责任适用无过错责任,是为了更好地保护生活、生态环境,保护被侵权人的民事权益。因此,在这种场合不适用第三人过错的一般规则,而采用不真正连带责任规则。这是环境污染和生态破坏责任中的第三人过错改变一般规则,采用不真正连带责任的基本原因。

二、环境污染和生态破坏第三人责任适用不真正连带责任的具体规则

在环境污染和生态破坏责任中,处理第三人过错引起的环境污染损害责任的规则是:

第一,污染者、破坏者和第三人基于不同的行为造成一个损害,两个行为都是损害发生的原因,而损害事实又是一个损害结果,并不是两个损害结果,这是环境污染和生态破坏责任第三人过错的基本特点。符合这个特点的,才可以适用这个规则。

第二,污染者、破坏者和第三人的行为产生不同的侵权责任,这个责任就救济受害人损害而言,具有同一的目的。这就是,侵权人的赔偿责任与第三人过错的赔偿责任,都是救济被侵权人遭受的损害,都是一个目的。因此,在污染者、破坏者和第三人身上分别产生的不同的侵权责任,责任的目的都是救济同一个(或者数个)受害人的同一损害,而不是救济各个不同的损害。

第三,环境污染和生态破坏的受害人享有的不同的损害赔偿请求权,可以"择一"行使,选择向污染者、破坏者或者向第三人请求承担责任,而不是向污

染者、破坏者和第三人分别行使各个请求权。受害人选择的一个请求权实现之后，其他请求权消灭。这就是不真正连带责任的"就近"规则，是受害人可以选择距离自己最近的法律关系当事人作为被告起诉。

第四，损害赔偿责任最终归属于造成损害发生的最终责任人。如果受害人选择的被告是第三人，那么，第三人就是最终责任人，则该责任人就应当最终地承担侵权责任。如果选择的被告并不是第三人即最终责任人，而是污染者、破坏者，污染者、破坏者承担的是中间责任，那么，承担了侵权责任的污染者、破坏者可以向最终责任人即第三人请求追偿。

第一千二百三十四条　违反国家规定造成生态环境损害，生态环境能够修复的，国家规定的机关或者法律规定的组织有权请求侵权人在合理期限内承担修复责任。侵权人在期限内未修复的，国家规定的机关或者法律规定的组织可以自行或者委托他人进行修复，所需费用由侵权人负担。

释　义

本条是对生态环境损害修复责任的规定。该规定是我国第一次在侵权责任法立法上确立生态环境损害修复责任。

一、生态环境修复责任的性质

2016年，最高人民法院颁布《关于充分发挥审判职能作用为推进生态文明建设与绿色发展提供司法服务和保障的意见》，明确提出："落实以生态环境修复为中心的损害救济制度，统筹适用刑事、民事、行政责任，最大限度修复生态环境。"各级法院充分贯彻了这一意见，在生态环境损害案例中，判决修复生态环境。这一司法实践取得了良好的效果，减轻了政府的压力。本条规定借鉴了这一有益的司法经验，确立了生态环境修复责任。

生态环境修复责任是将生态环境受到的损害恢复原状。《草原法》规定的限期恢复植被和《森林法》规定的补种毁坏的树木等，都属于生态环境损害中的修复责任。

生态环境修复责任并非是《民法典》新增的特殊的民事责任形式，而是恢复原状的责任承担方式的表现形式。《最高人民法院关于审理环境民事公益诉讼案件适用法律若干问题的解释》第 20 条第 1 款规定："原告请求恢复原状的,人民法院可以依法判决被告将生态环境修复到损害发生之前的状态和功能。无法完全修复的,可以准许采用替代性修复方式。"可见,生态环境的修复或者替代性修复均属于恢复原状的一种。

二、生态环境修复责任的构成要件

侵权人承担生态环境修复责任,必须具备以下两个要件。

第一,行为人违反国家规定造成生态环境损害。行为人破坏生态环境时,有可能造成两方面的损害,一方面是生态环境自身的损害,另一方面是民事主体权益的损害。生态环境修复责任所适用的情形是第一种生态环境自身的损害。

第二,生态环境能够修复。生态环境修复责任的适用前提是"能够履行"。如果生态环境不能修复,则没有承担生态环境修复责任的必要。此时,通过损害赔偿的方式更能够填补损害。因此,只有生态环境能够修复时,才能够适用生态环境修复责任。

三、生态环境修复责任的权利义务主体

生态环境的损害较为特殊,其不属于一般的实际被侵权人的损害,而是属于国家的损害,因而,本条规定请求承担修复责任的权利主体是国家规定的机关或者法律规定的组织。

国家规定的机关主要是检察机关。国家规定检察机关承担法律监督职能,应当有权提起环境公益诉讼,请求侵权人承担生态环境修复责任。对此,全国人大常委会在授权试点时明确检察机关提起公益诉讼。《最高人民检察院关于检察公益诉讼案件适用法律若干问题的解释》第 13 条规定也明确指出,检察机关有权提起公益诉讼,即"人民检察院在履行职责中发现破坏生态环境和资源保护、食品药品安全领域侵害众多消费者合法权益等损害社会公共利益的行为,拟提起公益诉讼的,应当依法公告,公告期间为三十日。公告期满,法律规定的机关和有关组织不提起诉讼的,人民检察院可以向人民法院提起诉讼"。

法律规定的组织是符合特定条件的环保公益组织。《环境保护法》第 58

条规定:"对污染环境、破坏生态,损害社会公共利益的行为,符合下列条件的社会组织可以向人民法院提起诉讼:(一)依法在设区的市级以上人民政府民政部门登记;(二)专门从事环境保护公益活动连续五年以上且无违法记录。符合前款规定的社会组织向人民法院提起诉讼,人民法院应当依法受理。提起诉讼的社会组织不得通过诉讼牟取经济利益。"当符合上述条件时,环保公益组织就可以向法院提起生态环境修复责任的诉讼。

生态环境修复责任的义务主体是侵权人,由侵权人承担生态环境修复责任符合自负其责的基本原理,即谁破坏谁修复。

需要注意的是,侵权人在合理期限内未履行修复责任的,国家规定的机关或者法律规定的组织可以自行或者委托他人进行修复,所需费用由侵权人承担。

第一千二百三十五条　违反国家规定造成生态环境损害的,国家规定的机关或者法律规定的组织有权请求侵权人赔偿下列损失和费用:

(一)生态环境受到损害至修复完成期间服务功能丧失导致的损失;

(二)生态环境功能永久性损害造成的损失;

(三)生态环境损害调查、鉴定评估等费用;

(四)清除污染、修复生态环境费用;

(五)防止损害的发生和扩大所支出的合理费用。

释　义

本条是对国家机关或公益组织请求损害生态环境赔偿的规定。该规定是我国第一次在侵权责任法立法上确立生态环境损害赔偿的范围。

一、生态环境损害赔偿责任的构成要件

本条规定的生态环境损害赔偿责任适用无过错责任原则,在责任构成上不讨论行为人是否具有过错,只要具备以下三个要件即可。

第一,行为人实施了污染环境、破坏生态的行为。

第二,生态环境遭受了严重的损害。

第三,行为人的行为与生态环境损害之间具有因果关系。

需要注意的是,生态环境是否能够修复并不影响损害赔偿责任的承担。换言之,生态环境能够修复,侵权人需要赔偿生态环境受到损害至修复完成期间服务功能丧失导致的损失以及修复费用;生态环境不能够修复,侵权人需要赔偿生态环境因服务功能永久丧失所导致的损失。

二、生态环境损害赔偿责任的权利义务主体

本条规定生态环境损害赔偿责任的请求权主体是国家规定的机关或者法律规定的组织,义务主体是被侵权人。

其中,国家规定的机关主要指的是承担法律监督职能的检察机关。法律规定的有关组织主要指的是《环境保护法》第 58 条规定的符合特定条件的环保公益组织。

三、生态环境损害赔偿责任的赔偿范围

行为人破坏生态环境时,引发的损害有两种类型。一类是私人的损害,即他人生命、健康损害,或者法人或非法人组织的财产受到损失;另一类是国家的损害,即对生态环境本身造成的损害。这两种类型的损害赔偿,行为人都需要进行承担。不过,适用不同的法律规则。对于前者,适用《民法典》第 1179 条以及第 1184 条明确侵权人承担的人身损害赔偿与财产损害赔偿的范围;对于后者,适用本条规定确定损害赔偿的范围。

具体而言,生态环境损害赔偿责任的赔偿范围包括:

第一,生态环境受到损害至修复完成期间服务功能丧失导致的损失。生态环境受到损害如果造成了服务功能的丧失,在受到损害至修复完成期间应当得到的利益是侵权行为造成的损失,属于赔偿的范围。

第二,生态环境功能永久性损害造成的损失。生态环境受到侵害,造成的后果是其功能永久丧失,应当进行评估,确定具体的损失范围,应当予以赔偿。

第三,生态环境损害调查、鉴定评估等费用。这是确定赔偿责任范围所必须进行的工作,支付的费用由侵权人负责赔偿。

第四,清除污染、修复生态环境费用。这些费用是清除污染、修复生态环境所必需的费用,应当予以赔偿。

　　第五,防止损害的发生和扩大所支出的合理费用。有关机关和组织在生态环境受到损害前,为了避免损害的发生所支出的费用或者在生态环境受到损害后为了避免损害的扩大所支出的费用,侵权人都应当予以赔偿。不过,赔偿的范围仅限于支出的合理费用。

第八章　高度危险责任

本章导言 ▶

本章是关于高度危险责任的规定。高度危险责任是一种特殊侵权责任类型,故《民法典·侵权责任编》设专章进行规定。其中,第1236条规定了高度危险责任的一般条款,第1237条至第1243条规定了各种具体的高度危险责任,第1244条规定了高度危险责任的限额赔偿,共同组成高度危险责任的规则体系。

《民法典·侵权责任编》的规定较之《侵权责任法》的规定而言,除了对部分条文的表述进行了适当的调整,使得规范的用语更为严谨、准确之外,主要是在五个方面进行了实质性修改。第一,民用核设施致害责任方面,不仅将适用范围扩大至核材料损害责任,还新增武装冲突、暴乱等作为免责事由。第二,高度危险物致害责任方面,提高了放射性物质致人损害适用无过错责任原则的标准,并明确指出了强腐蚀性物质造成他人损害适用高度危险物损害责任的规定。第三,高度危险活动致害责任方面,减责事由严格限定为被侵权人重大过失,而不包括一般过失。第四,未经许可进入高度危险区域致害责任方面,提高了管理人注意义务的标准,并且明确了证明责任分配规则。第五,赔偿限额方面,新增了除外规则,即行为人有故意或者重大过失的不适用限额赔偿规则。这五个方面的内容修改遵循了侵权责任法的基本原理,实现了规范的内部统一,对于将来司法实践中的准确适用大有裨益。

第一千二百三十六条　从事高度危险作业造成他人损害的,应当承担侵权责任。

释 义

本条是关于高度危险责任一般条款的规定。高度危险责任是一种特殊侵权责任类型。《民法典·侵权责任编》沿袭《侵权责任法》的做法,将高度危险责任专章规定。本条规定的高度危险责任一般条款与第 1237 条至第 1243 条规定的各种具体的高度危险责任,共同组成高度危险责任的规则体系。

一、高度危险责任的概念和特征

高度危险责任是指高度危险行为人实施高度危险活动或者管领高度危险物,造成他人人身损害或者财产损害,应当承担损害赔偿责任的特殊侵权责任。

高度危险责任有以下基本特征:

第一,某一活动或物品对周围环境具有高度危险性。这种危险性是对人身安全的威胁和财产安全的威胁,是对周围环境致害,而不是对自己致害。

第二,该活动或物品的危险性变为现实损害的概率很大。

第三,该种活动或物品只有在采取技术安全的特别方法时才能使用,采取技术安全的特别方法应当根据具体的活动或物品的作业来确定。

第四,涉及该种活动或物品的高度危险作业是合法的、正当的,至少不是为法律所禁止的。

二、高度危险责任的归责原则和构成要件

本条规定继续沿袭了《侵权责任法》第 69 条的规则,规定高度危险责任适用无过错责任原则。

之所以规定高度危险责任应当适用无过错责任,理由是:第一,高度危险责任的出发点就是基于无过错责任。第二,对高度危险责任实行无过错责任原则有利于消除或减少社会危险因素。第三,在市场经济条件下,危险活动和危险物经营多是营利性的活动,有的甚至是高利润的垄断性经营,因此,风险说和公平说也是可以作为无过错责任的理论基础来解释高度危险责任的赔偿责任的。

高度危险责任的构成要件包括以下三个方面。

第一,须有危险活动或危险物对周围环境内的人或财产致损的行为。

危险活动中的活动,是指完成特定任务的活动,一般是指生产经营活动,也包括科研活动和自然勘探活动,不包括国家机关的公务活动和军队的军事活动。危险活动和危险物的危险性,是对周围环境造成损害的概率高,足以超过一般性作业的损害概率。周围环境,是危险活动或者危险物区域以外的,处于该危险活动或者危险物发生事故可能危及范围的一切人和财产,它的特点是,并非指特定的人和财产,而是某一范围内的一切人和财产。

第二,须有损害后果存在和严重危险的存在。

危险活动或危险物的致害后果,包括人身损害和财产损害。其中人身损害包括致伤、致残、致死,财产损害包括直接损失和间接损失,其计算方法与一般侵权行为损害后果的计算相同。只要危险活动或危险物造成人身损害或财产损害,就构成这一要件。

在危险活动或危险物侵权责任中,由于危险活动和危险物的危险性,当损害结果还没出现,仅仅出现致害的危险时,就可以承担民事责任。最高人民法院《关于贯彻执行〈中华人民共和国民法通则〉若干问题的意见(试行)》第154 条规定:"从事高度危险作业,没有按有关规定采取必要的安全防护措施,严重威胁他人人身、财产安全的,人民法院应当根据他人的要求,责令作业人消除危险。"这就是把危险的存在作为起诉的诉因,其应承担的民事责任是消除危险。这种规定,将客观损害要件的内容作了扩大解释。《民法典》第 1167条继续肯定这一做法。

第三,须有因果关系存在。

危险活动或危险物与损害后果(包括某些严重危险)之间须有因果关系,才构成高度危险责任的侵权责任。这种因果关系,原则上应由受害人举证证明。

在很多情况下,损害的发生是由多种原因造成的。如果因危险活动或危险物所造成的损害以及该损害以外的其他损害,是由危险活动或危险物以及其他原因共同造成的,这就是多种原因造成的一个损害。如果危险活动或危险物所造成的损害与该损害以外的其他损害无法完全划分的,就应当视为由危险活动或危险物所造成的损害,适用危险活动或者危险物所致损害的法律规定。

三、高度危险责任的免责事由

高度危险责任是无过错责任,一般的免责条件并不适用。法律规定以下条件为高度危险责任的免责条件：

第一，不可抗力。不可抗力作为高度危险责任的免责事由，在《民法典》中作出了不同的规定。在第1237条规定的是战争等情形，战争是不可抗力的一种。第1238条没有明确规定不可抗力，但《民用航空法》对此有明文规定。第1239条和第1240条明确规定不可抗力是免责事由。《铁路法》也将不可抗力规定为免责条件。对此，应当依照法律规定确定。

第二，受害人故意。《民法典》第1237条至第1240条都规定了受害人故意是免责事由。受害人故意包括直接故意和间接故意。前者如自杀或自伤，是直接追求损害的后果。后者是放任后果的发生，如擅自侵入严禁人内的危险区域，造成伤残后果。

第三，法律的其他规定。《民法典》第1243条规定了一种特殊的免责事由，即"未经许可进入高度危险活动区域或者高度危险物存放区域受到损害，管理人能够证明已经采取足够安全措施并尽到充分警示义务的，可以减轻或者不承担责任"。

第一千二百三十七条　民用核设施或者运入运出核设施的核材料发生核事故造成他人损害的，民用核设施的营运单位应当承担侵权责任；但是，能够证明损害是因战争、武装冲突、暴乱等情形或者受害人故意造成的，不承担责任。

释　义

本条是关于民用核设施和核材料损害责任的规定。与《侵权责任法》第70条相比，本条规定进行了较多的修改。具体包括三个方面，一是将适用范围扩大至核材料损害责任，二是增加了武装冲突、暴乱等作为免责事由的列举性规定，三是将责任主体界定为"营运单位"。

一、民用核设施和核材料损害责任的适用范围

本条规定的适用范围为民用核设施损害与核材料损害。

民用核设施就是非军用的核能设施，是指经国家有关部门批准，为核目的而建立的核设施。《核安全法》第2条对核设施作出了界定，具体包括核电

厂、核热电厂、核供汽供热厂等核动力厂及装置；核动力厂以外的研究堆、实验堆、临界装置等其他反应堆；核燃料生产、加工、贮存和后处理设施等核燃料循环设施；放射性废物的处理、贮存、处置设施。

核材料主要指的是运入运出核设施的核材料。《侵权责任法》第70条只规定了民用核设施损害，本条增加了"运入运出核设施的核材料"的表述。理由在于，本条规定的规范目的在于救济因核事故遭受的损害。除了核设施有可能引发核事故外，运入运出核设施期间，核材料也可能发生核事故造成他人损害，构成侵权行为，应当承担侵权责任。

二、民用核设施和核材料损害责任的归责原则与构成要件

根据本条规定，民用核设施、核材料发生核事故造成他人损害的，适用无过错责任原则。由于核物质本身具有极高的危险性，且核事故的发生具有极大的危害性，故本条规定承继了《侵权责任法》第70条规定，将归责原则确定为无过错责任原则。

民用核设施和核材料损害责任的构成要件包括三个方面。

第一，民用核设施和核材料发生了核事故。核事故是指核设施内的核燃料、放射性产物、放射性废物或者运入运出核设施的核材料所发生的放射性、毒害性、爆炸性或者其他危害性事故，或者一系列事故。

第二，民用核设施和核材料的核事故造成了他人的人身损害或者财产损害。

第三，民用核设施和核材料的核事故与他人人身损害和财产损害结果之间有因果关系。

三、民用核设施和核材料损害责任的免责事由

与其他高度危险责任类型不同，民用核设施、核材料损害责任的免责事由更为多样。

本条规定的民用核设施、核材料损害责任免责事由包括战争、武装冲突、暴乱等情形或受害人故意。与《侵权责任法》第70条规定为"战争等情形"相比，本条规定增加了武装冲突、暴乱作为免责事由的列举性规定。这与《核安全法》第90条的规定相一致。可以说，这样的修改不仅实现了法律之间的规则统一，也有利于司法实践中的准确适用。

四、民用核设施和核材料损害的责任主体

本条规定的责任主体是民用核设施的营运单位。在此之前,《侵权责任法》第 70 条规定的责任主体为经营者。本条规定借鉴了《核安全法》第 93 条关于"核设施营运单位,是指在中华人民共和国境内,申请或者持有核设施安全许可证,可以经营和运行核设施的单位"的规定,调整了责任主体的表述,将其修改为"营运单位",用语更为精准。

需要注意的是,对于为核设施营运单位提供设备、工程以及服务等的单位,原则上不承担核损害赔偿责任。这是国际惯例。如果核设施营运单位与为核设施营运单位提供设备、工程以及服务等的单位有约定的,在承担赔偿责任后,可以按照约定追偿。

第一千二百三十八条 民用航空器造成他人损害的,民用航空器的经营者应当承担侵权责任;但是,能够证明损害是因受害人故意造成的,不承担责任。

释 义

本条是关于民用航空器损害责任的规定。该规定承继了《侵权责任法》第 71 条的内容,规定民用航空器损害适用无过错责任原则,经营者能够证明损害是因受害人故意造成时免责。

一、民用航空器损害责任的适用范围

民用航空器是指经国家有关部门批准而投入营运的民用航空器,例如各类民用的飞机、热气球等。现代社会,民用航空器造成损害的,后果非常严重,对这种损害的赔偿责任必须重点规定,以保障受害人损害赔偿权利的实现。

民用航空器致害主要是因民用航空器失事造成的他人损害,同时也包括从航空器上坠落或者投掷人或物品、能量造成他人的损害。前者是航空器失事所造成的后果,例如飞机空难,坠落后对地面人员和财产造成损害。后者是航空器上的人或者物品、能量,因自主或者不自主地坠落或者投掷,造成地面的人员和财产的损害。总之,这种危险活动的损害,是指对地面人员和财产的

损害,而不是对航空器本身所载的人或者财产的损害。此外,军用航空器造成损害的,不适用这些规则。

二、民用航空器损害责任的归责原则与构成要件

本条规定民用航空器损害责任适用无过错责任原则。之所以适用无过错责任原则,主要原因在于民用航空器在使用过程中具有高度的危险性。

民用航空器损害责任的构成要件包括三个方面。第一,民用航空器在使用中发生事故;第二,航空器之外的人遭受了人身损害或者财产损害;第三,民用航空器事故与人身损害或者财产损害之间有因果关系。

三、民用航空器损害责任的免责事由

民用航空器损害责任的免责事由包括以下两种情形:

第一,受害人故意。本条规定了能够证明是因受害人故意造成的,不承担责任。

第二,其他法律的规定。从条文内容看,民用航空器损害责任好像比民用核设施、核材料致人损害责任还重,因为本条仅规定了受害人故意的免责事由,其实不然。例如,《民用航空法》针对不同的情形规定了不同的免责事由,这些规定仍然应当得到适用。例如《民用航空法》规定了不可抗力造成损害的免除责任,这样的规定是完全有效的。

民用航空器损害责任没有规定过失相抵规则,受害人即使有重大过失或者过失,都不能减轻民用航空器经营者的赔偿责任。

四、民用航空器损害的责任主体

民用航空器损害的赔偿责任主体,是民用航空器的经营者,也就是航空器的所有人或国家授权的经营人。《民用航空法》第158条规定将其表述为经营人。

之所以由经营者来承担民用航空器损害责任,是因为民用航空器的经营者享有运行利益,能够控制运行风险。因而,当民用航空器使用中造成他人损害时,应当由经营者承担责任。

第一千二百三十九条　占有或者使用易燃、易爆、剧毒、高放

射性、强腐蚀性、高致病性等高度危险物造成他人损害的,占有人
或者使用人应当承担侵权责任;但是,能够证明损害是因受害人
故意或者不可抗力造成的,不承担责任。被侵权人对损害的发生
有重大过失的,可以减轻占有人或者使用人的责任。

释　义

本条是关于占有或者使用高度危险物损害责任的规定。该规定在《侵权
责任法》第 72 条规定的基础上,提高了放射性物质致人损害适用无过错责任
原则的标准,并明确指出了强腐蚀性、高致病性物质造成他人损害适用高度危
险物损害责任的规定。

一、占有或者使用高度危险物损害责任的适用范围

本条规定的适用范围是占有或者使用高度危险物致人损害的情形。

其中,高度危险物的范围包括易燃、易爆、剧毒、高放射性、强腐蚀性、高致
病性等高度危险物。与《侵权责任法》第 72 条规定相比,本条规定作了两方
面的调整。

第一,将放射性修改为高放射性。根据放射源危险性的不同,可以将放射
性物质从高到低分为 I 类(极高危险源)、II 类(高度危险源)、III 类(危险
源)、IV 类(低危险源)、V 类(极低危险源)。可见,IV 类与 V 类放射性物质并
不存在高度危险性。《侵权责任法》第 72 条规定放射性危险物致人损害责
任,较大地扩张了高度危险责任的适用范围。本条规定修改为高放射性,属于
将适用范围严格限制在 I 类、II 类、III 类放射源。从归责意义上而言,是提高
了放射性物质致人损害适用无过错责任原则的标准,即仅限于高放射性物质。

第二,明确列举了强腐蚀性、高致病性属于高度危险物的特性。强腐蚀性
物、高致病性物属于高度危险物,包含在《侵权责任法》第 72 条规定的"等"字
之内。因而,强腐蚀性物、高致病性物致人损害适用《侵权责任法》第 72 条符
合规范意旨。本条规定将其明确地表述出来,避免了司法实践进行适用时产
生不必要的歧义。尤其是此次民法典的制定颁布恰逢"新冠肺炎"疫情发生,
本条深深烙上了"新冠肺炎"的印记,增加了关于高致病性高度危险物致人损
害的规定,切实回应了社会关切的现实问题,体现了"民有所呼,法有所应"的

立法宗旨。

需要注意的是,除了本条所明确列举的易燃、易爆、剧毒、高放射性、强腐蚀性、高致病性致害外,其他高度危险物质致人损害的情形也应适用本条规定。

二、占有或者使用高度危险物损害责任的归责原则与构成要件

本条规定占有或者使用高度危险物损害责任适用无过错责任原则。

在工业生产中,占有、使用易燃、易爆、剧毒、高放射性、强腐蚀性、高致病性等高度危险物,对周围环境和人员具有高度危险性,使用这样的高度危险物进行制造、加工、使用、利用的,必须高度注意,采取安全保障措施,防止造成损害。但是,即使是这样,也难免造成他人损害,因此,对高度危险物造成的损害应当适用无过错责任归责,即使是其所有人、占有人、管理人在主观上没有过错的,也应当承担侵权责任。

占有、使用高度危险物损害责任的构成要件包括三个方面。第一,行为人实施了占有或者使用易燃、易爆、剧毒、高放射性、强腐蚀性、高致病性等高度危险物的行为。第二,他人遭受了人身损害或者财产损害。第三,占有或者使用高度危险物与他人的人身损害或者财产损害事实之间有因果关系。

三、占有或者使用高度危险物损害责任的免责事由与减责事由

本条规定了能够证明损害是因受害人故意或者不可抗力造成的,不承担责任。这与《民法典》第1240条规定的从事高空、高压、地下挖掘活动或者使用高速轨道运输工具损害责任的免责事由相一致。

相比《民法典》第1237条规定的民用核设施、核材料致害和第1238条的民用航空器致害情形,高度危险物致害中的危险程度有所降低。因而,虽然同属高度危险责任,本条规定增加了过失相抵规则。

本条规定的减责事由是被侵权人对损害的发生有重大过失,被侵权人的一般过失不是减轻责任的事由。

四、占有或者使用高度危险物损害责任的责任主体

本条规定沿袭了《侵权责任法》第72条的规定,确定责任主体为高度危险物的占有人及使用人。之所以由高度危险物的占有人及使用人来承担责

任,是因为他们是高度危险物的实际控制者。因而,当高度危险物造成他人损害时,应当由占有人或使用人承担责任。

需要指出的是,这里的占有人或者使用人仅限于合法的占有人或者使用人。这是因为,《民法典》第1242条专门规定了非法占有高度危险物致害的侵权责任。非法占有人或者使用人对由其非法占有及使用的高度危险物致害的责任规则应当适用第1242条,而不是本条规定。因而,非法占有人或者使用人不属于本条规定的责任主体。

第一千二百四十条 从事高空、高压、地下挖掘活动或者使用高速轨道运输工具造成他人损害的,经营者应当承担侵权责任;但是,能够证明损害是因受害人故意或者不可抗力造成的,不承担责任。被侵权人对损害的发生有重大过失的,可以减轻经营者的责任。

释 义

本条是关于高度危险活动损害责任的规定。该规定承继了《侵权责任法》第73条的规定,对4种情形进行了规范调整,分别是从事高空、高压、地下挖掘活动或者使用高速轨道运输工具造成他人损害。与此同时,该规定将减责事由限定为被侵权人重大过失,而不包括一般过失。

一、高度危险活动损害责任的适用范围

(一) 高空作业致害

高空作业是指超过正常的高度进行作业。何谓正常的高度,以及何谓高空,并不是能够准确界定的概念,是应当在实践中具体掌握的。

从事高空作业造成他人损害有两种情况。一种是高空作业造成作业工人自己的人身伤害,这种情况属于工伤事故,一般应当按照工伤事故的规定请求赔偿。但是受害人直接依据高空作业致害责任请求赔偿,也是可以的。另一种是高空作业造成他人损害,包括人身损害和财产损害,例如高空作业中,作业的工具、材料、人员脱落、坠落等,造成地面人员或者财产的损害,就是这种侵权行为。

（二）高压作业致害

高压是指高电压或者高压力超过通常的标准,这种"超过"不是低于而是高于,即高于通常标准的电压或者压力。在现代工业中,高电压或者某些能量、物质必须以高压方式制造、运输或者储藏,都属于正常的现象。但是,高压作业具有危险性。比如,高电压或者以高压制造、储藏、运送液体、煤气、蒸汽等气体对周围环境和人群具有重大的危险,必须采取措施,高度防范,以保障人身、财产安全。一旦损害发生,高压作业人就必须承担责任。

（三）地下挖掘活动致害

地下挖掘是一种高度危险行为,是指在地下掘进、构筑坑道、挖掘隧道、构筑地铁等在地下进行的具有高度危险的施工活动。

在地下挖掘过程中,必须采取必要的、切实可靠的地下支撑,以保证地下和地上的安全。因此,地下挖掘造成损害,是否应当承担侵权责任,就在于地下挖掘是否设立必要和可靠的支撑。没有建立必要的、可靠的支撑,造成地表塌陷或者其他人身损害、财产损害,就构成地下挖掘高度危险责任。

（四）高速轨道运输工具致害

高速轨道运输包括铁路、地铁、城铁、有轨电车等通过轨道高速行驶的交通运输工具,不包括游乐场所的小火车等轨道运输工具。高速轨道运输工具是具有高度危险性的运输活动。

其中,铁路事故包括铁路行车事故,即列车在运行中发生的人身伤害事故或者财产损害事故,同时,还包括从列车上坠落、投掷物品,列车排放能量,造成他人人身损害或者财产损害的事故。

二、高度危险活动损害责任的归责原则与构成要件

本条规定高度危险活动损害责任适用无过错责任原则。因此,即使高度危险活动的经营人没有过错,也必须承担侵权损害赔偿责任。

高度危险活动损害责任在责任构成上不考虑责任人的过错要件,只要具备违法行为、损害事实和因果关系三个要件,就构成侵权责任。

具体而言,高度危险活动损害责任的构成要件包括三个方面。第一,经营者从事了高度危险活动。第二,他人遭受了人身损害或者财产损害。第三,高度危险活动与他人的人身损害或者财产损害事实之间有因果关系。

三、高度危险活动损害责任的免责事由与减责事由

本条规定了能够证明是因受害人故意或者不可抗力造成的,不承担责任。这与《民法典》第1239条规定的高度危险物损害责任的免责事由相一致。

相比于《民法典》第1237条规定的民用核设施、核材料致害和第1238条的民用航空器致害情形,高度危险活动中的危险程度有所降低。因而,虽然同属高度危险责任,本条规定增加了过失相抵规则。

本条规定的减责事由是被侵权人对损害的发生有重大过失,被侵权人的一般过失不是减轻责任的事由。《侵权责任法》第73条规定了高度危险活动损害责任的减责事由是被侵权人对损害的发生有过失,包括了重大过失与一般过失。这实际上是有些偏颇的。高度危险物致害的危险性与高度危险活动致害的危险性基本相同,不存在本质上的区别,应当作出相同的规制。因此,本条规定修改了《侵权责任法》第73条,与《民法典》第1239条规定的高度危险物致人损害责任规则相一致,将减责事由限定为被侵权人存在重大过失。

四、高度危险活动损害责任的责任主体

本条规定沿袭了《侵权责任法》第73条的规定,确定责任主体为经营者。之所以由高度危险活动的经营者来承担责任,是因为他们是高度危险活动的危险实际控制者与利益享有者。因而,当高度危险活动造成他人损害时,应当由经营者承担责任。

需要注意的是,在涉及高压电致人损害的情形下,应当以产权界限为标准确定责任主体。比如,如果是输电线路造成损害,应当由输电企业承担责任,而不是由发电企业或者配电企业、用电企业来承担责任。

第一千二百四十一条 遗失、抛弃高度危险物造成他人损害的,由所有人承担侵权责任。所有人将高度危险物交由他人管理的,由管理人承担侵权责任;所有人有过错的,与管理人承担连带责任。

释 义

本条是关于遗失、抛弃高度危险物损害责任的规定。该规定承继了《侵

权责任法》第74条的规定,对3种情形进行了规范调整,分别是遗失高度危险物致害、抛弃高度危险物致害及危险物交由他人管理致害。

一、遗失高度危险物损害责任

遗失高度危险物造成他人损害的,所有人对遗失物虽然丧失了占有,但是其对该物并没有丧失所有权,仍然是自己的财产。这种遗失的危险物造成受害人的损害,追究损害赔偿责任,还是应当以该物的实际权利人承担责任。因此,遗失的危险物因其自身的危险性质致人损害的,由其所有人承担侵权责任。

所有人承担遗失高度危险物损害责任的构成要件是:第一,所有人遗失高度危险物。第二,他人遭受了人身损害或者财产损害。第三,所有人的遗失行为与他人的人身损害或财产损害之间具有因果关系。

二、抛弃高度危险物损害责任

对财产的抛弃,是对财产的事实上的处分,事实上放弃了该物的所有权,对该物也就不再享有所有权。危险物被抛弃,所有权人就丧失了该危险物的所有权。如果危险物被抛弃之后,该危险物由于其自身的危险性而致害他人,仍然产生侵权责任。我们认为,在这种情况下,虽然抛弃该危险物的人已经丧失对该物的所有权,对自己抛弃的危险物所造成的损害,只要是这个危险物没有被别人所占有,或者别人没有对此产生所有权,那就还要由抛弃物的原所有人承担责任。

所有人承担抛弃高度危险物损害责任的构成要件是:第一,所有人抛弃高度危险物。第二,他人遭受了人身损害或者财产损害。第三,所有人的抛弃行为与他人的人身损害或财产损害之间具有因果关系。

三、高度危险物交由他人管理致害责任

高度危险物交由他人管理致害责任中,管理人责任适用无过错责任原则,所有人责任适用的是过错责任原则。

这是因为高度危险物责任主体的确定是基于危险控制理论,而不是基于所有权的原理。当所有人将高度危险物交由他人进行管理时,管理人能够控制高度危险物,因而应当承担无过错责任。所有人无法控制高度危险物,但是

当其交由他人管理存在过错时,应当对危险的发生承担责任。

管理人承担高度危险物致害责任的构成要件是:第一,管理人管理高度危险物。第二,他人遭受了人身损害或者财产损害。第三,管理人的行为与他人的人身损害或财产损害之间具有因果关系。

所有人承担高度危险物致害责任的构成要件是:第一,所有人将高度危险物交由他人管理的行为不当。第二,他人遭受了人身损害或者财产损害。第三,所有人将高度危险物交由他人管理的行为不当与他人的人身损害或财产损害之间具有因果关系。第四,所有人存在过错。所有人的过错是指,对高度危险物交由他人管理未尽高度注意义务,具有疏忽或者懈怠,如未交代危险物的性质、保管方法、危险后果等。

高度危险物交由他人管理致害责任的承担规则包括:第一,所有人将高度危险物交由他人管理的,由于管理人管理不善,造成他人损害的,应当由管理人承担侵权责任,所有权人不承担赔偿责任。第二,所有人将高度危险物交由他人管理,造成他人损害,所有人有过错的,所有人与管理人承担连带责任。在对外关系上,被侵权人可以请求一方或者双方承担责任,在对内关系上,双方应当按照原因力的规则确定各自的责任份额,超出自己应当承担的责任份额的,有权向对方进行追偿。

第一千二百四十二条　非法占有高度危险物造成他人损害的,由非法占有人承担侵权责任。所有人、管理人不能证明对防止非法占有尽到高度注意义务的,与非法占有人承担连带责任。

释　义

本条是关于非法占有高度危险物损害责任的规定。该规定承继了《侵权责任法》第75条的规定,区分了高度危险物的非法占有人与所有人、管理人之间的责任承担。

一、非法占有人对高度危险物致害承担无过错责任

非法占有指的是盗窃、抢夺等违背所有人的意志而取得对高度危险物占有的情形。

当高度危险物被非法占有时,实际控制人为非法占有人。因而,应当由非法占有人对高度危险物致害承担侵权责任。

非法占有人承担侵权责任适用的归责原则是无过错责任原则。这是因为,高度危险物具有高度危险性。因而,不论非法占有人是否存在过错,都需要承担侵权责任。

二、所有人、管理人对高度危险物致害承担过错推定责任

高度危险物致害责任主体的确定是基于危险控制理论,即由控制危险物的主体承担侵权责任。当高度危险物被他人非法占有时,所有人、管理人无法对高度危险物产生实际控制,因而不适用无过错责任原则。但是,考虑到高度危险物具有高度危险性,极易发生现实危害,所有人、管理人应当尽到高度注意义务,安全防范,避免高度危险物被他人盗窃、抢夺等。未尽到高度注意义务导致高度危险物被他人非法占有产生损害,所有人、管理人应当承担责任。

所有人、管理人对他人非法占有高度危险物致害承担的责任属于过错推定责任。这是因为,与受害人相比,所有人和管理人拥有信息上的优势,受害人难以证明所有人、管理人未尽到高度注意义务。因而,本条规定举证责任倒置,即尽到高度注意义务的证明责任在于危险物品的所有人、管理人,而不是受害人。

三、非法占有人与所有人、管理人之间的责任分担

第一,被他人非法占有的危险物致人损害的,无论是造成他人人身损害还是财产损害,都由该非法占有人承担民事责任,危险物品的所有人不承担责任。适用这种规则,应当是所有人、管理人或者使用人对危险物品已经尽到高度注意义务。

第二,该危险物的所有人如果不能证明自己对他人非法取得占有已尽到高度注意义务,即对危险物的管理存在过失的,应当与危险物的非法占有人承担连带责任。承担连带责任的规则,适用《民法典·总则编》第 178 条规定。对外,受害人可以直接请求高度危险物所有人或者管理人、非法占有人赔偿全部损害。对内,非法占有人、所有人、管理人对超出自己范围的部分承担责任后,可以进行追偿。

第三,非法占有高度危险物,造成非法占有人自己损害的,在原则上应当

适用前两项规则,即高度危险物的所有人、管理人能够证明自己已经尽到高度注意义务的,免除赔偿责任;不能证明的,则应当与非法占有人双方按照过失相抵规则处理,减轻高度危险物的所有人或管理人的赔偿责任。

第一千二百四十三条 未经许可进入高度危险活动区域或者高度危险物存放区域受到损害,管理人能够证明已经采取足够安全措施并尽到充分警示义务的,可以减轻或者不承担责任。

释 义

本条是关于未经许可进入高度危险区域损害责任的规定。该规定在《侵权责任法》第 76 条规定的基础上,提高了管理人注意义务的标准,并且明确了证明责任分配规则。

一、未经许可进入高度危险区域损害责任的归责原则

高度危险活动或者高度危险物致人损害的情形可以分为两种。一类是积极、主动造成损害,即因其本身的积极行为对周围的环境造成了损害。比如在进行高度危险作业中导致他人遭受损害就是属于这种情形。另一类是消极、被动造成损害,即因其本身的高度危险性对周围的环境造成了损害。比如本条规定的未经许可进入高度危险活动区域或者高度危险物存放区域造成损害。

基于危险活动以及危险物品本身的危险性,为了充分保护受害人利益,法律要求侵权人承担无过错责任。本条规定的未经许可进入高度危险活动区域或者高度危险物存放区域致害责任属于高度危险责任的类型之一,也应当适用无过错责任原则。

不过,本条规定的未经许可进入高度危险区域致害责任适用的无过错责任原则较为宽松。理由是,高度危险活动或高度危险物的高度危险作业是合法的、正当的,至少不是为法律所禁止的,是利用现代科学技术服务于社会,既有利于国计民生,也增进了人类福祉。所以,高度危险责任的承担不应过于苛刻,应给予其一定的自由发展,以免阻碍社会的发展和进步。而且,未经许可进入高度危险区域致害并非是由于高度危险活动或者高度危险区域积极主动

造成的危险,而是由于其存在本身所引发的静态危险。因而,本条规定,如果管理人已经采取足够安全的措施,并且尽到充分警示义务的,不承担全部赔偿责任,而是减轻或者免除管理人的侵权赔偿责任。只有在没有采取足够安全措施,也没有尽到充分警示义务的情况下,才承担全部赔偿责任。

二、未经许可进入高度危险区域损害责任的构成要件

未经许可进入高度危险区域损害责任在责任构成上不考虑责任人的过错要件,只要具备违法行为、损害事实和因果关系三个要件,就构成侵权责任。

具体而言,未经许可进入高度危险区域损害责任的构成要件包括三个方面。第一,受害人未经许可进入高度危险区域。第二,受害人遭受了人身损害或者财产损害。第三,高度危险活动区域与高度危险物存放区域本身的高度危险性与受害人的损害之间具有因果关系。

三、未经许可进入高度危险区域损害责任的免责事由

未经许可进入高度危险活动区域或者高度危险物存放区域的,高度危险活动人或高度危险物的所有人、占有人或者管理人对其在该区域内所遭受的损害减轻或者不承担民事责任的条件是,高度危险活动人或者高度危险物占有人、所有人、管理人已经尽到了高度注意义务,即采取足够安全措施并尽到充分的警示义务。

《侵权责任法》第76条规定的免责事由是,管理人已经采取安全措施并尽到警示义务。本条规定提高了管理人的注意义务标准,要求其尽到“高度注意义务”,即采取的安全措施必须足够,尽到的警示义务必须充分。只有在满足这两个条件的情形下,高度危险区域的管理人才可以减轻或者免除责任。

关于高度危险区域管理人是否已采取足够安全措施并尽到充分警示义务的证明,由高度危险区域管理人承担举证责任。《侵权责任法》第76条未对此作出规定,导致实践中对此争议颇多。事实上,免责事由本就应当由侵权人来证明。本条规定明确了管理人对尽到高度注意义务需要承担证明责任,有利于减少司法实践中的分歧。从受害人权益保护方面而言,也减轻了受害人的举证负担。

第一千二百四十四条　承担高度危险责任,法律规定赔偿限

额的,依照其规定,但是行为人有故意或者重大过失的除外。

释　义

本条是关于高度危险责任赔偿限额的规定。该规定在《侵权责任法》第77条规定的基础上,新增了除外规则,即行为人有故意或者重大过失的除外。

一、无过错责任中加害人有无过错对于确定赔偿责任范围的关系重大

适用无过错责任的特殊侵权责任,在侵权责任构成上不要求有过错的要件,也就是不问过错,无论行为人有无过错,只要具备了违法行为、损害事实和因果关系三个要件,就构成侵权责任。这样的要求无疑是正确的。

在确定赔偿责任范围的时候,我国司法实践采取的态度是,无论加害人对于损害的发生是否有过失,都因为实行无过错责任原则而承担同样的赔偿责任,都适用全部赔偿原则。这样的做法是不公平的。理由是,在侵权法中加害人的过错对确定赔偿责任范围是有重大影响的,它表明的是法律对加害人行为的谴责程度。在无过错责任场合,无过错责任原则仅仅表明对某种危险性严重的侵权领域,要给予受害人更为妥善的保护,即使加害人没有过错也要承担侵权责任,使受害人的损害得到赔偿。但是,即使在这样的场合,加害人究竟有过错还是没有过错,法律对其的谴责程度也是不同的。无过错的加害人在无过错责任的场合应当承担侵权责任,而有过错的加害人在这样的场合应当承担更重的赔偿责任,这种赔偿责任轻重的区别,体现的是法律对主观心理状态不同的加害人的不同谴责和制裁的程度要求。也只有这样,才能够体现侵权法的公平和正义。

这样的规则就是基于不同归责原则的法律基础而产生的侵权请求权,应当具有不同的赔偿内容。基于加害人的过错产生的侵权损害赔偿请求权实行全部赔偿原则;而基于加害人无过错而产生的侵权损害赔偿请求权则应当实行限额赔偿原则,并不是全部赔偿请求权。

凡是法律规定的适用无过错责任原则的侵权行为,侵权人都存在有过错和无过错的两种情况。既然如此,侵权人在有过错的情况下侵害他人的权利,或者在没有过错的情况下致害他人,其赔偿责任应当不同。如果侵权人在主

观上没有过错,虽然法律规定应当承担侵权责任,因而应当承担适当的赔偿责任。如果侵权人在主观上有过错,就应当承担过错责任的赔偿责任,对受害人的损失予以全部赔偿。

二、高度危险责任中限额赔偿规则的具体适用

高度危险责任为无过错责任。为了适当缓和责任的严苛性,保护高度危险产业的发展,《侵权责任法》第 77 条规定法律可以设定高度危险责任赔偿限额。这是我国关于侵权责任的立法第一次确认高度危险责任适用限额赔偿规则的规定。本条规定承继了这一内容,并新增了除外规则。

（一）限额赔偿的适用范围

1. 核损害赔偿。

国务院 2007 年 6 月 30 日发布的《关于核事故损害赔偿责任问题的批复》第 7 条规定:"核电站的营运者和乏燃料贮存、运输、后处理的营运者,对一次核事故所造成的核事故损害的最高赔偿额为 3 亿元人民币;其他营运者对一次核事故所造成的核事故损害的最高赔偿额为 1 亿元人民币。核事故损害的应赔总额超过规定的最高赔偿额的,国家提供最高限额为 8 亿元人民币的财政补偿。对非常核事故造成的核事故损害赔偿,需要国家增加财政补偿金额的由国务院评估后决定。"按照这一规定,核电站等营运者对一次核事故所造成的损害事故的最高赔偿额为 3 亿元人民币,加上国家提供的最高限额 8 亿元,一次核事故造成损害的最高赔偿额为 11 亿元人民币。因此,在核损害事故中,一次事故的损害赔偿限额,企业承担的最高限额为 3 亿元,不足部分,国家承担的仍然是限额赔偿,为 8 亿元。不论受害人有多少,只能在这个限额中按照债权平等的原则,按比例受偿。

2. 铁路交通事故赔偿。

2007 年 7 月 1 日公布、2007 年 9 月 1 日实施的《铁路交通事故应急救援和调查处理条例》第 33 条规定:"事故造成铁路旅客人身伤亡和自带行李损失的,铁路运输企业对每名铁路旅客人身伤亡的赔偿责任限额为人民币 15 万元,对每名铁路旅客自带行李损失的赔偿责任限额为人民币 2000 元。"第 34 条规定:"事故造成铁路运输企业承运的货物、包裹、行李损失的,铁路运输企业应当依照《中华人民共和国铁路法》的规定承担赔偿责任。"第 35 条规定:"除本条例第三十三条、第三十四条的规定外,事故造成其他人身伤亡

或者财产损失的,依照国家有关法律、行政法规的规定赔偿。"这里规定的是,对于铁路旅客的伤亡赔偿,实行限额赔偿,最高赔偿额为 15 万元,自带行李损失也实行限额赔偿,最高额为 2000 元人民币。这种损害赔偿实际上是运输合同的损害赔偿责任,由于发生竞合,当然也可以侵权损害赔偿起诉。这种最高限额也是无过错责任中的限额赔偿。对于路外人身伤亡和财产损失,则依照法律或者行政法规的规定承担赔偿责任,不在此列,没有赔偿限额的限制。

3. 国内航空事故赔偿。

2006 年 1 月 19 日国务院批准、2006 年 2 月 28 日国家民用航空局公布、2006 年 3 月 28 日实施的《国内航空运输承运人赔偿责任限额规定》第 3 条规定:"国内航空运输承运人(以下简称承运人)应当在下列规定的赔偿责任限额内按照实际损害承担赔偿责任,但是《民用航空法》另有规定的除外:(一)对每名旅客的赔偿责任限额为人民币 40 万元;(二)对每名旅客随身携带物品的赔偿责任限额为人民币 3000 元;(三)对旅客托运的行李和对运输的货物的赔偿责任限额,为每公斤人民币 100 元。"第 5 条规定:"旅客自行向保险公司投保航空旅客人身意外保险的,此项保险金额的给付,不免除或者减少承运人应当承担的赔偿责任。"按照这一规定,国内航空运输中发生的旅客人身、财产损害的赔偿,按照上述限额进行赔偿。超出以上限额的,不予赔偿。其赔偿性质与铁路交通事故相同,也不包括对航空旅客之外的其他人的损害赔偿问题。

4. 海上运输损害赔偿。

1993 年 11 月 20 日国务院批准、1993 年 12 月 17 日交通部发布、1994 年 1 月 1 日实施的《中华人民共和国港口间海上旅客运输赔偿责任限额规定》第 3 条规定:"承运人在每次海上旅客运输中的赔偿责任限额,按照下列规定执行:(一)旅客人身伤亡的,每名旅客不超过 4 万元人民币;(二)旅客自带行李灭失或者损坏的,每名旅客不超过 800 元人民币;(三)旅客车辆包括该车辆所载行李灭失或者损坏的,每一车辆不超过 3200 元人民币;(四)本款第(二)项、第(三)项以外的旅客其他行李灭失或者损坏的,每千克不超过 20 元人民币。"第 4 条规定:"海上旅客运输的旅客人身伤亡赔偿责任限制,按照 4 万元人民币乘以船舶证书规定的载客定额计算赔偿限额,但是最高不超过 2100 万元人民币。"这个规定至今已经有近 17 年了,规定的赔偿限额显然过低,但它仍然是限于合同之中对旅客损害的限额赔偿,而不是全额赔偿。

（二）限额赔偿的除外规则

尽管高度危险责任适用无过错责任原则,但是高度危险责任人对损害的发生或者扩大都存在有过错和无过错的两种情况。既然如此,两种情形下的赔偿责任应当有所区分。当高度危险责任的无过错责任具体关联到限额赔偿时,也就是说,有无过错以及过错程度的区分将影响到限额赔偿的具体适用。

《侵权责任法》第77条未对此作出规定,本条规定作出了调整,明确了当行为人故意或者重大过失时将不再受到限额赔偿规则的保护。这主要是因为,高度危险责任人对损害结果的发生或者损害的扩大具有故意或者重大过失之时,其行为具有应受谴责性。如果此时仍然适用限额赔偿规则,有失公平。

行为人的故意或者重大过失的要件,证明责任由被侵权人承担。被侵权人应当举证证明行为人在造成其损害的高度危险活动或者高度危险物的管理中对损害的发生具有故意或者重大过失。能够证明成立的,应当不受法定限额赔偿的约束,被侵权人可以主张承担全部赔偿责任,法院应当支持。

第九章 饲养动物损害责任

目前不论是在城市还是在农村,饲养动物的现象越来越普遍。但是饲养动物不可避免地会带来问题,比如咬伤、抓伤他人。为了防止饲养动物对他人造成损害,规范饲养动物的行为,《民法典·侵权责任编》对饲养动物致人损害产生的侵权责任作出详细规定。

本章共7条,内容包含饲养的动物造成他人损害后责任承担的一般规则;违反管理规定,未对动物采取安全措施造成他人损害的侵权责任规定;禁止饲养的危险动物造成他人损害的侵权责任规定;动物园的动物造成他人损害的侵权责任规定;遗弃、逃逸的动物造成他人损害的侵权责任规定;因第三人过错致使动物造成他人损害的侵权责任规定;以及饲养人的法律义务规定。

本章相较于《侵权责任法》"饲养动物损害责任"章所体现出的创新之处主要是,在未对动物采取安全措施致人损害的责任承担规则中,增加了一项减责事由,即"损害是因被侵权人故意造成的"。其他条款在文字表述上也做了一些完善与改动。

第一千二百四十五条 饲养的动物造成他人损害的,动物饲养人或者管理人应当承担侵权责任;但是,能够证明损害是因被侵权人故意或者重大过失造成的,可以不承担或者减轻责任。

释 义

本条是关于饲养的动物致人损害后责任承担的一般规则。本条承继自《侵权责任法》第78条。

一、饲养动物损害责任的归责原则

关于饲养动物致人损害的归责原则，比较法上有两种立法例。一种是统一规定所有的饲养动物损害责任都适用相同的归责原则。如法国、意大利等国统一采用无过错责任，即责任的发生与动物是否在责任人监管之下无关，只要发生动物致害，所有人都应承担无过错责任。而日本、奥地利等国统一采用过错推定责任，例如《日本民法典》第718条规定，动物造成损害的时候，除非能够证明根据动物的种类、性质已经尽到了相当的注意以及妥善的管理，动物的占有人或者代替动物的占有人管理的人，应当承担赔偿责任。还有一种立法例是针对不同类型的动物采用不同的归责原则。例如《德国民法典》区分奢侈性动物和用益性动物，对前者采用无过错责任，后者采用过错推定责任；美国法则将动物分为家养的动物和野生的动物，对于家养的动物，适用过错责任，除非这种损害的造成本身就有某种不同寻常的倾向性，而且主人也意识到了这种危险性；如果是利用野生动物的特性给他人造成损害，那么主人就要承担严格责任。

我国关于饲养动物损害责任归责原则，一直存在激烈争论。按照目前的侵权责任编，我们区分了不同类型的动物和情形，规定了不同的归责原则。

首先，依照本条，原则上饲养动物造成他人损害的，无论动物饲养人或者管理人有没有过错，都应当承担侵权责任。只有在证明这种损害是由于被侵权人故意或者重大过失所造成的情形中，动物饲养人或管理人才能免责或减责，即适用程度较低的无过错责任。

其次，本法第1246条规定了较为严格的无过错责任，当违反管理规定，未对动物采取安全措施造成他人损害的，只有在被侵权人对于损害的发生具有故意时，才能相应减轻动物饲养人或管理人的责任，并且不可完全免除责任。

最后，本法第1247条规定了更为严格的无过错责任。当禁止饲养的烈性犬等危险动物造成他人损害时，动物的饲养人或管理人承担的是更高程度的无过错责任，即使受害人对于损害的发生有故意，动物饲养人或管理人的责任也不能减轻，即无任何免责、减责事由。另外，本法第1248条针对动物园的动物适用的是过错推定责任。也就是动物园可以证明自己尽到了管理职责而免除侵权责任。

本条即是关于动物致人损害的一般规定，原则上适用无过错责任原则。

在无过错责任原则下,不要求侵权人对动物致人损害存在过错,也不要求被侵权人举证证明侵权人具有过错。

二、何为"饲养的动物"

依照本条规定,造成他人损害的动物应当是"饲养的动物"。对于"动物",按照社会一般观念来理解即可。如何认定"饲养的动物"至关重要。"饲养的"表明了动物与人类活动之间的关系,要构成"饲养的动物",应当同时具备这几个因素:一是要求为特定人所有或占有,即为特定人所饲养或者管理;二是饲养人或者管理人对该动物有适当程度的控制力;三是该动物依其特性,可能对他人的人身或者财产造成损害;四是该动物为家畜、家禽、宠物或者驯养的野兽、爬行类动物。

基于此,假如是完全处于天然、无人管理的环境之中的野生动物,由于不存在饲养人、管理人,一般不会产生侵权责任。关于自然保护区或者野生动物保护区中的飞禽走兽,虽然可能处在人们一定程度的饲养或者管理下,比如定期检测、投喂食物等,但是由于人们对它的控制力极低,因此在所设置的自然保护区或者野生动物保护区中的野生动物,一般也不认为是"饲养的动物"。假如是不具有对他人的人身或者财产造成可能的危险的动物,也不构成法律意义上的"饲养的动物"。①

三、侵权行为

在饲养动物致人损害的侵权责任中,直接侵权行为者似乎是饲养的动物,但是实际上离不开饲养人或者管理人的行为。饲养人、管理人的行为指的是对该动物的所有或占有、饲养或管理。要构成侵权法意义上的侵权行为,必须将动物的直接加害行为和饲养人、管理人的行为结合起来看。缺少任何一方都不构成侵权法意义上的侵权行为。饲养动物的侵权行为既可以表现为直接的侵害行为,即狗咬伤他人、牛羊吃了他人牧草等;也可以表现为间接的侵害行为,例如饲养的动物闯入马路,过往车辆行人为了躲避动物而发生事故。

对于饲养人、管理人故意使用动物作为侵权工具的情况,则不属于饲养动物致人损害中的侵权行为,不适用本章的特殊侵权责任规则,而应当作为行为

---

① 参见张新宝:《饲养动物致人损害的赔偿责任》,《法学研究》1994 年第 2 期。

人直接的一般侵权行为来对待。如果是动物非出于自己独立的行为造成他人损害，例如猪从运送车辆上掉落砸伤他人等，也不属于本条中的饲养动物致人损害的侵权行为。

四、责任主体

关于饲养动物致人损害后具体承担责任的主体，各国法律规定不一。如《法国民法典》规定为所有人或使用人，《德国民法典》规定为占有人或管理人，《日本民法典》规定为占有人。对于责任主体的判断，可以综合考虑两项标准：第一，为了自己的利益而使用动物，例如从动物处获得快乐（养宠物）、获得产品（如获取鸡蛋、羊毛）等；第二，对动物有决定权，即对于动物的使用、生存有决定性影响，有权支配动物。

依照我国侵权责任编的规定，发生饲养动物损害责任后，具体承担责任的主体是饲养人或管理人。所谓饲养人，一般是动物的所有权人，即对动物享有占有、使用、受益、处分权的人，可能是某一个人单独所有，也可能是家庭成员或者其他共有人共同所有。所谓管理人，是实际控制和管束动物的人，管理人只是对动物根据某种法律关系占有、控制，对动物不享有所有权。

五、责任承担

在发生饲养动物致人损害后，动物饲养人或者管理人作为责任主体应当承担责任。在现实生活中，动物饲养人和管理人可能重合，也可能分离。当动物饲养人和管理人不是同一人时，由动物管理人承担责任。因为此时真正对动物形成控制和管束的是管理人，而非饲养人。至于管理人是临时管理还是长期管理，是有偿管理还是无偿管理，都无关紧要。动物致人损害责任的承担，赔偿范围包括财产损害和人身损害。

在本条关于饲养动物致人损害的一般规则中，还设置了饲养人或管理人的免责事由。依照本条规定，如果饲养动物致人损害是由于被侵权人自己故意或者重大过失造成的，动物的饲养人或者管理人可以减轻责任，甚至不承担责任。即在被侵权人本身对损害的发生或者扩大具有过错时，原则上适用本章所规定的特殊的过失相抵规则。

如何认定为故意或者重大过失？如果被侵权人遭到的损害，是由于被侵权人自己挑逗、激怒等行为而诱发动物的攻击，或者无视警戒标志、不听从管理人劝阻而接近他人饲养的动物,从而构成了引起损害的全部原因或者主要原因,那么饲养人或管理人即可免责或减责。但是,假如被侵权人的行为仅具有轻微过失,只是引起损害的部分原因或者次要原因,则不能构成故意或者重大过失,无法减轻动物饲养人或者管理人的责任。此规定主要是考虑到,动物致人损害主要是由动物的危险行为造成,被侵权人的轻微过失不足以作为减轻或者免除责任的理由。关于"故意与重大过失",具体的认定需要在个案中去裁量,但是总体的标准是对被侵权人的故意或者重大过失认定需要非常严格,否则会构成对饲养人或管理人的偏袒。另外,对于被侵权人的故意和重大过失,应当由饲养人或者管理人举证证明。

第一千二百四十六条 违反管理规定,未对动物采取安全措施造成他人损害的,动物饲养人或者管理人应当承担侵权责任;但是,能够证明损害是因被侵权人故意造成的,可以减轻责任。

释 义

本条是关于未对动物采取安全措施致人损害的责任承担规则。本条承继自《侵权责任法》第79条,在内容上增加了该损害是由被侵权人故意造成的减责情形。

一、违反管理规定

首先,这里的"管理规定"指的是有关动物饲养的管理规定。限于有关动物饲养的规范性法律文件,包括法律、法规、规章。出于加强对饲养动物的管理和规范,一些法律法规都对动物饲养人应当遵守的义务作出明确规定,例如《治安管理处罚法》第75条对饲养动物干扰他人的行为作出处罚规定。另外,我国不少城市都颁布有动物饲养(主要是养犬管理)的地方性法规,例如《天津市养犬管理条例》《重庆市养犬管理暂行办法》等,对动物饲养人的资格、登记注册、饲养人应当遵守的义务等作出明确规定。需要注意的是,小区的动物饲养管理规约不属于这里的"管理规定"。

二、未对动物采取安全措施

动物饲养人应尽的义务中大部分都属于行政管理方面的内容,而本条关于侵权责任的承担,针对的是"未对动物采取安全措施"的行为。所谓"未对动物采取安全措施",指的是没有按照规范性法律文件的要求,采取保护社会公众安全的措施。例如,《北京市养犬管理规定》第17条和《深圳市养犬管理条例》第26条、第27条都规定,携犬出户时,应当对犬束犬链,由成年人牵引;携犬乘坐小型出租汽车时,应当为犬戴嘴套等。因此,假如饲养人已经尽到了对动物采取安全措施的义务,但违反了动物饲养管理规定的其他行政性内容,比如未登记办证、未年检、未缴费等,尽管违反了行政管理义务,但是和本条承担侵权责任的内容无关。只有当没有采取安全措施时,比如没有定期为犬只注射狂犬病疫苗、人口密集区域遛狗未拴绳等,造成他人损害时,动物饲养人或者管理人应当承担侵权责任。

三、过失相抵

本条在《侵权责任法》第79条的基础上增加了过失相抵的规定,略微降低了此情形适用无过错责任归责原则的程度。也就是如果被侵权人受到的损害是被侵权人故意挑逗、激怒动物造成的,可以减轻饲养人或管理人的责任。因为,违反管理规定未采取安全措施,并不会导致动物危险显著增加,并不足以成为过分加重饲养人或者管理人责任的理由。但是要注意,减责事由仅限于被侵权人故意,并不包含重大过失的情形。而且,即使是在被侵权人故意的情形下,也只能适当减轻责任,并不能完全免除饲养人、管理人的侵权责任。因为饲养人、管理人违反管理规定,未采取安全措施在先,故不可免除责任。因此,本条采取的仍然是较为严格的无过错责任,当违反管理规定,未对动物采取安全措施造成他人损害的,只有在被侵权人对于损害的发生具有故意时,才能相应减轻动物饲养人或管理人的责任。

第一千二百四十七条　禁止饲养的烈性犬等危险动物造成他人损害的,动物饲养人或者管理人应当承担侵权责任。

释　义

本条是关于饲养烈性犬致人损害的责任承担规则。本条承继自《侵权责任法》第80条,内容无变化。

一、禁止饲养的危险动物

禁止饲养的危险动物,是指依照规范性法律文件禁止饲养的危险动物。由于烈性犬等危险动物对于他人的人身、财产安全,显然有着高度危险性。所以有的地方性法规和规章要么规定了个人不得饲养烈性犬,要么规定在特定区域内不得饲养烈性犬。例如,北京、深圳等市禁止在居民住宅区、商业区、工业区以及主管部门划定的其他禁止饲养烈性犬的区域内饲养烈性犬;《天津市养犬管理条例》第7条第1款也规定了:"禁止个人饲养烈性犬、大型犬。"当然,危险动物不仅限于烈性犬,所谓禁止饲养的危险动物,一般理解为有较强的攻击性和野性的动物,主要包括如下两类:一是家畜、家禽中的凶猛动物,如烈性犬;二是野生动物,如老虎、狮子、毒蛇、食人鱼等。

二、责任承担规则

为了保障他人的人身安全,本条对饲养危险动物致人损害的侵权行为进行非常严格的规制,即采用了更为严格的无过错责任。因为禁止饲养的危险动物具有特殊危险性,法律要求饲养人或管理人承担更重的责任,有利于避免损害的发生。如果饲养人或管理人违反管理规定饲养了危险动物,只要该危险动物致人损害,饲养人或管理人就应当承担侵权责任。但是要注意"违反管理规定"在这里并不是必备条件。因为饲养烈性犬等危险动物,理应比饲养其他一般动物负担更重的注意义务,承担更为严格的责任。尽管有时饲养烈性犬等危险动物可能并未违反管理规定,但是只要造成他人损害,就应当承担赔偿责任。

如果受害人具有故意或者重大过失,是否可以减轻或者免除动物饲养人或者管理人的责任? 由于禁止饲养的危险动物不仅致人损害的可能性非常高,而且不是饲养人或者管理人职业、生计所必需的。因此本条对禁止饲养的危险动物致人损害采取了最为严格的无过错责任。即使被侵权人有故意或者重大过失的情节,也不能减轻饲养人、管理人的责任。

第一千二百四十八条 动物园的动物造成他人损害的,动物园应当承担侵权责任;但是,能够证明尽到管理职责的,不承担侵权责任。

释　义

本条是关于动物园的动物致人损害的责任承担规则。本条承继自《侵权责任法》第 81 条。

一、构成要件

首先，本条针对的动物仅限于动物园的动物，即由动物园管理并应当属于动物园控制范围内的动物。依据《城市动物园管理规定》第 2 条的规定，动物园包括"综合性动物园（水族馆）、专类性动物园、野生动物园、城市公园的动物展区、珍稀濒危动物饲养繁殖研究场所"。如果属于动物园管理并在动物园控制范围内的动物，则适用本条规定。但假如不是动物园管理或者不在动物园控制范围内的动物，比如是进入动物园的游客带入的动物，则适用其他条款。

其次，需要有动物园的动物施加加害行为。动物施加加害行为的地点应当限于动物园实际控制的区域范围内，不论参观的游客是否有偿进入动物园，对在该动物园内受到动物的加害，都由动物园依照本条承担责任。对于在动物园运送、转移动物过程中该动物造成他人损害，也依照本条承担责任。另外，动物的加害行为不仅限于动物对他人的直接伤害，还包括间接的侵害，比如动物逃出围栏造成游客为躲避形成的损害等。

最后，动物园的动物施加的加害行为有造成他人损害的后果。损害，不仅限于人身损害，还包括财产损害，特定情形下还包括精神损害，比如致人伤残或者惊吓导致精神损害。

二、责任承担

关于本条的归责原则，学界争议比较大，主要集中在是适用无过错责任原则还是过错推定责任原则。许多观点认为，动物园的动物相比于普通个人饲养的宠物来说野性更大，考虑到动物园对这些动物的占有、使用、收益的特点，也应当负有更重的责任，即无过错责任。不过立法最终选择适用了过错推定责任原则，即动物园的动物造成他人损害的，首先推定动物园有过错，应当承担侵权责任，如果动物园能够举证证明其已尽到管理职责，则可以免除责任。

关于动物园是否"尽到管理职责",需要根据具体动物的种类和特性来认定。动物园的管理职责,可以理解为对动物的看管义务。动物园应当考虑动物的特点和动物的利用目的等因素,采取一般社会观念所要求的措施,以防止动物危险的发生。基于动物园所承担的独特的社会功能,其所应当尽到的管理职责不仅限于善良管理人的一般注意义务,而应当承担更高的符合其专业管理动物的注意义务。对于可能伤害他人的动物,动物园仅仅只是使用警示标识是不够的,必须采取适当的防护措施将游客隔离在危险之外,避免游客挑逗动物而造成损害。同时还需要尽力避免游客出于过失进入动物可能侵害的范围之内,并且需要防止动物逃逸或者离开所控制的安全区域之内。这种防护措施应当是更加全面的,即需要防止的不仅是一般人群受到伤害,还要防止特殊人群受到伤害,比如防止儿童将手指伸进围栏,甚至直接钻入防护栏。总之,需要综合考虑这些因素来确定动物园应当尽到的管理职责:动物的种类、特性、先前表现、活动场所以及受害人的特点和其他情况。假如动物园能够证明自己已经设置了符合安全管理要求的设施,设置了明显的警示标识,管理人员也对游客挑逗动物等违反安全规定的行为进行了劝阻等,那么动物园可免除责任。

关于本条的举证责任,首先由被侵权人就自己受到动物园的动物的侵害承担举证责任,要证明其受到了侵害,且该侵害是由动物园的动物实施的加害行为导致的。对于动物园已经尽到安全管理义务的免责事由,则需要由动物园来举证证明。

受害人的过错如与动物拍照、挑逗动物等,是否可以减轻或者免除动物园责任?本条对此没有明确规定,但是,从受害人利益和动物园利益平衡的角度考虑,应当认为,受害人具有故意或过失都可以减轻或免除动物园的责任。①不过,考虑到受害人与动物园利益的平衡,法院在减轻责任时应当持谨慎的态度。

第一千二百四十九条　遗弃、逃逸的动物在遗弃、逃逸期间造成他人损害的,由动物原饲养人或者管理人承担侵权责任。

---

① 参见周友军:《我国动物致害责任的解释论》,《政治与法律》2010 年第 5 期。

释　义

本条是关于遗弃、逃逸的动物在遗弃、逃逸期间致人损害的责任承担规则。本条承继自《侵权责任法》第82条。

一、构成要件

本条针对的是被遗弃、逃逸的动物在遗弃、逃逸期间致人损害的情形。

首先，要求实施加害行为的是遗弃、逃逸的动物。这是能否适用本条的关键。现实生活中出于各种原因，比如饲养人抛弃、动物走失等，城市中很多原本被饲养的动物流落街头，以猫、狗居多。这些流浪动物不仅自生自灭，还对市民健康、公共安全带来威胁。本条即针对这一类动物致人损害进行了规定。所谓遗弃，是指动物饲养人或管理人基于自己的意思而抛弃动物；所谓逃逸，是指饲养人或管理人丧失了对动物的占有。对于动物园逃逸、遗弃的动物致人损害是否适用本条，由于动物园作为专业的动物管理机构，理应对其故意遗弃或者因过失造成动物逃逸的行为，承担更重的责任。因此，对于动物园逃逸或者遗弃的动物，同样适用本条。

其次，要求遗弃、逃逸的动物在遗弃或者逃逸期间对他人造成损害。遗弃、逃逸的动物实施的加害行为既包括对被侵权人直接加害，也包括间接加害，比如走失的动物在马路中横冲直撞造成连环车祸引起人身损害和财产损害等，在特定情形下还包括对他人造成的精神损害。

二、责任承担

依照本条规定，遗弃、逃逸的动物在遗弃、逃逸期间如果造成他人损害，仍然由原来饲养或者管理该动物的主体承担侵权责任。在遗弃动物的情形下，尽管原饲养人已经放弃了对动物的所有权、管理人放弃了对动物的占有和控制，但是饲养的动物造成他人损害的事实正是由于这种遗弃行为造成的，给他人和社会带来受到伤害的风险，所以原饲养人、管理人应当承担侵权责任。而在动物走失、逃逸的情形下，也是由于疏于管理没有尽到管理义务而加剧了动物对他人和社会的危险性。

与此同时，原饲养人或管理人的责任也受到适当的限制，具体表现为两个方面。其一,遗弃和逃逸的动物可能被他人收留。如果遗弃、逃逸的动物,被其他人发现、收养、占为己有,此时新的管理人也需要因此承担管理此动物并保证此动物安全的责任,原饲养人或管理人就不必再承担责任。其二,逃逸的动物,也可能回到野生状态,动物的原饲养人或管理人则不再对其所造成的侵害负赔偿责任。[1] 因为此时其已经变成了野生动物,而不再是饲养动物。

对于遗弃或者逃逸动物致人损害的情形,被侵权人的过错是否可以免除或减轻饲养人或者管理人的责任? 本条并没有明确规定。考虑到关于遗弃、逃逸动物的原饲养人和管理人的责任规定的立法精神以及本法第 1245 条关于动物致人损害的一般责任规则,我们认为,在被侵权人对于损害有故意或者重大过失时可以免除或者适当减轻原饲养人或者管理人的侵权责任。

总体而言,本条规定主要是希望通过明确饲养人、管理人的责任,从而从源头上督促饲养人、管理人看管好自己饲养的动物,减少遗弃行为,保障公共健康与安全。

第一千二百五十条 因第三人的过错致使动物造成他人损害的,被侵权人可以向动物饲养人或者管理人请求赔偿,也可以向第三人请求赔偿。动物饲养人或者管理人赔偿后,有权向第三人追偿。

释 义

本条是关于因第三人的过错致使动物致人损害的责任承担规则。本条承继自《侵权责任法》第 83 条。

因第三人过错导致动物致害责任,是指因第三人的过错致使动物造成他人损害,饲养人或管理人应当承担的侵权责任。本条的内容,是借鉴《瑞士债务法》第 56 条第 2 款等的结果。

一、适用范围

本条规定的因第三人过错致使动物致人损害的责任承担,在适用范围上

---

[1] 参见张新宝:《侵权责任法》,中国人民大学出版社 2006 年版,第 305 页。

看,适用于前述各种类型的动物致人损害责任,包括违反管理规定未对动物采取安全措施致人损害,禁止饲养的危险动物致人损害,动物园的动物致人损害,遗弃、逃逸的动物致人损害等类型。

二、构成要件

在适用本条时,须根据动物致人损害的具体侵权类型,满足各类型所对应构成要件。例如,因第三人的过错导致禁止饲养的危险动物致人损害,首先要符合禁止饲养的危险动物致人损害责任的构成要件,然后再考虑本条的附加要求,即第三人对禁止饲养的危险动物致人损害结果的发生具有过错。

这里的第三人指的是被侵权人、动物饲养人、管理人之外的其他人,如果动物饲养人、管理人为单位,也不包含其工作人员。第三人的过错行为,主要表现为故意挑逗、投喂、激怒等行为,诱发动物对他人的人身或者财产造成损害。第三人的过错行为须与动物致害行为相结合,假如只有第三人的过错而无动物的致害行为,则不可适用本条,由动物饲养人、管理人承担责任。例如,第三人将他人小狗从窗户往外抛出,落下的小狗砸伤了楼下的路人,此时由于不存在动物本身的致害行为,只有第三人的过错行为,故不适用本条的动物侵权特殊责任规定,动物饲养人、管理人也无须承担责任。

三、责任承担

本条延续了《侵权责任法》的规定,赋予了被侵权人救济的选择权。由于本条可以适用于前述各种类型的动物致人损害责任,具体的责任主体就应当在具体动物侵权类型下分别确定。

总体而言,当被侵权人受到的损害是出于第三人的过错时,被侵权人既可以请求动物饲养人或者管理人承担赔偿责任,也可以请求第三人承担侵权责任。通过赋予被侵权人选择权,给予其更多的保护,因为有时在第一时间很难查明第三人是谁,也可能第三人根本没有偿付能力。依据本条,被侵权人就可以根据具体情况权衡,选择饲养人、管理人进行赔偿。即使饲养人或者管理人对于损害的发生根本没有因果关系,对第三人的过错造成的损害,也需要承担连带赔偿责任。因为结合本法第1245条的规定来看,损害显然不是被侵权人一方的故意或重大过失造成的,饲养人或管理人不具有免责情形。这样能够避免发生第三人没有偿付能力或者第三人逃逸,致使被侵权人无法获得救济

的情况,促使被侵权人能够及时获得救济、填补损害,得到实际赔偿的可能性
也更大。另外,也能够督促动物饲养人、管理人更谨慎地尽到对动物的管理义
务,减少动物伤害他人的危险性。

与此同时,本条还赋予动物饲养人、管理人对第三人的追偿权。动物饲养
人、管理人在向被侵权人赔付之后,有权向第三人追偿。动物饲养人或管理人
向第三人追偿的理论基础在于,就第三人和动物饲养人或管理人的关系而言,
两者之间实际上形成了不真正连带债务关系。如果饲养动物致人损害是由第
三人的过错导致的,先行赔偿的动物饲养人、管理人实际上是代替第三人履行
了赔偿义务,有过错的第三人仍然是赔偿责任的最终承担人。因为第三人是
终局的责任人,所以饲养人或管理人可以向其追偿,而且是全部求偿权。如此
一来,被侵权人既可以及时获得救济,饲养人、管理人也能够维护自身合法权
益。但前提必须是第三人对该动物致人损害存在过错。当然,如果无法找到
第三人,那么就由饲养人、管理人承担全部责任。

第一千二百五十一条　饲养动物应当遵守法律法规,尊重社
会公德,不得妨碍他人生活。

释　义

本条是关于饲养动物的法律义务规定。本条承继自《侵权责任法》第
84条。

由于现实中存在大量饲养动物却不遵守法律、不遵守社会公德、妨害他人
生活的情况,因此侵权责任编延续了《侵权责任法》这一规定,目的在于规范
饲养人、管理人的饲养行为。

为了避免被误解为仅限于狭义的法律,本条在《侵权责任法》第84条的
基础上改为应当"遵守法律法规"。这里的法律法规,包含全国人大及其常委
会制定的法律,也包括行政法规、地方性法规、部门规章等。社会公德即在社
会公共生活中为了维持社会基本生活秩序都应重视和推行的基本规则。遵守
法律法规,尊重社会公德,意味着饲养人应当自觉规范自己的行为,比如:带动
物出门时,及时清理动物在户外排泄的粪便;不将动物带入人群密集的公共场
所;在外时避让老年人、孕妇、残疾人和儿童,必要时应束链牵引、戴嘴套;避免

动物对他人生活造成干扰等。

　　总之,本条规定旨在督促饲养人、管理人担负起自己对社会、对公众的责任,加强对饲养动物的管理,保障他人生命健康和财产利益,维护社会稳定和正常的生活秩序。

第十章　建筑物和物件损害责任

本章导言

　　生活在现代城市,非常容易遭受到来自建筑物、构筑物以及其他各种物件的损害。尤其是近年来我国发生多起楼房、桥梁等建筑物倒塌事故,对人民群众的人身安全和财产安全造成极大的危害。此外,高空抛物造成他人损害的事件也时常发生。因此,在侵权责任编详细规定建筑物和物件致人损害的各种情形以及侵权责任十分有必要。本章在《侵权责任法》第十一章的基础上做了较多的补充与完善。特别是补充了高空抛物的禁止性规定,有利于从源头上减少此类物件损害的发生。

　　本章共7条,内容包含建筑物、构筑物或者其他设施倒塌、塌陷致人损害的侵权责任规定;建筑物、构筑物或者其他设施及其搁置物、悬挂物发生脱落、坠落致人损害的侵权责任规定;从建筑物中抛掷物品或者从建筑物上坠落的物品致人损害的侵权责任规定;堆放物倒塌、滚落或者滑落致人损害的侵权责任规定;在公共道路上堆放、倾倒、遗撒妨碍通行的物品致人损害的侵权责任规定;林木折断、倾倒或者果实坠落致人损害的侵权责任规定;以及地面施工致人损害与地下设施致人损害的侵权责任规定。

　　本章相较于《侵权责任法》"物件损害责任"章改动较大,所体现的创新之处主要包括:第一,将章名完善为"建筑物和物件损害责任",能更加准确地涵盖本章的条文内容;第二,在建筑物等倒塌、塌陷致人损害责任中,增加了"塌陷"这一情形,并明确了"其他责任人"的具体指向,使得责任层次更为清晰;第三,增加了关于高空抛物的禁止性规定,并明确了实际侵权人的责任,并要求公安等机关查清责任人、建筑物管理人采取必要的安保措施;第四,明确了堆放物致人损害的行为人的责任,并补充了公共道理管理人的义务与责任;第五,林木损害责任中增加了林木倾倒、果实坠落两种情形。

　　第一千二百五十二条　建筑物、构筑物或者其他设施倒塌、塌陷造成他人损害的,由建设单位与施工单位承担连带责任,但是建设单位与施工单位能够证明不存在质量缺陷的除外。建设单位、施工单位赔偿后,有其他责任人的,有权向其他责任人追偿。

　　因所有人、管理人、使用人或者第三人的原因,建筑物、构筑物或者其他设施倒塌、塌陷造成他人损害的,由所有人、管理人、使用人或者第三人承担侵权责任。

释　　义

　　本条是关于建筑物、构筑物或者其他设施倒塌、塌陷造成他人损害的侵权责任规定。本条承继自《侵权责任法》第 86 条,内容上增加了建设单位和施工单位能够证明不存在质量缺陷的免责情形;将《侵权责任法》第 86 条第 2 款所使用的"其他责任人"明确为"所有人、管理人、使用人或者第三人",从而将本条第 1 款与第 2 款中的责任主体区分开来,清晰地分为三个责任层次。

一、建筑物、构筑物或者其他设施

　　建筑物,即人们在地面上建造的,能够为人们进行生产、生活或其他社会活动提供场所的房屋,同时还包含建筑物的构造部分,如楼梯、门窗等。构筑物则是指道路、桥梁、隧道等人工建造的物。其他设施是指除了建筑物、构筑物之外,其他由人工建造或者加工的与土地相结合的,为人们所利用的各种物,例如,码头、堤坝、涵洞、纪念碑等。

　　本条所针对的是建筑物、构筑物或者其他设施坍塌、倒覆、塌陷,造成该建筑物、构筑物或者其他设施丧失基本功能并引发对他人损害的情况,例如楼房倒塌、桥梁垮塌、电视塔折断等。

二、建设单位与施工单位的连带责任

　　依照本条规定,发生建筑物、构筑物或者其他设施倒塌、塌陷致人损害的,一般而言承担责任的主体有两个:建设单位与施工单位。两者作为建筑物、构筑物或其他设施倒塌、塌陷致人损害的直接责任主体承担责任。

建设单位，通常是建设工程合同的总发包人，依法取得土地使用权，并在该土地上建造建筑物、构筑物或者其他设施，如房地产开发企业、工厂等。根据《民法典·合同编》第十八章"建设工程合同"以及《建设工程质量管理条例》的相关规定，发包人不得将应当由一个承包人完成的建设工程支解成若干部分发包给几个承包人；发包人对因建设工程不合格造成的损失有过错的，应当承担相应的责任。即建设单位作为总发包人依法对建设工程质量负责。

施工单位，即与建设单位或者其他发包人签订建设工程合同，对建设工程具体进行施工的单位，常见的比如建筑公司等。施工单位既包括总承包施工单位，也包括分包施工单位。根据《民法典·合同编》第十八章"建设工程合同"以及《建筑法》的相关规定，因承包人的原因致使建设工程在合理使用期限内造成人身损害和财产损失的，承包人应当承担赔偿责任；建筑施工企业对工程的施工质量负责。

基于建设单位和施工单位的工作职责与质量保障要求，在发生建筑物、构筑物或者其他设施倒塌、塌陷致人损害后，依法应当由建设单位与施工单位承担连带责任。因此，建筑物、构筑物或其他设置倒塌、塌陷造成他人损害的，被侵权人既可以向建设单位要求损害赔偿，也可以向施工单位要求损害赔偿，还可以要求建设单位和施工单位两方共同承担损害赔偿责任。

另外，与《侵权责任法》第86条第1款相比，本条增加了"但书"规定，明确了建设单位和施工单位的免责事由。如果建设单位和施工单位能够证明该建筑物、构筑物或其他设施不存在质量缺陷，不承担责任。据此，缓和了原有规则的严苛性，也更符合本条的立法目的。也就是当发生建筑物、构筑物或其他设施致人损害后，首先由法律推定两大直接责任主体——建设单位和施工单位存在过错，承担连带责任；如果建设单位和施工单位能够举证证明自己对于损害的发生不存在过错，即该建筑物、构筑物或其他设施不存在质量缺陷，则可以免责。

三、其他责任人的责任

建筑物、构筑物或者其他设施发生倒塌、塌陷造成他人损害，除了建设单位和施工单位以外，还可能存在其他也对建设工程负有责任的主体。一般认为，本条第1款中的"其他责任人"包括勘察单位、设计单位、监理单位等。关于"其他责任人"和前述建设单位、施工单位的责任关系，存在不同意见。有的观点认为,为了给被侵权人充分的救济,应当由这些"其他责任人"与建设单位、施工单位承担连带责任;有的观点认为,应当先由建设单位、施工单位承担侵权责任之后,再向相关的"其他责任人"——有过错的勘察单位、设计单位、监理单位追偿。

本条采纳了后一观点。根据本条规定,建设单位和施工单位承担赔偿责任后,如果建筑物等设施倒塌、塌陷事实上是因为勘察、设计、监理等环节的过错造成的,则有权向相关的勘察单位、设计单位、监理单位等追偿。之所以将"其他责任人"作为第二层次,要求建设单位和施工单位承担赔偿责任后才能行使追偿,是因为这种非因建设单位、施工单位直接造成的损害,还是可以认为是建设单位、施工单位在建筑物、构筑物或其他设施的建设、管理、维护方面存在不当行为。故要求建设单位和施工单位承担赔偿责任后再向最终责任人行使追偿权。这与第2款中的"所有人、管理人、使用人或者第三人"的责任不同。

四、所有人、管理人、使用人或者第三人的侵权责任

本条改变了《侵权责任法》第86条第2款中责任主体——"其他责任人"的表述。《侵权责任法》第86条在第1款与第2款都规定了"其他责任人",但事实上这两款中的"其他责任人"并不是同一概念的责任主体。如前所述,第1款中的"其他责任人"指的是勘察单位、设计单位、监理单位等与建筑物建造过程密切相关的责任主体。而第2款中的责任主体,按照立法目的,主要是指与建设过程无关的其他责任人,并不与前款重合。过去《侵权责任法》在两款中同时使用"其他责任人"的方式,容易混淆不同情形下的责任归属。

本条将《侵权责任法》中的"其他责任人"明确为"所有人、管理人、使用人或者第三人",进一步明确了导致建筑物、构筑物或者其他设施倒塌、塌陷的其他责任主体范围,与前一款的责任主体区分开来,前一款中的"其他责任人"仅限于在建设过程中的责任主体。这里的所有人,是指对建筑物、构筑物或者其他设施享有占有、使用、收益、处分权能的人;管理人是指对建筑物、构筑物或者其他设施负有维护、管理义务的人;使用人,则进一步将建筑物、构筑物或其他设施的承租人、借用人等主体包含进来,这一类主体虽然对建筑物可能不负有维护、保养义务,不是管理人,但也是建筑物、构筑物或其他设施发生倒塌、塌陷可能的责任主体。

建筑物、构筑物或者其他设施发生倒塌、塌陷造成他人损害,除了建设质量的原因以外,还有可能是因为使用人入住后,在装修过程中私自改建房屋承重结构导致建筑物倒塌、塌陷;或者因年久失修等原因致使建筑物或其他设施倒塌、塌陷。如果是这些建设工程质量以外的原因导致建筑物、构筑物或者其他设施发生倒塌、塌陷造成他人损害的,由建设单位和施工单位等主体承担责任就不合理了。

依照本条规定,建筑物等设施倒塌、塌陷致人损害,如果是因为超过合理使用期限,业主擅自改变承重结构,打断、掏空承重墙等情形造成的,被侵权人应当直接向建筑物等设施的所有人、管理人、使用人或者第三人请求承担赔偿责任,而不是向建设单位或施工单位请求损害赔偿。

总之,对本条的理解应当分为三个层次。第 1 款为第一层次、第二层次:建设单位、施工单位作为直接责任主体,对建筑物、构筑物或者其他设施的倒塌、塌陷承担赔偿责任,除非能够证明不具有质量缺陷;如果是因勘察单位、设计单位、监理单位等其他责任人的过错导致建筑物等倒塌、塌陷,建设单位、施工单位作为直接责任主体在对被侵权人承担赔偿责任后,有权向勘察单位、设计单位、监理单位等其他责任主体追偿。第 2 款为第三层次:如果建筑物、构筑物或者其他设施的倒塌、塌陷和建设工程质量无关,而是由于所有人、管理人、使用人或者第三人的不当管理、使用造成的,则直接由所有人、管理人、使用人或者第三人向被侵权人承担赔偿责任。

第一千二百五十三条　建筑物、构筑物或者其他设施及其搁置物、悬挂物发生脱落、坠落造成他人损害,所有人、管理人或者使用人不能证明自己没有过错的,应当承担侵权责任。所有人、管理人或者使用人赔偿后,有其他责任人的,有权向其他责任人追偿。

释　义

本条是关于建筑物、构筑物或者其他设施及其搁置物、悬挂物发生脱落、坠落造成他人损害的责任承担规则。本条承继自《侵权责任法》第 85 条。

一、建筑物、构筑物或者其他设施及其搁置物、悬挂物

建筑物、构筑物或者其他设施同上条；其上的搁置物、悬挂物，是指放置或悬吊在建筑物等设施之上，与建筑物等设施相连接、不与土地直接相连的物。建筑物、构筑物或者其他设施及其搁置物、悬挂物发生脱落、坠落，与建筑物等设施倒塌的事故情形不同。建筑物、构筑物或者其他设施及其搁置物、悬挂物脱落，指的是建筑物、构筑物或者其他设施的某一组成部分，如瓷砖、窗户、天花板等与建筑物、构筑物或者其他设施主体相分离后掉落下来。建筑物、构筑物或者其他设施及其搁置物、悬挂物坠落指的是搁置于或者悬挂于建筑物等设施上的物件，如天花板上的吊灯等掉落。

搁置物、悬挂物一般是指人工所搁置、悬挂的物件，关于是否包含自然搁置物、悬挂物，学者有不同的看法。我们认为，应当也包含因自然原因形成的搁置物、悬挂物，例如屋顶上的积雪、屋檐上的冰柱。当这一类物件坠落致人损害时，也应当适用本条的责任规则。

二、责任主体

依本条规定，建筑物、构筑物或者其他设施及其搁置物、悬挂物发生脱落、坠落造成他人损害的责任主体是所有人、管理人或者使用人。所有人，是对建筑物等设施拥有占有、使用、收益、处分权的主体。管理人是对建筑物等设施负有管理、维护义务的人。

为了避免管理人的概念不能包含其他占有人或者实际使用人的情况，另规定了使用人作为责任主体的情况。使用人则是因租赁、借用或者其他情形使用建筑物等设施的人，也就是所有人之外的有权占有并且使用的人。例如，在发生损害时，该房屋已经由所有人出租给他人，承租人虽然不是所有权人，也不是管理人，但却是该房屋的实际管控人，因此也应当作为责任主体之一。

三、构成要件

要成立本条规定的责任，需要具备以下几个要件：

第一，必须是建筑物、构筑物或者其他设施及其搁置物、悬挂物自然地脱落、坠落，假如是有人使用这些物件致人损害则不能适用本条的特殊侵权责任规定。因为此时，建筑物、构筑物或者其他设施及其搁置物、悬挂物已经成为

侵权人主动实施侵权行为的工具了。

第二,要有损害事实的发生,造成的损害可能是人身损害、财产损害,也可能是精神损害。

第三,损害事实的发生与建筑物、构筑物或者其他设施及其搁置物、悬挂物的脱落、坠落有因果关系。既包括物件脱落、坠落直接造成被侵权人人身伤害或财产损害的情形,也包括物件脱落、坠落后,未直接作用于人身或财产,但也引发他人遭受损害的事实。

第四,所有人、管理人或者使用人不能证明自己对建筑物等其他设施及其搁置物、悬挂物的脱落、坠落没有过错。这里的过错,指的是所有人、管理人或者使用人对建筑物等其他设施及其搁置物、悬挂物的维护、管理存在不完全的状态,导致物件丧失应当具备的安全性。对于是否具有过错的判断,应当采取客观的判断标准,即在一般客观情况下,当物件不具备应当有的安全性时,即可认为所有人、管理人或者使用人存在维护、管理的过错。

四、责任承担

本条适用的是过错推定责任原则。当发生建筑物、构筑物或者其他设施及其搁置物、悬挂物脱落、坠落,造成他人损害时,由法律直接推定责任主体存在过错,除非责任主体能够举证证明自己对于损害的发生没有过错。本条规定免除了被侵权人举证证明责任主体存在过错的负担,有利于维护被侵权人的利益。因为现实生活中,被侵权人往往都在专业知识、调查取证上处于弱势地位,为了保障被侵权人能够尽快获得赔偿,因此适用过错推定原则。

关于所有人、管理人和使用人承担责任的关系。当建筑物、构筑物或者其他设施及其搁置物、悬挂物发生脱落、坠落造成他人损害时,若所有人即是管理人、使用人,当然应该由所有人承担赔偿责任。所有人和管理人承担责任的基础在于其对建筑物或其他设施以及搁置物、悬挂物负有维护、保养的义务。当所有人与管理人、使用人相分离,应由直接的管理人或使用人承担责任,采用的基本规则是"谁占有该建筑物,谁就是直接责任人"。因为此时管理人、使用人直接管理、控制、维护建筑物、构筑物或者其他设施及其搁置物、悬挂物,属于对物件危险具有实际控制力的人,有能力预防损害的发生。

建筑物、构筑物或者其他设施及其搁置物、悬挂物脱落、坠落,除了有可能是所有人、管理人或使用人造成的意外,更为深层次的原因可能是其他责任人造成的。因此依据本条规定,在所有人、管理人、使用人对被侵权人承担赔偿责任后,有权向其他真正应当承担责任的侵权人追偿,从而保障所有人、管理人或使用人的合法权益。

　　第一千二百五十四条　禁止从建筑物中抛掷物品。从建筑物中抛掷物品或者从建筑物上坠落的物品造成他人损害的,由侵权人依法承担侵权责任;经调查难以确定具体侵权人的,除能够证明自己不是侵权人的外,由可能加害的建筑物使用人给予补偿。可能加害的建筑物使用人补偿后,有权向侵权人追偿。

　　物业服务企业等建筑物管理人应当采取必要的安全保障措施防止前款规定情形的发生;未采取必要的安全保障措施的,应当依法承担未履行安全保障义务的侵权责任。

　　发生本条第一款规定的情形的,公安等机关应当依法及时调查,查清责任人。

释　义

　　本条是关于从建筑物中抛掷物品的禁止性规定,以及抛掷物致人损害时的责任承担规则。本条承继自《侵权责任法》第87条,在内容新增加了从建筑物中抛掷物品的禁止性规定;并且明确了抛掷物品侵权人的侵权责任;增加了对公安等机关查清责任人的要求;并要求建筑物管理人应当采取必要的安全保障措施防止此类情形的发生。

　　随着社会发展和城市化进程的加快,城市人口日趋集中,且高层住宅越来越多,因不少人缺乏公德心,从建筑物中随意往外抛掷物品或者坠落物品造成他人损害的事件时有发生。据最高人民法院研究室数据统计:2016年至2018年,全国法院审结的高空抛物坠物民事案件为1200多件;受理的刑事案件为31件,其中五成造成了被害人的死亡。为了保障公众安全,预防高空抛物发生,使被侵权人及时获得救济,本条在《侵权责任法》第87条的基础上,对高空抛物的侵权责任进行了补充与完善。

一、高空抛物的禁止性规定

　　本条规定是首次在法律中明确禁止从建筑物中抛掷物品。由于在现实生活中常常发生从建筑物中抛掷物品致人损害的事件,典型案例如 2000 年重庆烟灰缸案、2001 年济南菜板案、2006 年深圳玻璃案等。类似事件在全国各地频繁发生,"头顶上的安全"引发社会关注。由于这些致人损害的抛掷物是从高楼中抛出的,加上重力加速度的影响,对他人的生命健康和财产安全具有很大的伤害性。高空抛物侵权对于被侵权人来说具有很大的偶然性,对此无法预料、难以防范。

为从源头上保护公众安全,回应社会现实需求,在《民法典·侵权责任编》的编纂中,明确了在建筑物中抛掷物品的禁止性规定。有现实中很多人都不知道高空抛物所带来的危害。在法律上设置"禁止高空抛物"强制性法律规范的意义在于,向公众明确高空抛物属于违法行为,有助于使各方面都充分认识到高空抛物行为的社会危害性。

二、侵权行为人的损害赔偿责任

由于现代社会的建筑物大多采取的是区分所有的状态,高层建筑物里居住着众多的业主,在发生高空抛物致人损害后,一定是存在具体侵权人的,但往往难以查清侵权行为人,事实上也由于种种原因无法找到具体的侵权人,使得侵权行为责任的认定非常困难。过去《侵权责任法》第 87 条为了及时补偿被侵权人的损失,避免被侵权人得不到任何补偿和救济,直接规定了如果无法确定具体侵权人的,由可能加害的建筑物使用人给予补偿。该规定是基于当时迫切需要解决社会问题的无奈之举,强调对被侵权人所受无辜损害的救济,却对真正侵权人的责任规定比较模糊。

本条明确规定从建筑物中抛掷物品或者从建筑物上坠落的物品造成他人损害的,由侵权人依法承担侵权责任,由此对真正的责任主体进行了明确。并且规定侵权人的责任为无过错责任,只要有从建筑物中抛掷物品或者从建筑物上坠落的物品造成他人损害的事实,就要对被侵权人承担赔偿责任。本条对责任主体的明确,改变了以往责任主体不清的状况。

在本条第 3 款中,还作出了公安等机关应当依法及时调查,查清责任人的要求。依据该款规定,在追究高空抛物行为的民事责任时,应尽力查清真实的责任人。在法律中明确对公安等有关机关承担先行调查义务的要求,能够有效避免或者减少公安等有关机关的不作为,有助于查清真正的侵权人。

三、无法证明具体侵权人时，由可能加害的建筑物使用人予以补偿

当被侵权人无法证明具体的侵权人，法院也无法查明具体的侵权人时，被侵权人的损害就由可能加害的建筑物使用人给予补偿。从建筑物抛掷物品的可能性，在建筑物中的使用人中具有同等的概率。但是，按照日常生活经验等方法，在推测"可能加害的建筑物使用人"的时候一定要控制在合理的范围。即需要界定侵权行为发生地周围合理范围内的建筑物使用人。例如，假如被侵权人是在建筑物东面被抛掷物、坠落物砸伤，那么居住在该建筑物西面的人就不属于"可能加害的建筑物使用人"；根据抛掷物的具体情形，一楼甚至更高楼层的住户可能也会被排除，总之需要合理界定"可能加害的建筑物使用人"。按照本条规定，对可能加害的建筑物使用人采用的是"行为推定"，即需要由侵权人证明自己不是侵权人。在不能证明自己不是侵权人的情况下，就须对被侵权人受到的损害进行补偿。

可能加害的建筑物使用人所给予的补偿，不同于赔偿。它是基于"同情弱者""保护公共安全"的考虑，由可能加害的建筑物使用人共同承担的补偿。抛掷物致人损害，在有可能成为加害人的范围确定，但是具体加害人却无法确定的情况下，被侵权人相对于众多可能成为加害人的主体而言，处于弱势地位。如果必须在确定具体加害人的基础上，被侵权人才能获得救济，对其无疑是雪上加霜。因此，本条对无辜的被侵权人予以保护，由可能成为加害人范围内的民事主体对损害进行合理分配，是一种特殊情形下相对合理分摊风险的方法。同时，也有助于促使建筑物的实际使用人积极履行对建筑物等物品的管理和维护义务。当然，在这些可能加害的建筑物使用人对被侵权人进行补偿后，他们拥有对真正责任主体的追偿权。事后如果查清责任人的，可以向真正的侵权人进行追偿。事后追偿制度有助于弥补可能的加害人承担责任的不正当性，保护无辜业主的合法权益。

四、建筑物管理人的安全保障义务及侵权责任

为了避免高空抛物的出现，也必须加强对建筑物的管理。本条还引入了物业服务企业等建筑物管理人的安全保障义务，要求建筑物管理人应当采取必要的安全保障措施防止此类情形的发生。如果没有采取必要的安全保障措施的，应当依法承担未履行安全保障义务的侵权责任。

其中特别明确了建筑物管理人主要是指物业服务企业。大多数情形下，建筑物的管理人是由物业服务企业担当，明确物业服务企业的安全保障义务，有利于裁判者在面对具体纠纷裁断时进行法条适用。通过这一规定，能够有效督促物业服务企业负起责任，及时检查、维修、加固高楼外部设施，加强对业主的宣传教育，在必要的地方安装能够拍摄高空抛物坠物的摄像头等设备，为有关部门及时调查高空抛物坠物事件提供证据等。

第一千二百五十五条 堆放物倒塌、滚落或者滑落造成他人损害，堆放人不能证明自己没有过错的，应当承担侵权责任。

释 义

本条是关于堆放物倒塌、滚落或者滑落造成他人损害的侵权责任承担规则。本条承继自《侵权责任法》第88条，在内容上新增加了堆放物滚落、滑落的情形。

一、构成要件

（一）堆放物倒塌、滚落或者滑落

堆放物，不同于建筑物等设施，是指成堆放置在土地上的各种物品，如水泥、石块、砖头等，或者其他物品上的物品，比如堆放在卡车上的钢筋，这些堆放在一处的物品，在物理形态上形成了一个新的共同体。作为侵权法上的概念，堆放物是一种致害物件，具有可控制性，并占据一定的物理空间。

与《侵权责任法》第88条规定相比，本条增加了堆放物致害的两种情形，即堆放物滚落或滑落。这是总结了《最高人民法院关于审理人身损害赔偿案件适用法律若干问题的解释》第16条第1款第2项的经验，对于堆放物致害责任的规定更为完整准确。本条中的"倒塌、滚落、滑落"包括堆放物整体的倒塌，以及部分的滑落、滚落，比如堆放的集装箱倒塌、卡车上堆放的钢筋滑落、伐木场内堆放的原木滚落等。本条所说的堆放物不包括堆放在公共道路上的物品，也不包括堆放物脱落、坠落情形。对于堆放在公共道路上的物品致人损害，依据本法第1256条的规定承担侵权责任；对于堆放物脱落、坠落致人损害，依据本法第1253条的规定承担侵权责任。

（二）造成他人损害

堆放物倒塌、滚落或者滑落造成被侵权人的人身伤害，即侵害他人的生命权、健康权、身体权；或造成他人财产损失。堆放物倒塌、滚落或者滑落，与他人损害事实之间，有可能是直接的因果关系，即直接造成他人伤害或损失；也有可能是间接的因果关系，例如堆放物倒塌、滚落或者滑落的物理力并未直接作用于他人的人身和财产，而是引发其他事故，间接地导致他人人身财产受损。

（三）堆放人存在过错

堆放人对堆放物倒塌、滚落或者滑落存在过错，一般是指堆放人堆放物件的方式不当，对堆放物的管理不善，或者未尽到其他应尽的注意义务。

二、责任承担

（一）责任主体

依据本条规定，堆放物倒塌、滚落或者滑落造成他人损害，承担侵权责任的主体为"堆放人"。这里的"堆放人"不是指具体从事堆放行为的人，而应当理解为堆放物品的所有人或者管理人。因为从事堆放行为的人，有可能只是该物品的所有人或者管理人的工作人员。

（二）归责原则

关于堆放物倒塌、滚落或者滑落造成他人损害的侵权责任的归责原则，是采用过错责任原则，还是过错推定责任原则，还是无过错责任原则，过去在理论界和司法实务界有分歧。《侵权责任法》明确了这类案件的归责原则，侵权责任编对此予以延续。

对堆放物倒塌、滚落或者滑落致人损害责任，适用的是过错推定责任原则。被侵权人请求赔偿时只需要举证证明被告是倒塌、滚落或者滑落的堆放物的堆放人，以及自己因堆放物倒塌、滚落或者滑落而受到伤害。法律直接从损害事实中推定堆放人存在过错。如果堆放人自己举证证明自己对堆放物的倒塌、滚落、滑落不存在过错，例如堆放物的倒塌、滚落或者滑落是由第三人过错造成的，或者因地震灾害等不可抗力造成的，则不承担侵权责任。

第一千二百五十六条　在公共道路上堆放、倾倒、遗撒妨碍通行的物品造成他人损害的，由行为人承担侵权责任。公共道路管理人不能证明已经尽到清理、防护、警示等义务的,应当承担相应的责任。

释　义

本条是关于在公共道路堆放、倾倒、遗撒妨碍通行的物品导致他人损害的侵权责任规定。本条承继自《侵权责任法》第 89 条,在内容上明确了行为人的侵权责任,并补充了公共道路管理人的管理义务和相应的责任。

一、概念与特征

公共道路,即对社会一般人开放,可以同时供不特定的多数人公共通行使用的道路。在《公路法》中,将公路界定为"经公路主管部门验收认定的城间、城乡间、乡间能行使汽车的公共道路";在《道路交通安全法》中,道路是指"公路、城市道路和虽在单位管辖范围但允许社会机动车通行的地方"。本条中的"公共道路"包括但不限于《公路法》《道路交通安全法》中的公路、道路,还包含人行道路等其他公众可能通行的场所,但是不包含私人所有区域范围内道路。

关于公共道路妨碍通行致人损害责任的性质。由于公共道路是对社会公众开放的,公共道路的管理部门负有保障道路安全、完好、通畅的义务。公共道路应当属于道路管理责任的对象范围,而道路管理责任属于国家赔偿责任。[①] 但由于我国《国家赔偿法》中没有规定国有公共设施设置及管理欠缺致人损害的国家赔偿责任,因此按照本编建筑物与物件致人损害责任规则处理。

二、构成要件

要构成本条的侵权责任,首先,要有在公共道路堆放、倾倒、遗撒物品,且堆放、倾倒、遗撒达到了妨碍通行的程度。比如,在乡间道路上晾晒稻谷,在公路上泄漏大量汽油等。其次,需要有被侵权人因此而受到损害的事实,比如,行人在人行道被妨碍通行的物品绊倒,汽车在公路上为了躲避前车遗撒在道

[①] 参见梁慧星:《道路管理瑕疵的赔偿责任——大风吹断路旁护路树砸死行人案评释》,《法学研究》1991 年第 5 期。

路上的大量砖头石块,而撞到路边的树木等。

三、责任主体

本条在《侵权责任法》第 89 条的基础上,进一步吸收了《最高人民法院关于审理道路交通事故损害赔偿案件适用法律若干问题的解释》第 10 条的经验:"因在道路上堆放、倾倒、遗撒物品等妨碍通行的行为,导致交通事故造成损害,当事人请求行为人承担赔偿责任的,人民法院应予支持。道路管理者不能证明已按照法律、法规、规章、国家标准、行业标准或者地方标准尽到清理、防护、警示等义务的,应当承担相应的赔偿责任。"也就是改变了过去笼统的"有关单位和个人"的说法,区分了行为人与道路管理者的责任,不同的责任主体适用不同的责任规定,使得责任划分更加清晰。

按照本条规定,公共道路妨碍通行致人损害责任的责任主体之一为堆放、倾倒、遗撒物品的行为人。行为人包括主动将物品堆放、倾倒、遗撒在公共道路的人,比如故意将垃圾倒在公共道路上,故意将建筑材料堆放在公共通行道路中。但有时还要识别真正的行为人,因为有时具体进行堆放行为的个人,只是作为物品所有人、管理人的工作人员,听从指示将物品堆放在公共道路,此时就要由妨碍通行物的所有人、管理人承担责任。行为人还包括疏于对物品管理,导致该物品倾倒、遗撒在公共道路造成他人损害的人,比如运送钢筋时没有束紧,导致钢筋遗撒在公共道路造成损害。责任主体之二为公共道路管理人,即对公共道路负有管理、维护义务的单位或个人。

四、责任承担

如果在公共道路上堆放、倾倒、遗撒妨碍通行的物品,导致他人损害的,由行为人承担责任。本条对行为人采用的是无过错责任,即只要堆放、倾倒、遗撒物品在公共道路,妨碍通行,造成他人损害的,无论行为人有无过错,都应当承担侵权责任。

除了行为人以外,对公共道路负有管理、维护义务的单位或个人也可能要承担责任。因为,公共道路管理人有义务保障公共道路处于良好的使用状态,对于公共道路上出现的妨碍公众通行的情况,公共道路管理人应当及时发现并清理。因此,当公共道路上堆放、倾倒、遗撒妨碍通行的物品造成他人损害的,还需要审查道路管理者有没有过错,有没有尽到相应的注意义务。对公共道路管理部门是否尽到注意义务的确定,应当从道路管理部门注意义务的性质、巡查能力以及其在堆放、倾倒、遗撒行为发生前后所采取的防范措施或制止措施来判断。如果没有尽到应有的管理和维护义务,公共道路管理人应当承担相应的责任。

公共道路管理人与前述行为人的责任关系为按份责任。因为行为人在公共道路上堆放、倾倒、遗撒妨碍通行的物品与公共道路管理人的管理瑕疵造成被侵权人的损害,属于共同因果关系。

第一千二百五十七条 因林木折断、倾倒或者果实坠落等造成他人损害,林木的所有人或者管理人不能证明自己没有过错的,应当承担侵权责任。

释 义

本条是关于林木折断、倾断或者果实坠落造成他人损害的侵权责任承担规则。承继自《侵权责任法》第 90 条,内容上增加了林木倾倒和果实坠落两种情形。

一、相关概念

本条中的"林木"并未加任何限定词,这里的"林木"包括哪些,是否包含非公共场所的树木,学者们有不同意见。我们认为,本条中的林木是指道路、公园、住宅小区等公共场所的树木,对于非供人游览的山林、私人庭院中远离公共道路的树木,则不属于此处的"林木"范畴。

关于林木致人损害行为,本条在《侵权责任法》"林木折断"的基础上,吸收了《最高人民法院关于审理人身损害赔偿案件适用法律若干问题的解释》第 16 条第 1 款第 3 项的经验。造成他人损害的情形,不仅包括林木折断、枝蔓掉落,还包括林木未折断但发生倾倒致人损害,比如倒下的树木砸伤了行人,也包括果实坠落砸伤他人的情形。

二、责任主体

依据本条,林木折断、倾倒或者果实坠落造成他人损害的责任主体为林木的所有人或者管理人。林木的所有人,是指对林木享有占有、使用、受益、处分权利的人。当所有人直接占有、管理林木时应当承担责任,实践中一般为林权证上载明的权利人。林木的管理人,则是指除所有人之外,依据法律规定或者合同约定对林木进行管理的人,实践中一般为林业主管部门或者林木的承包人。

将所有人、管理人作为林木折断、倾倒或者果实坠落造成他人损害的责任主体,存在两种代表性理论:一是报偿理论,即受利益者负担所生损害;二是控制理论,即林木的所有人、管理人最有能力控制危险的发生。立法之所以以所有人、管理人作为责任主体,更侧重于防范风险的考虑,由于林木的所有人和管理人是风险的控制者,他们最有可能知道林木的状况,最有能力控制风险。因此,林木折断、倾倒或者果实坠落致人损害的责任主体为林木的所有人或者管理人。

在国外立法例中也有类似规定,如《法国民法典》第 1384 条:"任何人不仅对自己的行为所造成的损害,而且对应由其负责的他人的行为或者在其管理下的物体所造成的损害,均应负赔偿的责任"。因为直接致害因素是没有责任能力的物,出于对被侵权人最大保护的需要,该物的所有人、管理人就成为必然的选择。

三、归责原则与免责事由

对于林木折断、倾倒或者果实坠落造成他人损害,本条采用的是过错推定责任原则,且为一般过错推定责任原则。即首先推定林木的所有人或者管理人有过错,除非所有人或者管理人自己能够举证证明自己无过错,否则就应当承担赔偿责任。

之所以将其规定为过错推定责任,一方面是因为,在林木折断、倾倒或者果实坠落造成他人损害的侵权行为中,责任主体与致害因素相分离,过错难以认定,很容易使责任主体以不存在过错为由推脱责任;另一方面也是因为,责任主体本身对林木、果实负有维护、管理的职责。因此,本条直接由林木折断、倾倒或者果实坠落造成他人损害的事实,来推定林木的所有人、管理人存在过错。如果林木的所有人、管理人没有证据或者证据不足以证明自己已对林木尽到了管理、维护的义务,就应当承担侵权责任。

除了林木的所有人、管理人不存在过错可以作为免责事由之外,还有几种情形可以作为所有人、管理人的免责事由：（1）不可抗力，但是需要区分不可抗力和一般自然力原因。如果是因为所有人或者管理人没有及时修剪枝干，导致大风吹断树枝给他人造成损害，不属于不可抗力；（2）完全由被侵权人自己或者第三人造成的，例如第三人爬上树木致使树木折断而发生侵权，损害赔偿责任则由第三人承担；被侵权人为了采摘果实爬上树木造成树干折断而摔伤，这种情况也不应当由林木的所有人、管理人承担责任。不过，只有在被侵权人自己、第三人的过错须构成侵权行为发生的直接原因和充分原因时，才能免除所有人、管理人的责任。

第一千二百五十八条　在公共场所或者道路上挖掘、修缮安装地下设施等造成他人损害，施工人不能证明已经设置明显标志和采取安全措施的，应当承担侵权责任。

窨井等地下设施造成他人损害，管理人不能证明尽到管理职责的，应当承担侵权责任。

释　义

本条是关于一般意义上的地面施工致人损害与窨井等地下设施致人损害的侵权责任规定。本条承继自《侵权责任法》第91条。

一、一般意义上的地面施工致人损害责任

在公共场所或者道路上挖掘、修缮安装地下设施，比如铺设地下管线、修缮公路等，应当获取有关管理部门的许可，并且必须在施工路段设置明显的施工标志、安全标志，同时采取必要的安全措施，如拉设安全警戒线、架设安全围栏、修建临时道路等，保障车辆与行人的通行安全。

由于是施工人直接控制着施工场地，对施工场地负有管理、维护、保障他人安全的义务。因此，在发生公共场所或者道路上挖掘、修缮安装地下设施等造成他人损害的情形时，责任主体为施工人。有时需要识别真正负有责任的施工人，因为具体承担施工任务的人，有可能只是施工组织者的工作人员。事实上，应当由组织施工的单位和个人承担责任，一般是承包或者承揽他人工程进行施工的单位或者个人。

本条与《侵权责任法》第 91 条第 1 款相比,进一步明确了施工人的举证责任,有利于统一司法裁判依据。即是否在施工场所设置有明显的警示标志并采取安全措施,由施工人自己举证证明。如果无法证明,施工人即承担侵权责任。

二、窨井等地下设施致人损害责任

窨井等地下设施造成他人损害的情形,责任主体为地下设施的管理人。窨井等地下设施致人损害,不单会发生在施工时段,在日常生活中,也常常会出现窨井盖丢失、滑落,给车辆和行为带来很大的安全隐患。管理人既包括地下设施的所有人,也包括非所有人但是对地下设施负有管理、维护义务的人。要求管理人义务保障公众安全,是因为管理人更能阻止相关危险的发生,投入成本相对于特定公众来说也更低。因此,地下设施的管理人为适当的责任主体。对于管理人的责任,本条采用的是过错推定责任,管理人可以通过证明已经尽到管理职责来免责。应尽的管理职责应当具体结合地下设施的位置、状况等因素来确定。

责任编辑：江小夏
封面设计：林芝玉
版式设计：顾杰珍
责任校对：余　佳

图书在版编目（CIP）数据

《中华人民共和国民法典·侵权责任编》释义/杨立新,郭明瑞 主编;满洪杰,
　陶盈,熊静文 编著. —北京:人民出版社,2020.6
ISBN 978－7－01－022152－6

Ⅰ.①中…　Ⅱ.①杨…②郭…③满…④陶…⑤熊…　Ⅲ.①侵权法-法律解释-
中国　Ⅳ.①D923.75

中国版本图书馆 CIP 数据核字（2020）第 099376 号

《中华人民共和国民法典·侵权责任编》释义
ZHONGHUARENMINGONGHEGUO MINFADIAN QINQUAN ZERENBIAN SHIYI

杨立新　郭明瑞　主编

满洪杰　陶盈　熊静文　编著

人 民 出 版 社 出版发行
（100706　北京市东城区隆福寺街 99 号）

北京盛通印刷股份有限公司印刷　新华书店经销

2020 年 6 月第 1 版　2020 年 6 月北京第 1 次印刷
开本:710 毫米×1000 毫米 1/16　印张:14.5
字数:250 千字

ISBN 978－7－01－022152－6　定价:50.00 元

邮购地址　100706　北京市东城区隆福寺街 99 号
人民东方图书销售中心　电话（010）65250042　65289539